NEXT FIVE MOVES

ビジネス戦略の基本と実践

勝者の先読み思考

パトリック・ベト-デイヴィッド／グレッグ・ディンキン 著

海野桂 訳

Master the Art of Business

Patrick Bet-David

アルク

YOUR NEXT FIVE MOVES
by Patrick Bet-David with Greg Dinkin

Published by arrangement with Folio Literary Management,
LLC and Tuttle-Mori Agency, Inc.

父、ガブレアル・ベトーデイヴィッド、
我が人生のアリストレスに捧ぐ

1手目

自分を知ること

2手目 論理的な思考力

3手目 優れたチームの結成

4手目 事業規模の拡大戦略

5手目 パワープレイ

※本書の人名について：本書は、30年を超える年月を振り返り、その出来事をなるべく正確に記している。フルネームの人物は実在である。ファースト・ネームだけで登場する場合は、架空の人物、もしくは身元がわからないよう改変した仮名だが、話の骨格は事実に基づく。

※本文中の［　］は訳注を表す。

序

駒を進める前に

チェスの世界王者であるマグヌス・カールセンを追ったドキュメンタリー『Magnus（マグヌス）』を初めて観たとき、ビジネスとの共通性に心を奪われた。ノルウェー生まれのカールセンは、13歳でグランドマスターのタイトルを獲得したチェスの天才だ。まさに先読みの名人で、常に15手も先を考えている。その洞察力で対戦相手の動きを予測しコントロールしてしまう、超人的な力の持ち主なのだ。カールセンの入念な事前準備にも感心した。ゲームが実際に始まる前に頭の中で何度もプレイする。だから熱戦の最中にも動じない。そのうえカールセンは、ビジネスで創業者やCEOが常に直面する状況にも、否応なく立ち向かっている。彼はこう言った。「頂点に立ちたいなら、周囲から孤立するリスクは避けられない」

『マグヌス』を観て以来、成功した起業家とチェスの名人にいかに共通点が多いか、ずっと考えてきた。テスラとスペースXを創設したイーロン・マスクが子どものころからチェスをやっていたと知ったとき、驚くには当たらないと思った。「イーロンは、はっきり鮮明に物事が見えている。僕の知るところ誰1人理解が及ばないような見方でね」と弟のキンバル・マスクは語った。「チェスの場合は、グランドマスターなら12手先を読める。イーロンは、どんな状況であっても、12手先が見えるんだ」

イーロン・マスクについてのこの言葉から、すべてを広く展望する大局的な視点がうかがえる。たいていは、今打とうとする手かその次までしか考えない。そういう素人考えだと、ビジネスではすぐに破綻する。効果的なのは、今の駒の動きと、今後の一連の指し手の段取りについて、マーケットや競争相手の反応に応じて戦略を立てることだ。有効な戦略展開のためには、最初の1手のさらに先を考えねばならない。要領がわかってくれれば、相手の反応を予想し、ほぼ対抗不可能な手で次々と駒を展開できる。

ビジネスも何手か先を考えるゲームといえる。だが、本書はチェスの本ではなく、チェス名人の先読み力と思考法を、ビジネスに導入し応用することがテーマだ。現に読者のみなさんは、チェスについて何も知らなくても構わない。この先のページにはチェスの具体的な話ではなく、勝利するチェスプレイヤーのように考えて成功している人々を例に挙げる。

目前の1手しか考えない人は、エゴ、感情、恐れによって動いている。あなたの会社のトップセールスマンが、昇給してくれないなら辞める、と脅してきたとしよう。感情面が未熟だと、「脅されるものか」とか「あいつは、どのみち必要ないさ」という反応になる。一方、実践的な戦略型経営者なら、続く指し手の策を練る。

先読みの必要性は、子育てにも当てはまる。お菓子であれiPadであれ、子どもが欲しがるものを何でも与え、ピアノの練習をサボるのも許してやるのは、気分がいい。子どもたちは笑顔で、大好きだと親に言ってくれる。そうでない場合は、癇癪を爆発させ、大嫌いだと恨みを親にぶつけてくるから、最悪な気分になるのもわかっている。この2つのシナリオは、ビジネスの経営判断時によくあるように、一方は明らかに安易な選択で目先の対応にすぎず、もう一方は困難だが5手先まで見通した効果的な選択を示している。

私はセールスマンから営業マネジャーになって、創業者になりCEOになった。その変遷の中で、先読みの思考法を誰かが教えてくれればよかったのにと思う。成長過程の各段階で、先を見通して判断する批判的思考（クリティカル・シンキング）を行ったなら、何百万ドル（何億円）もの無駄を省き、何十回ものパニック発作を免れていたはずだ。私は、自信がないのに強がりで短気なスポーツジムのセールスマンから、自己を認識し確信をもつ戦略的なCEOになった。その道のりを振り返ると、少なくとも5手先まで見通す考え方の習得が、成功の秘訣であったと気づく。

読者の中で努力家の方は、なぜたった5手の先読みでよいのかと首を傾げるかもしれない。理由は2つある。1つは、考え抜いた戦略と迅速な行動が最も効果を上げるスイート・スポットが、5手だからだ。とはいえ、さらに先の手を考えたくなるときもあるだろう。例えば、年1回のオフサイト・ミーティング時や、企業買収の可能性を検討する場合（もしくは火星に植民地を建設するとき）だ。

けれども、あまりに先まで考えると、分析しすぎて行き詰まってしまう（分析麻痺）。将来的な成果を見込んで自分と相手の動きを予測するには、5手で十分である。2つめの理由は、広くマクロ・レベルで見て、ビジネスの成功のためにマスターすべき5つの指し手があるからだ。本書は5つの手を順に取り上げ、成功を収めるために必要な点を正しく確実に知ってもらえるようにした。

私にできることは限られている。プログラミングも、エンジンを一から組み立て直すのも無理だ。しかし、できることが1つあるとすれば、それは起業家や経営幹部を支援して市場を制す戦略を練ることだ。創業者やCEOと会議室で膝を突き合わせ、ゲームとして戦略的にアプローチしていく。唯一、ビジネスがチェス（さらにはモノポリーやファイナル・ファンタジーといったゲーム）と違う点は、勝利の栄光のためではなく、何百万ドル（場合によっては何十億ドル）もの金を賭けてプレイすることだ。ゲーム感覚のマインドセット（思考方法）をもつビジネスリーダーなら、成長軌道に乗る戦略の立て方を習得できる。

経営幹部を支えるアドバイザーとして、また学生や起業を志す人のガイド役として、私はさまざまな質問を受ける。特に多いのは「ビジネスを始めるには、今の仕事を辞めるべきですか？」との問いだ。次のような質問も多い。「株を売るか融資を受けるかして、資金調達すべきか？」「経営幹部を招き入れてつなぎとめるには、また、フリーランスで働く人を集めたセールスチームの維持には、どのような報酬体系を定めればよいか？」「グローバル展開すべきときか、それとも市場動向の変化を待つべきか？」

ビジネスにおいて一部の単純な質問に対しては、答えはイエスでもありノーでもあり二面的である。しかし、すべての質問への答えが二面的だと決めつけるのは誤りだ。問題に対処する1つ1つの手の正否よりも、適切な順序で一連の指し手を打つこと、すなわち駒の進め方の順番こそが、あらゆる問いへの答えとして重要だ。だが、いわゆる「専門家」は、誰もが同じ枠に当てはまるかのようにイエスかノーで答え、往々にして事態を悪化させてしまう。状況は一人一人違うので、本書では、自分を理解し自分の望みを把握することを最初の1手とする。

目につくこととして、計画性の欠如も問題だ。どんなに熱意があっても、5手先を見通した計画が伴わないと、せっかくのやる気の効果は上がらない。最初の1手目から4手目までの段階を経ずに、すぐに5手目を打ちたがる人が実に多い。指し手は順番に則って計画的に打つべきである。1つのこと（1つの手）だけみる単眼的な思考ではなく、広く先の手を見通した計画性のある思考法にシフトすれば、今よりも上のレベルに進める。

もし本当に起業したいならば、今の仕事を辞めるのは4手目かもしれないし、あるいは、社内で事業を立ち上げて（3章で後述するように、イントラプレナー、すなわち社内起業家として）収入のよい地位に就く手もあるだろう。家族がいて貯蓄がない場合、離職は明らかに1手目ではない。現に、なりたい自分になるために、今の仕事を辞める必要はないかもしれない。本書の内容は、あらゆるライフステージの読者、あらゆるレベルでビジネスに関わる読者に向けたものである。今の地位に満足しているＣＦＯ（財務責任者）にも、フリーランスで仕事の多様性と柔軟性を享受しているソロプレナーにも、本書を手にしていただきたい。私にとってビジネスの魅力とは、誰にでも道が開かれることだ。それを可能にするのが、自己認識と5手先を見通そうとする思考である。

　今のあなたがどの成長段階であっても、賢い戦略家となる決め手は、予測する力である。優れた軍人は、何手か先まで計画する能力がある。トップボクサーは、対戦相手を出し抜く術を知っている。第1ラウンドを取られても、それは意図的かもしれない。自分が不利に見える出だしの試合運びは、実は後のラウンドで相手に判断を誤らせるための策略なのだ。世界的なポーカー・プレイヤーも同様で、ゲーム序盤では下手なブラフをかけたりチップを失ったりしたうえで、最終的には相手を打ち負かす動きにもっていく。また、必ずしもチェス名人になぞらえる必要はないが、富豪の投資家ウォーレン・バフェットは、忍耐強く戦略的なアプローチによって長期にわたり成功を収めている。バフェットは特定の取引で勝利を収めようとはしないし、年度ごと、四半期ごとの勝利すら意識していない。先を見据えて長期戦に勝つために駒を進めているのだ。

　ＮＢＡのレジェンド、コービー・ブライアントにインタビューしたことがある。それから半年も経たないうちに、彼はヘリコプター事故で非業の死を遂げた。コービー・ブライアントは、13歳のとき既に史上最高のバスケットボール選手になりたいと考えていた。その当時、彼は国内ランク56位［『Street & Smith』誌の全国学生ランキング］だったが、自分より上位の打倒すべき者の名をリスト化し、5年後には彼らを追い越した。そして高校卒業後すぐにドラフト1巡目指名を受け、ＮＢＡ入りを果たす。一方、マイケル・ジョーダンは、1992年のバルセロナ五輪のバスケットボール米国代表「ドリームチーム」でプレー中に、チームメートの弱点を把握し、NBAに戻ってからその弱みを突いてゲームをしたと囁かれている。いずれのプレーヤーも戦略に長けた名人で、少なくとも5手先を常に考えていた。読者のみなさんもそうする必要がある。市場で競り合って、いずれその業界を支配しようと計画しているなら、なおさらだ。

本書では、熟練技の戦略家になるために必要な、あらゆることを伝えたい。加えて次の取り組み方を示すつもりだ。

1 自分の特性を知り、独自の価値を発信する。
2 出資者を見つけ、投資が利益につながるという高い評価を確立する。
3 有能な人材を引きつけ、彼らを育て仕事を続けてもらうために、インセンティブ（報奨制度）を設ける。
4 急成長時には、加速する勢いにのまれないよう経営上のあらゆるシステムを維持する。混沌（カオス）のときは、耐久力／健全経営で踏みとどまる。
5 課題に対応し、判断を下し、効果的な問題解決を行う。

6　自分が何者になりたいのか、どんなレガシーを創出したいのか見極める。
7　交渉、販売、戦略化において、何ごとも一か八かの賭けの覚悟で取り組む。

みなさんの中には、ビジネス構築を学んだ経験がないとか、その資金がないと思いながら本書を手に取った方もいるだろう。あるいは、頭が良すぎて常に考えすぎるため、決断がすごく苦手という人もいるかもしれない。スタートはどこでも構わない。起業家になるなんて無理じゃないかと疑問を感じているなら聞いてほしい。

私は成長過程において、「どうみても成功しそうにない奴」というレッテルをみんなから貼られていた。先のことを考えられない（そのせいでクレジットカード26枚、合計4万9000ドル［約500万円］の負債を抱えた）人間だった私がCEOとなった道のりを、これから話したい。PHPエージェンシーを創設し、成長させてきた話もしよう。金融サービスを販売する会社として、カリフォルニア州ノースリッジにオフィスを1カ所構えたときのエージェントは66人だったが、10年後には米国49州とプエルトリコに計120の事業所をもつ、エージェント1万5000人以上の企業になった。

PHPエージェンシーが、稀にみる多様性、ミレニアル世代のスタイル、そしてソーシャルメディアにおける存在感《プレゼンス》で知られていることを誇りに思う。「退屈」と思われている生命保険業界でそれを成し遂げたのである。（平均的な保険外交員は57歳の白人男性だ。わが社の平均的なエージェントは34歳のラテンアメリカ系女性）。私たちが成功したのは、コネや幸運や何かがあったからではない。

実のところ私自身の生い立ちが、特別な資質などなくても誰でも起業でき、あなたも何もなくても始められることを証明している。

最もCEOらしくないCEO

私はイランの首都、テヘランで育った。イラン・イラク戦争中の1987年、いつ攻撃を受けてもおかしくない状況で、私たち家族は暮らしていた。当時まだ8歳だったが、爆撃音は今も耳から離れない。襲撃のときは、まずサイレンが鳴る。その音だけでも、胸が張り裂ける。続いて、敵機が国境を越えて侵入したとの警告がある。やがて、空から爆弾がヒューと音を立てて落ちてくるのが聞こえる。

爆弾の投下音のたびに、自分たちの防空壕がやられないようにと祈った。両親の傍らに座り、どうしようもなく怯えていたのを覚えている。とうとう母が耐えきれなくなった。母は、国を出ましょう、そうしないと息子の将来は真っ暗でイラン軍に入るしか道がない、と父に訴えた。行動しないかぎり成功の可能性はない、父はそう悟った。

こうして両親と姉と私は、2ドアの白いルノーに乗りこみ、テヘランから2時間のカラジの街に向かった。途中、橋を渡らないといけない。渡り終えた途端、背後で凄まじい閃光があがった。振り返るな、と父は姉と私に言ったが、無理だった。言われたとおりにすればよかった。橋の爆撃の惨状を見てしまった。私たちの車から100ヤード［約90メートル］も離れていないところに、自分たちが無事通過した直後に爆弾が落ちたのだ。誰であれこのような場面を決して目にしてはならない、まして怯えた2人の子どもにはあってはならないことだ。そう思う以外、いまだに言葉がない。

あの瞬間の光景は、昨日のことのように鮮明に脳裏に浮かぶ。こうした状況は人の心を蝕むが、苦痛や逆境に対する驚くほどの忍耐強さももたらす。私たちは何とか戦禍を免れて避難できた。ドイツのエアランゲンの難民キャンプで2年過ごし、その後ようやく1990年11月28日にカリフォルニア州のグレンデールに移った。米国到着時、私は12歳になったばかりで、英語は片言しか喋れず、戦争で荒廃した国から逃げだす恐ろしい光景が胸に焼きつき離れなかった。

両親が、生か死かの状況を前にして適切な手を打つと決断したおかげで、私は今日生きており、米国市民として誇りを抱き、ビジネスは繁盛し、素晴らしい家庭を築いている。

5手先の考え方の習得は、読心術を身につけるのに似ているかもしれない。実際の経験として、駒の動きを繰り返し観察していると、次に相手が何と言い、何をするかの予測が可能になるのだ。きっとみなさんは、自分にできるだろうかと疑問を感じているだろう。未経験の自分が、戦略的な思考で城を築く名将になれるのかと。

中には「でもね、パット［筆者の愛称］、あなたは口達者だ。起業家としての素質がある。パットのほうが、自分よりずっと頭がいい」と言う人もいるかもしれない。

頭がいいって？　どうだろう？

1　高校はぎりぎりで卒業した。GPA［成績評価値］は1・8［Cグレード］、SAT［大学進学適性試験］のスコアは［1600点中］880点で、4年制大学に足を踏み入れたことはない。友人や親戚から、ろくな人生にはならないぞ、といつも言われていた。

2　口達者だって？　41歳にして今でも訛りがあってからかわれる。ティーンエイジャーの移民だったころ、発音するのが戦争より怖い単語がいくつかあった。Wednesday、island、governmentなどの言葉は、特に難関だった。ちょうど、『Gilligan's Island［ギリガン君SOS］』という無人島を舞台したテレビドラマの再放送が大人気だったころだ。当時の私が、主人公の変わった名前と苦手なislandの語が続くこのタイトルをうまく発音できないために、どれほどからかわれたか。

3　米国に着いてから、両親は離婚してしまった。生活保護を受ける母のもとで、私は大半を過ごした。背の高い少年でスポーツが好きだったが、やったことはない。YMCAのスポーツ・プログラムには月13・5ドル［約1500円］の会費が必要で、母は払えなかったからだ。

4　他に選択肢がなく、18歳で軍に入った。21歳のとき、高等教育を受けた同い年の連中がキャリアを積み始めるころ、私はバリー・トータル・フィットネスで、スポーツジム会員権のセールスをしていた。

見方によっては、窮状を脱するチャンスなどなさそうだ。一方で、まさにこの逆境こそが、私を成功へ駆り立てたともいえる。経験したあらゆる困難がなかったら、成功への渇望はさほど強くならなかった。

ここではっきりさせておきたい。成功への渇望は教えられるものではない。努力して頑張りたくないならば、人生で意味のあることをやろうと望んでいないならば、私はたいしてあなたの助けにはならない。本書は、自分のベストな姿を見つけようという好奇心のある人と、成功への助けとなる適切な戦略を探している人のためにある。単なる動機づけではなく確かな戦術を見いだそうとし、速やかにレベルアップする有効な基本原則を求めている人たちだ。あなたもそうなら、ぜひ本書を読み進めてほしい。

ビジネスに欠かせない基本原則に関して、私はその探求に力を注ぐと同等に、それを広く共有する取り組みも行ってきた。振り返ると、ビジネスで自分に役立ったことについてビデオを撮り始めたのは２０１３年だった。私と、片腕となってくれるマリオ、それにキヤノンの小型デジタルカメラEOS Rebel T3（通常は静止画像用のカメラ）だけで動画を制作していた。当初は「Two Minutes with Pat［パットとの2分間］」と名づけてユーチューブに投稿した。1年でチャンネル登録者数は60人になり、名前を「Ｖａｌｕｅｔａｉｎｍｅｎｔ［ヴァリューテインメント］」に変えた。３年後、登録者数は10万人に上り、有益で実践的なコンテンツを発信していると評価を受けた。2020年3月には、ユーチューブのチャンネル登録者は200万人を超えた。こうした中で、さまざまな職業の人々にアドバイスを行ってきた。2019年5月に、「Vault〔ヴォールト、宝庫〕」という大集会を初めて開催したところ、43カ国140の業界から600名の起業家や経営者が、テキサス州のダラスに集結した。小さなスタートアップ企業の人から大企業の経営幹部まで幅広い顔ぶれで、総収入5億ドル〔約530億円〕のビジネスを展開するCEOもいた。

なぜ苦労して稼いだ金を使って地球を半周旅して、集まりに参加したのか？ チャンネル登録者たちはみな、なぜ足を運んだのか？ それは、私が習得してきた基本原理と戦略が、すべて伝授可能で、簡単に理解でき、すぐ使えるものだからだ。チャンネルのフォロワーは、自分たちを「Valuetainers〔ヴァリューテイナーズ〕」と呼び、良い結果を出すようになる。ハーバードやスタンフォードやウォートンのような伝統あるビジネススクールとは違うが、ヴァリューテインメントは、成功している幹部にとっても世界各地の起業家にとっても、成長の糧を得る場となっている。

世界の問題の多くは、アントレプレナーシップ〔起業家精神〕によって解決できると、私は固く信じている。私が経験から習得してきたのは、物事を解決する方法だけでなく、それを他者へ伝える方法も含まれる。個人的な会話からグループ・ミーティング、そして緊迫した交渉の場面まで、本書に収録した知恵はすべて私自身に役立ったもので、読者のみなさんの成功にもつながるはずだ。

ビジネス目標達成への道

どんなビジョンを思い描くにせよ、それを成し遂げるための作戦を記したプレイブック完全版が、今手にしている書籍である。持つべきスキルのみならず、必要なマインドセット（思考方法）を習得できるようになっている。読み進むと、リーダーとして人間として、自らを向上させるために何が必須かわかるだろう。５つの手を全部学んだころには、ビジネスで求める成功がどんなものでも、その実現に必要なすべてを手にしているはずだ。以下が、マスターしていく５つの手である。

1　自分を知ること
2　論理的な思考力
3　優れたチームの結成
4　事業規模の拡大戦略
5　求めるものを得るパワープレイ

1手目の「**自分を知ること**」とは、ビジネス界では滅多に話題にならないトピックだ。だが、自己認識なしには先を考えられない。自己を認識すれば、自分の行動を選択しコントロールする力が身につく。それに加えて、自分が何者になりたいのかがわかると、どの方向に進むべきか、なぜその道であるべきかが明確になる。

2手目は「**論理的な思考力**」についてである。課題への対応方法を示すとともに、決断に迫られたときの対処法を説き、あらゆる危機的な状況に備えていく。物事の判断は、白か黒か、正否をはっきりさせることとは限らない。そのあいだのグレーの部分全体に目を向け、不確かであっても断固として前に踏み出す術を、2手目の章で伝える。

3手目は他者を理解することであり、それによって自分を取り巻く「**優れたチームの結成**」が可能になる。あなたの成長を助けてくれるチームだ。私の戦術の一部は、人を操るマキャベリ的な駆け引きに見えるかもしれないが、誰もが最高の自分を見いだせるようにという意図がある。そのためには、みんなの心の奥底にある願望を引き出す問いを投げかける。自己を認識する努力と同等に、周囲の人を理解し関係性を深めることに取り組んでほしい。社員や仕事のパートナーに対する信頼を育むと、有意義な連携が生まれ、ビジネスがあらゆる面ではかどり、そうすると睡眠時間も確保できる。

4手目は、飛躍的な発展のために、「**事業規模の拡大戦略**」をいかに実行するかである。資金の調達法に始まり、事業を急成長させる戦術や、社員の行動に責任を持たせる方法まで、あらゆることを取り上げる。この章まで読み進むころには、経験豊富なCEO並みの考え方をするようになり、モメンタム［推進力］を加速させる方法、それを保つ方法を習得し、自分のビジネスの主要部門を追跡管理し評価するシステムの構築を学ぶだろう。

5手目は自分の求めるものを得る「**パワープレイ**」についてである。少年ダビデが巨漢のゴリアテを倒した旧約聖書の話のように、どうしたら業界内の巨人を打ち負かせるか論じる。また、自分について発信するためにソーシャルメディアを活用し、ナラティブ［言説］をコントロールする方法も示す。対人関係における心理的な作用や自信のつけ方を説明するのに加え、とっておきの秘訣も伝授する。世にも悪名高い営利組織、マフィアの内部の技だ（なぜマフィアかは後のページで）。締めくくりに、5手先読みの起業で成功する重要な心得を伝えたい。

私は大学などの正規の教育を受けていないが、1500冊以上のビジネス関連の書籍を読破した。学ぶことに夢中だったし、今も止められない。書籍からあらゆる知恵を引き出し、自分のビジネスに活用した。ヴァリューテインメントが軌道に乗ってからは、頭脳明晰な人たちや戦略の達人に数多くインタビューすることができた。今までもこれからも、インタビューは一石二鳥である。私自身のビジネスや人生の向上に役立つうえ、副産物として世界中の視聴者がインタビューから知恵を得られる。

本書でも、大きな成功を収めた起業家や戦略家の話を紹介するので、彼らの考え方と手腕を知ってほしい。インタビューした相手は、レイ・ダリオ［著名な投資家］、ビリー・ビーン［球団運営で知られる元プロ野球選手］、コービー・ブライアント、パティ・マッコード［元ネットフリックス人事責任者］らで、サルヴァトーレ・〝サミー・ザ・ブル〟グラヴァーノ他大勢のマフィアからも話を聞いた。また、面識はないが学ぶところが多く尊敬している、スティーブ・ジョブズ、ビル・ゲイツ、シェリル・サンドバーグ［フェイスブックのCOO］らについても言及する。素晴らしい人ばかりで、彼らの話は、みなさんが本書のアドバイスを実践するときに役立つと思う。

あなたが今現在どんな立場であっても、良い結果を出せるようにすることが、本書全体の目的である。読み終えたとき、これからの5手の指し方が明確になるだろう。

私の狙いは、「あっ！　そうか！」とひらめきの瞬間（アハ体験）をあちこちで感じてもらい、新たな方法で情報を処理し、戦略を立てられるようにすることである。正しい暗証番号を知らずに金庫を開けようとしても、苛立ちが募るばかりだ。だが、暗号を手にすれば、ビジネスの知恵の宝庫が開く。本書をとおして、すべきこともその方法も理解し、確かな自信がつくはずだ。その結果、あらゆるレベルの問題解決の手段を獲得でき、あなたというブランドとそのビジネスの成長につながるだろう。

1手目

自分を知ること

1章

何者になりたいのか？

答えを知ることより大事なのは、問いかけである。答えではなく、問いが学びにつながるからだ。つまるところ、学びとは、望みを叶えるためのものではないか？　ならば、まずはじめに何を望むのか問いかけたうえで、それを得るために何を学ぶか見いだすべきではないか？

——レイ・ダリオ（『PRINCIPLES（プリンシプルズ）人生と仕事の原則』の著者、投資家、『タイム』誌の2012年「世界で最も影響力のある100人」）

1987年の映画『ウォール街』でゴードン・ゲッコー役のマイケル・ダグラスは、バド・フォックス役のチャーリー・シーンにこう言う。「私が話してるのは、ウォール街で年収40万ドル［約5000万円］で働き、ファーストクラスの空の旅で満足している奴のことじゃない。もっと桁違いに大きい金の話だよ。自家用ジェットを持つくらいの金持ちさ」

このセリフを聞いて、「年収40万ドルで満足って、それなら十分に夢みたいな話じゃないか」と言う人もいる。何も言わず、物欲に興味はないと決めこむ人もいる。自分は自家用ジェットを手に入れるぞと、胸を張り天に向かって声を上げる人もいる。私の興味は、あなたがどう考えるかだ。どの反応を選ぶかは、あなたが目指したい方向を反映している。

進路について相談してくる高校生であれ、5億ドル企業のCEOであれ、私に質問してくる人には、「あなた自身が『自分は何者になりたいのか？』という問いに、どれだけ真摯に答えられるか次第だ」と回答する。

この章は、何者になりたいかという問いにはっきり答えるための手引きである。そして、あなたが人生の基本設計を見直して新たなビジョンを設定し、エンジンを稼働させ発進できるようにしたい。立てた計画どおり取り組むと、活力も自制心もすべて必要なだけみなぎってくる理由もわかるだろう。

問いへの答えが、心の奥の願望を明らかに

何があなたを動機づけるのか、自分が何者になりたいのかを理解することは、何よりも大切だ。コンサルタントやインフルエンサーは、誰もが同じものを欲すると決めつけすぎる。私はCEOや起業家と話すとき、質問から始める。助言する前に、相手がどんな人間になりたいのか、人生に何を求めているのか、できるだけ情報収集する。

自分が何者になりたいか、誰もが自覚しているわけではないと思う。いろいろ問いかけられても、即座に答えられないのが普通だ。何者かという問いかけは、成功への一つのステップである（本書の

各章で取り上げる他の項目も同様である）。紹介する事例や体験談から自分自身を振り返り、より深く自らを理解してもらいたい。現時点で明確な答えがないとしても、そういう人が多数派だ。いずれ答えを見つけることを目標に、心を開いて読み進めてもらえればと思う。

本書の「1手目」の目的は、一番大切なことを見極め、自分の仕事への姿勢とビジョンのレベルに合わせて戦略を立てる手助けをすることだ。ビジョン実現の決意やそのための方策を、自分で確かめられるよう後押ししたい。

何者になりたいのか？　自分に問い続けていくと、その答え次第で、自分がどれくらい切羽詰まった状況にいるか、緊急性の程度がわかる。家族経営の小さな店を街の片隅で開きたいなら、ビジネスを戦争のようにみなす必要はない。自分の方法でのんびりやればいい。一方、ある業界に風穴を開けたいなら、計画的な筋書き、優れたチーム、確かなデータ、適切な戦略で武装したほうが身のためだ。どんな人間になりたいのか、じっくり時間をかけて自分の構想を明確にしよう。そうでないと、状況が厳しくなったときに踏ん張れない。ビジネスは過酷だ。

痛みを原動力にする

いつか叶う夢の人生を、今語ることもできないわけではない。高級車やジェット機を所有し、セレブとも知り合う、何もかもが素晴らしく聞こえる人生の話だ。しかし、その前に、本当に重要なことから始めよう。成功するには、想像を超える苦難を耐え忍ばねばならない。ビジネスでは、苦痛に人並み以上に耐えた者――忍耐力が人一倍強い者――が、最も高い確率で勝利する。

ビジネスで独立して数年経つころ、投げやりになって悲観する者が多い。誰もが大きな成長を夢見て将来の計画を立てるが、人生には邪魔が入る。計画は思ったとおりに進まず、自分はこうなりたいという考えへの集中力が途切れてくる。気づかないうちに、次の駒を進める力も損なわれているかもしれない。

次にこう考え始めるかもしれない。「でかいことをするって言ったけど、やり通せないなら、何の意味があるのか？　高望みしないで安全策を取ったほうがましだ」

偉業の達成を阻んでいるのは、そこに至るビジョンや計画のあり方に他ならない。信念や夢や、自分より大きな何かのために闘っているなら、人生は興奮、情熱、喜びによって偉大な冒険に変わる。そうならないなら、信念の確立と、何者になりたいかの自覚が問題なのである。

１９９９年の夏、軍を辞めた私は20歳だった。私のプランは「中東出身」のアーノルド・シュワルツェネッガーになること。その年の6月、自分もシュワルツェネッガーみたいにボディビルの最高峰ミスター・オリンピアで勝利し、ケネディ家の一員と結婚し、俳優になり、ゆくゆくはカリフォルニア州知事になるだろう、と信じていた。

計画の手始めは、町のジムで仕事に就くことで、ほどなく自分の名が知られることを願っていた。当時カリフォルニアあたりで最大のスポーツジムのチェーンは、バリー・トータル・フィットネスだった。姉の助けで、カルヴァー・シティのバリーの仕事を紹介してもらった。カリフォルニア州のバリーの中で、一番小さくて古臭い店舗だったと思う。

理想的とはいえない環境だったが、昇進して、バリーで最大のジムに異動になった。場所は、何とハリウッドだった。計画は順調だ！　ジムの会員権販売の営業成績を徐々に伸ばしていたから、月3500ドル［約36万円］稼いだ。軍の給料とは大違いだ。

ある日、上役のロビーが、バリーのチャッツワース店のアシスタント・マネジャー［副支配人］のポストを私に提示した。ハリウッドから30マイル［約48キロ］離れた場所だ。その店舗は月間目標の40％しか達成できておらず、経営の立て直しをロビーから頼まれた。

チャッツワースには行きたくなかった。ハリウッド店で、年収5万5000ドル［約570万円］で週末の営業を取りしきるウィークエンド・マネジャーになりたかった。ロビーは、チャッツワースの経営を回復させたら、そのポストは私のものだと請け合った。競争相手は、エドウィンという勤続年数の長い社員だけだ。エドウィンを上回る業績を上げているかぎり、ハリウッドのウィークエンド・マネジャーの座を期待できた。

話はそれから90日後に飛ぶ。チャッツワースのジムでは経営を回復できて、月間収益の目標達成率は40％から115％に上向いた。私は会社全体の営業成績スコアのトップに近い成果を出していて、エドウィンより断然よかった。ロビーから会いたいとの電話があり、会社は喜んでくれているに違いないと思った。計画はうまくいっていた。きっとボディビル界のレジェンド、ジョー・ウィダーと会う日が来るだろう。ハリウッドで力のあるエージェントにスカウトされて、俳優の道を歩み始めるだろう。そしていつかケネディ家の女性と出会う。あの日の午後、ロビーとの面談前、期待に胸を膨らませていたことを鮮明に覚えている。

ロビーのオフィスに足を踏み入れた瞬間、何かおかしいと思った。彼は、エドウィンより業績が上ならポストを与えると約束してくれたときとは別人のようだった。

疑心暗鬼になっているだけだ、と自分を落ち着かせた。状況が不確かなときは前向きに考えて、まずは何と言ってくるか話を聞こう。

「パトリック、この3カ月、よくやってくれた。君とチームのパフォーマンスを誇らしく思うよ」とロビーは言った。「そこであと半年、君にチャッツワース店に残ってもらい、次のレベルまで店を成長させてほしいんだ」

「どういうことです?」私は聞き返した。「ハリウッド店のウィークエンド・マネジャーのポストに就きたいと、はっきり伝えたはずです」。しかし、そのポストは既に埋まったと言われた。

その瞬間、頭に血が上った。まともな男が約束を破った末に私と目を合わせられるとは、信じられなかった。それまでゴールを決めて勝つことだけに夢中になっていたので、うまくいかなかったらどうするかなど、考えてもいなかった。

誰がそのポストに就いたのか? 察しのとおり、エドウィンだ。理由は? エドウィンは勤続6年だが、私はたった9カ月だからだ。私の営業成績は、国内全店のスコア表でエドウィンに勝っているのに。客観的なデータからみて、私が就くポストなのに。

公正を期していうならば、ロビーは道義心が欠けていたわけではない。会社の指令に従わざるを得ず、組織運営上、態度を変えたのだ。組織というものには事業計画があること、営業成績だけでは滅多に昇進は決まらないことを若いうちに知ったのは、いろいろな意味で幸いだった。ロビーは私の怒りを理解していて、外に出て頭を冷やすよう勧めてくれた。駐車場に行って考えてみた。この出来事が、今後の人生に及ぼす影響を想像した。頭の中で映画のように映像が流れ、ロビーの決定に従った場合、その結末は断じて受け入れられなかった。当時は気づいてなかったが、私は既に、次の指し手に進んでいたのである。自分自身で手を打つのではなく、他の誰かの手に対して受け身でいるしかないのが、唯一最大の問題だった。ロビーのオフィスに戻って、決定は最終的なものかと尋ねた。そうだと彼は言った。

そこで、彼の眼を真っすぐ見て、辞めると告げた。最初は冗談と受け取られたが、決意は固かった。社内昇進のために何をすべきか明確な方向性が示されていない環境で働いて、いったい何の意味があるのか？　なぜ憂き目をみないといけないのか？　今後、自分の運命を他人に委ねて生きていくことはできない、と悟った瞬間だった。

私の仕事人生の中で当時はまだ、勝者の思考法を身につけていなかった。今の手か次の手だけで、それより先を考える力はなく、まだまだ未熟だった。だから茫然自失であった。家に車を走らせながら、人生最悪の決断をしたように感じた。同僚からの電話が鳴り始め、いったい何を考えているんだと訊かれた。家族も、呆気にとられていた。

その夜ベッドに入るころには、高ぶった気持ちも収まり、これからどうしようという戸惑いが残った。後のキャリアにおいて学ぶことになる感情的になったときの対処法を、まだ習得していなかったが、幸いその夜は気持ちを落ち着けられたので、何とか次の手をいくつか考えられた。今振り返ると、私の人生の決定的な瞬間だったとわかる。

心の内を見つめて、自分が何者になりたいのか、どこへ行こうとしているのか、明らかにする必要があった。当時の私の考えは、ざっと次のようなものだった。

1　ベトーデイヴィッドの名を意味あるものにする。イランを離れる決心をした両親が誇りを感じるくらいに。

2　約束を守る人たちと仕事をしたい。特に、一緒に働き私のキャリアパスに影響を及ぼすリーダーには、誓約を守ってほしい。

3　純粋に自分の業績だけでトップに昇りつめる方法について、確かな基本原則を知りたい。意表を突く変更や、ゴールのすり替えは認めない。

4　私と同じビジョンを抱くチームをつくりたい。共同して極限まで突き進むというビジョンだ。チームには100%信頼できるランニングメート（腹心）も必要だ。

5　十分な収入を得たい。金があれば、これ以上他人の駆け引きや組織の方策に左右されなくてすむ。

6　ビジネスというゲームを広い視野で捉えるために、戦略を説いた巻の書籍を片っ端から手にする。書籍から、社内いじめを極力減らす方法を学べるはずだ。

自分が何者になりたいかわかると、次の手が見えた。最初のステップは、期待値が明確な、成果報酬型の営業職を探すことだった。あれから20年経った今、自分の核となる信条と価値観に一致する決断をすれば、進むべき方向が明確になると断言できる。

侮蔑の言葉や疑いの視線をバネにする

昇進できなかった体験を話したのは、みなさんにも自分の痛みをうまく活用してほしいからだ。無力感や怒りや悲しみを感じているときこそ、心に潜む原動力となるものの手掛かりが得られる。屈辱にはモチベーションを高める力がある。イーロン・マスクが、生まれ育った南アフリカを離れて17歳でカナダに渡るとき、父親は長男であるイーロンをこき下ろした。『ローリング・ストーン』誌2017年11月号には、イーロンについて綴ったニール・ストラウスの記事に、次の引用がある。出国見送り時の父についてイーロンが語った言葉だ。「父はほとんどケンカ腰で、お前は3カ月で舞い戻ってくるさ、と言った。お前は成功するはずがない、人生を台無しにするだろうってね。いつも親父からバカ者と呼ばれていた。まあ、そんな罵りは、氷山の一角にすぎないが」

不動産業界の大物であるバーバラ・コーコランは、テレビ番組『Shark Tank（シャーク・タンク）』

［夢を叶えたい起業家が、著名な投資家たちの前でプレゼンして出資を求める番組］で有名だ。彼女は、ニュージャージーのブルーカラーの街で、10人きょうだいの家に育った。１９７３年、23歳のとき、店員をしていたダイナーで出会った男性が、不動産会社を始めるために１０００ドルを貸してくれた。２人は恋に落ちて、その後ずっと幸せに暮らすはずだった。その筋書きどおり事が運んだとしても、コーコランはそこそこの不動産経営者になれただろう。しかし現実には、１９７８年に、その男がコーコランを捨てて彼女のアシスタントと結婚した。傷口に塩を塗るように男は言った。「俺がいなきゃ、君は成功できっこない」

２０１６年11月の『Inc.（インク）』誌のインタビューで、コーコランは、怒りを自分の味方につけたと語った。激情を自分の武器にしたのだ。「誰かに見下されたら、すぐにその憤りをバネにして、自分の力を最大限発揮するの」と彼女は言う。「何が何でも交渉して、相手から欲しいものを手に入れる。……私を侮ることはできないわ。そんなの我慢できない。ファ××ユーって言ってやりたい」

この手の拒絶や屈辱の経験は、とてつもないモチベーションを生む要因になる。長年、自分を見下してきた、教師やコーチ、上司、両親、親戚を思い返してみてほしい。そうしたネガティブな記憶を持ち続けようということではない。燃料としてロケットの飛躍の原動力にすればいい。コーコランは、否定された経験を決意へと変換した。結果として、彼女はニューヨークの居住用不動産会社としてトップの成功を収め、その会社を６６００万ドル［約74億円］で売却した。その後、彼女の著書はベストセラーになり『『大きなケーキは人にゆずろう――お金持ちになるための「母の教訓」』』、『シャーク・タンク』に出演するスターになった。

番組で、投資したい起業家を選ぶとき、コーコランは痛みをバネにしている人を探す。貧しい育ちは強みだという。「不幸な子ども時代？　いいわね！　折り紙つきよ。父親からの虐待？　完璧ね！　父親がいない？　大変結構よ！　私が投資した起業家で大成功している人すべてが、惨めな子ども時代を過ごしたわけではありません。でも、成功するはずがないと誰かに言われて、今でも憤りを抱える人たちなんです」

あなたの経験した苦痛を軽くみているわけではない。その痛みはわかっているつもりだ。私が子どものときに味わった屈辱感は、一生消えはしない。当時は傷ついたし、今も傷は癒えない。中傷、侮辱、虐待の経験は、言い訳にもなれば原動力にもなる。ものすごく強力な燃料になる。

マイケル・ジョーダンの亡き父は、こう言ったそうだ。「マイケル・ジョーダンに全力を発揮させたいなら、彼ができないことを言ってやるといい」。NBAを引退した5年後、バスケットボール殿堂入りセレモニーのスピーチで、ジョーダンが言葉を尽くして語ったことといえば？　彼を退けたり疑ったりしたあらゆる人についてである。自分を見下した人を、今なお忘れられないでいるのだ。ジョーダンは、高校のバスケットボールチームでベンチ入りできず、代わりにリロイ・スミス・ジュニアが選ばれた。悔しさをバネにしたことを示すために、ジョーダンは何とリロイをセレモニーに招待した。「リロイがチーム入りし、僕は入れなかった。リロイ・スミスと僕自身に対して証明したいだけじゃない。僕の代わりにリロイを選んだコーチに証明したいんだ。言わせてもらえば、選び間違えたってことだ。わかっただろ」とジョーダンは語った。

イーロン・マスク、バーバラ・コーコラン、マイケル・ジョーダン、みんな痛みをバネにしている。同じことはあなたにもできる。「こんなの二度とご免だ！」と言い放った、一番辛かったときを振り返ってほしい。苦い経験を思い起こすことが原動力になる。


今でも、広大なアリーナ、マディソン・スクエア・ガーデンを埋め尽くすほどの人々が、私を侮辱するように感じる。26歳のとき、スピーチをするために母校のグレンデール高校に招かれた。校内で進路指導員《ガイダンスカウンセラー》のドッティとばったり会った。「パトリック、ここで何してるの？　モチベーション・アップの講演を聞きにきたの？」と訊かれた。そして、かつて常々、私の両親に申し訳なく思っていたと続けた。26歳の私が、サクセス・ストーリーを語るために母校の招きで訪れたのに、ドッティは私に哀れみをかけ、10年前を思い出させる。在学中、私が意欲も目標もない途方にくれた少年だったせいで、両親を気の毒に思っていたと言うのだ。

結局ドッティは講堂まで私に付き添ってきた。会場では、６００人の生徒がモチベーションをアップさせる話を聞こうと待ちかまえていた。教頭がさっと立って、私を講師として紹介し始めた。ドッティの顔に浮かんだ表情といったらない。

ドッティには一切言い返さなかった。代わりに、人生にたびたび登場する、私を侮辱する人物として心にしまった。こういう人たちが私を駆り立てる。実は、長年にわたって人々から投げつけられた言葉のリストが私の中にある。普通はポジティブな文言を唱えて自信をつけるが、私の場合は違う。私を疑って見下そうとした人からの数々の「文言」をリスト化してあり、それを読み上げ、心に火をつける。その炎の勢いは、世界中の金をもってしても代えがたい価値がある。

こうした人々のうち、ある通りすがりの人物が人生で特に重要だったかもしれない。23歳のとき、父が13回目の心臓発作を起こして、私はロサンゼルス・カウンティ・メディカルセンターに駆けつけた。ロサンゼルス郡の公立病院である。そこで父は虫けらのような扱いを受けていた。私は正気ではいられず、食ってかかり、ものを投げつけた。「親父にいいかげんなことするな！ ひどすぎるじゃないか！」キレてしまって、警備員に病院の外に連れ出された。怒りを爆発させていたとき、1人の男がいった。「おい、頭を冷やせ。カネがあれば、ちゃんと民間の保険で、もっといい医者が親父さんを診てくれる。でも、あんたは払ってないだろ。税金で賄う公立の病院では、せいぜいこの程度さ。最低限の医療を提供するのが、公的な医療保険ってやつだ」

病院から追い出され、フォード・フォーカスの運転席に戻ると、涙があふれた。怒りは恥辱に変わった。あの男が言ったとおりだ。父が粗末に扱われたのは、質の高いケアを受けられる金を私が払えなかったからだ。しかも金がないのは、仕事で顧客を相手にする時間より、ナイトクラブで過ごす時間が長かったせいである。人生最悪の時期だった。結婚しようと思っていた女性にも、ふられたばかり。クレジットカードの負債は4万9000ドル［約500万円］。30分間、赤ん坊のように泣き続けた。

大泣きと自己憐憫と屈辱の後、わかった。この夜をもって、今までの自分、昔のパトリックを封印した。

すべてが一変した。この痛みを契機に、かつて私に向けられた侮辱の1つ1つを胸に刻んだ。「GPA［成績評価値］1・8」「負け犬」「チンピラとつるむ奴」「哀れなパトリック、勝ち目なし」「離婚家庭」「母親は生活保護下」「他の道がなくて、軍に入るしかなかったんだろ。ろくな人間にはならないな」

もう二度と父を99センツ・ストアで働かせないと誓った。その店はロサンゼルス南西部、治安が悪いイングルウッドのユーカリプトゥス通りとマンチェスター通りの角にあり、父はたびたび強盗に銃を突きつけられていた。父の残りの人生では、粗末な医療を断じて受けさせたくない。父も私も二度と屈辱を味わうものか。

あの夜、自分に言い聞かせた。「『ベトーデイヴィッド』、この苗字を世に知らしめる。私たち家族が共に乗り越えてきた痛みがある。イランを出て米国に移住し、経験してきた苦難がある。母がたどたどしい英語しか喋れずどんなに恥ずかしい思いをしたか、父が私たち家族の集う前で侮辱されてどんな表情を浮かべたか、絶対に忘れない。いずれ、この苗字を誇る日が来る。米国に来たことを誇れるようになる。払った犠牲を心から誇りに思えるはずだ」

翌日、不思議なことが起きた。みんなが私だと気づかないのだ。これまでにない誉め言葉をもらった。「パットかい？　見違えたな。わからなかったよ。今までのパットはどこへ？　戻ってきてくれよ」。当時私は、ロサンゼルス中のナイトクラブに木曜から日曜まで夜ごとに通っていることで知られていた。ラスベガスに年26回出かけた時期もある。友だちみんなに、もう誘わないでくれと伝えた。彼らは取りあわず、馴染みの友がまたクラブにいそいそと足を運ぶのは時間の問題だと思っていた。

パーティ好きで気まぐれな昔のパットはもういないとは、彼らは思いも及ばなかった。私は180度転換した。もう昔には戻らない。その日以降、私自身を含め誰1人、以前のパットに会うことはなかった。あらゆる屈辱的な経験が私の燃料となり、以来ずっと、いつでも呼び覚ませるエネルギーとして蓄えられ安定供給されている。

こうやって、憤りと痛みをバネにできる。主役は自分自身だ。自分を変革し、何者になりたいのかを追求するなら、阻むものは何もない。

今では、かつての体験を思い出すのが苦痛ではなくなってきた。以前ほど傷つかない。それでも、昔の情景を一瞬にして甦らせ、以前と同様に自分に火をつけることができる。屈辱のリストには、まだ次々と新しいものが加わる気がする。痛みは決して消えないが、今となっては、侮蔑の言葉も疑いの目もすべて贈りものと捉えている。結局はそうした経験を通じて、自分が何者になりたいのか、はっきりしたからだ。「二度と繰り返さない」という気になったし、自分にとって決して譲れないこと（どんな状況でも絶対妥協したくないこと）のリストが出来上がった。

みなさんも、ぜひ試してみてほしい。譲れないことのリストには、自分のこだわりや、他人の眼には一風変わって見える部分も漏らさないほうがいい。そうした特性は、これまでの自分の経験や傾向を反映しているから重要だ。犠牲にできること、断固としてできないことのはっきりした区別が必要

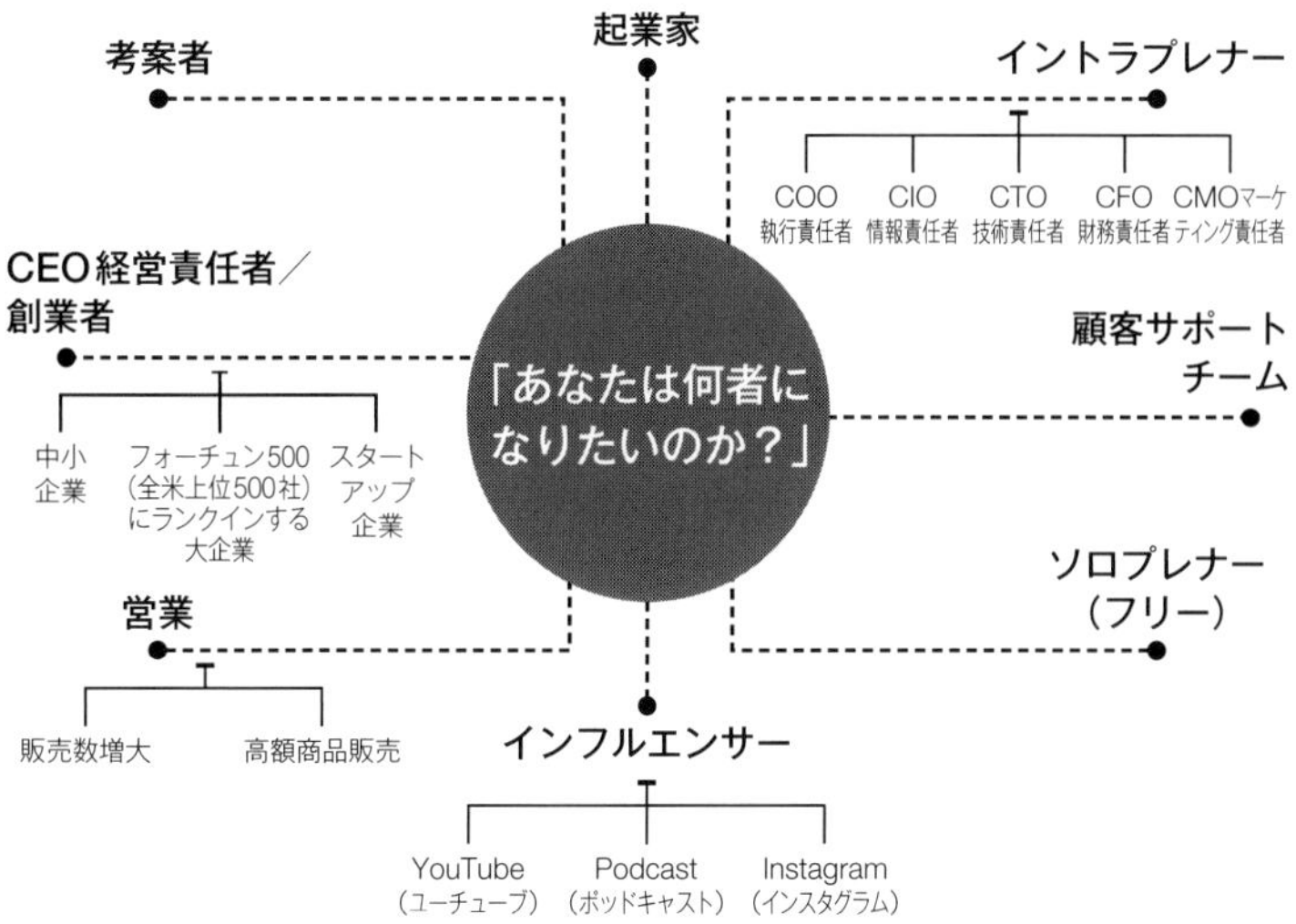

なのだ。区別すれば、自分にとって譲れない項目がリスト化できる。

自分にベストな役割は何か

自己発見を促す問いかけから、自分にとって最適な道を見い出してもらいたい。自分の能力が最も際立つポジションを知ることが重要だ。創業者か？　ＣＥＯか？　戦略責任者？　営業チームのリーダー？　ナンバーツーの補佐役？　新規事業開発者《ビジネスデベロッパー》？　社内で起業するイントラプレナー？　その他、いくらでもある。起業家に注目が集まる時代だが、自分の道は違うと思う人もいるだろう。起業しなくても、富を築き充実感を得られる場はある。

どの道を選ぶかは、スタートラインの自己認識次第だ。つまり、あなたは何者になりたいのか？

起業は私生活においても金銭的にも、ハイリスク・ハイリターンになる。世間は、成功した起業家の最終的な成果にばかり注目する。そこへ至るまでに乗り越えてきたこと――多くの苦難、裏切り、残高ゼロの通帳など――には目を向けない。午後6時に帰宅し家族と夕食を共にする機会は、起業家には滅多にない。ビジネス目標の規模によっては、食卓を囲める夜もあるだろう。しかし革新的なビジネスで多国籍企業に成長しようとするなら、多くの犠牲を払うのは否めない。犠牲はどれも次の手を成功させるためであり、家族など他の人にも了承してもらうしかない。

忙しくなればなるほど、段取りのよさが必要になる。一般に、最高レベルの成功と素晴らしい家庭生活は両立しないといわれる。確かに容易ではないが、家庭が大事なら何とかうまく切り抜ける道が見つかるはずだ。要は選択次第なのだ。私の場合、ビジョンの実現に向けて闘う父親として、子どもの手本になるほうが、毎晩夕食に家に帰るよりも重要だと考えた。そう計画したから、家族も了解してくれる。おまけに収入が増えると、選択の幅も広がる。休日も働かねばならないかもしれないが、資金があると融通が利くので、出張に家族を連れて行けば一家揃っての旅行になる。何ごともリスクと報いがあり、コストと利益がある。どの道を選ぶかは、この問いへの回答次第だ。あなたは何者になりたいのか?

なりたい自分になるには、自分の描く未来に忠実に生きる

「いずれうまくいったら、……する」とか「いつか成功したら……」と誰かが言うのを、何度耳にしてきただろう。「いつか100万ドル稼いだら……」「いずれ自分のビルを所有して引っ越したら

……」

ああなったらこうする、という卵が先か鶏が先かの堂々巡りも、わからないではない。世界に通用する本社ビルや、最先端のソフトウェアのライセンスは、金回りがよくないと手に入らない。だが、収入のレベルに関係なくできることがある。適切な手を打って、可能なかぎりベストなポジションに身を置くことだ。

常日頃から使っている表現がある。「future truth（未来という現実）」。**思い描く未来が既に実現したかのように、現在を生きる**、という意味だ。IBMを興したトーマス・J・ワトソンの次の言葉に感銘を受けた。

IBMが今日在るのは、注目すべき3つの理由による。1つめは、ごく初期段階から、最終的に成功したときに会社がいかなる姿か、明確な将来像を思い描いていたことだ。夢——ビジョン——が実現したときの会社の姿が、モデルとして頭にあった。

理由の2つめ。会社の姿が決まったら、次に、そのような会社の役割は何か、自問した。そして最終的に成功したときの将来像として、会社の役割を思い描いた。

IBMが成功してきた3つめの理由。夢が実現したあかつきのIBMの姿と役割を思い描いたら、そのとおりに初期段階から仕事をしないかぎり成功しないと悟ったことだ。

つまり、偉大な企業になるには、そうなるはるか以前の創業時から、我々IBMは一流企業として仕事せねばならない。私はそう気づいたのだ。

最後の部分は、納得できただろうか？　一流企業（偉大な起業家／社内起業するイントラプレナー）になるずっと前から、既になっているつもりで行動するべき、という意味だ。

つまり、先見性のあるビジョナリー（明確なビジョンのある人）は、今この場所で現在という時間を生きているわけではなく、少なくとも5手先の未来を既に見通して、そこにある現実を生きている。けれども、「未来という現実」を人に語ると、非現実的で大ぼら吹きと受け取られ、妄想だとも言われかねない。２００９年、私が会社立ち上げから間もないころ、カリフォルニア州のパームデザートにあるＪＷマリオットホテルで、４００人の聴衆の前でスピーチしたときのことだ。「わが社の総会に、才能あふれるコメディアンやアスリート、思想家や米国大統領が出席し演説する日が来るだろう」と未来を語った。実際に、９年後の年次総会で、コメディアンのケヴィン・ハートがパフォーマンスを披露してくれた。10年目を迎える前に、わが社の全社員が集うなか、私はジョージ・Ｗ・ブッシュ元大統領と、今は亡きコービー・ブライアントにインタビューした。

「未来という現実」を原動力にしている人には、みんながついていきたくなる。明確なビジョンのある人は魅力的だからだ。そうしたビジョナリーといえる人が１００％確信をもって語ると、他の人の意欲にも間違いなく火をつける。

優れたリーダーは、「未来という現実」を信じる力があるうえ、人々が各自のビジョンを信じて実現できるようひらめきを与える能力をもつ。1961年5月25日、ジョン・F・ケネディ大統領は「国家的緊急課題に関する特別議会演説」を上下両院合同議会で行った。ケネディには明確な目標があった。「1960年代の終わりまでに……人類は月面着陸を行い、地球に無事帰還することになります」。1969年7月12日、ニール・アームストロングが人類初の月面歩行を行い、目標の60年代末より5カ月早く、未来は現実になった。

自分が何者になりたいか、なりたい自分の姿をはっきり思い描いているだろうか？　今この瞬間、自分自身の「未来という現実」に忠実な行動をしているだろうか？

ヒーローとそのイメージを活用して、なりたい自分に近づく

レベルアップしハードルを高く設定するためには、英雄のようになろう。自分にとってのヒーローを思い浮かべ、その人物があなたの立場で上を目指すならどんな行動をとるだろうか。「誰それならどうするか」というテーマの書籍が一分野として成りたっているのは偶然ではない。

金持ちになりたいなら、『What Would the Rockefellers Do? How the Wealthy Get and Stay That Way, and How You Can［ロックフェラー家ならどうするか？　あなたにもできる、富豪になり豊かであり続ける方法］』という本がある。また、合衆国を築いた先人のようになりたいなら、『What Would the Founders Do? Our Questions, Their Answers［建国の父ならどうするか？　私たちの問いへの答え］』を参考にするといい。

他の誰かならどうするかと自問すると、否応なしに立ち止まって、今後の一連の手を考えることにつながる。その人物のように偉大になろうと意欲も湧く。私はさらに高いレベルに達するために自分を焚きつけるのに必死だったので、アーティストを雇って、オフィス用に特注の絵画を制作してもらった。

「Dead Mentors［今は亡き師《メンター》たち］」。一風変わったタイトルの、奇想天外な絵だ。目にした人は足を止めずにはいられない。画面では、決して一堂に会するはずのない、さまざまな時代の人物が私を取り囲む。

私はオフィスでいつも絵のほうを向いて、助言を求めている。描かれた人々は良き相談相手として、経済面、市場競争、戦略、政治的手腕から私生活まで、あらゆる面で共に問題への対応を考えてくれる。この10名の偉人の集まりを眺め、10の英雄的資質を身につけようと常に思っている。

この絵には、同一分野だが思想信条の違う人たちも選んでいる。

ジョン・F・ケネディは民主党で、**エイブラハム・リンカーン**は共和党だ。共に偉大な大統領だが、物事を成し遂げるアプローチはそれぞれ違う。両者とも最後は暗殺されるが、その経緯は異なる（詳細は省く）。

アルベルト・アインシュタインと**ミルトン・フリードマン**は、いずれも数学者の視点で世界を捉えていた。ただし、経済、及び所得税など税金については見解が異なる。

また、**トゥパック・シャクール**と**マーティン・ルーサー・キング・ジュニア**は、アプローチは異な

左から順に、アルベルト・アインシュタイン［相対性理論で知られる物理学者］、ジョン・F・ケネディ［第35代米国大統領］、マルクス・アウレリウス［2世紀後半のローマ皇帝］の胸像、エイブラハム・リンカーン［第16代米国大統領］、トゥパック・シャクール［「2パック」の名で知られる伝説のラッパー］、パトリック・ベト-デイヴィッド（英知を吸収しようとする学徒である筆者）、モハンマド・レザー・パフラヴィー［革命前イランのパーレビ国王］、アイルトン・セナ［F1世界選手権を制したレーシング・ドライバー］、ミルトン・フリードマン［ノーベル経済学賞を受賞した経済学者］、マーティン・ルーサー・キング・ジュニア［キング牧師として知られる公民権運動活動家］、アリストテレス［古代ギリシアの哲学者］の胸像。

るが、求めていた結果は共通する。２人とも信念の強さのため、銃撃され命を落とした。

モハンマド・レザー・パフラヴィーは、１９４１年から１９７９年まで在位したイランのシャー（君主）である。国の近代化を進めたが、過大な権力を適切に行使できず、パフラヴィー朝の崩壊を招いた。この絵に選んだのは、自信過剰になって敵を過小評価すべきでないと肝に銘じるためだ。シャーは、イスラーム法学者のアーヤトッラー・ルーホッラー・ホメイニーと対立していて、結局はホメイニーが指導したイラン革命によって亡命に追い込まれた。

アイルトン・セナは、史上最強のF1ドライバーで、技能を完璧の極みまで高めて自分の限界を試した。限界を押し広げること、集中力に磨きをかけることを思い起こさせてくれる（私は娘の名を、セナとした）。

マルクス・アウレリウスは、決して尊大に構えることのない皇帝で、権力に溺れはしなかった。ストア派の思想の信奉者であり、中枢にいても謙虚であり続ける姿勢を示してくれる。

アリストテレスは、理性の声を説いた哲学者だ。広大な帝国を支配したアレクサンドロス大王が少年だったとき、理性の教えを授けた。古代ギリシアの哲学者の論理的な思考判断力からは、じっくりと焦らず問題に取り組む大切さを学べる。

画面奥で、**私**はエイブラハム・リンカーンが進める議論に耳を傾けながら、トゥパック・シャクールに何か囁いている。

右端には**空席**があり、誰の椅子かは、いつの日か明らかになるだろう。

この絵に勢揃いした人々はみな、私が日々向き合う個人的なメンター［師］になっている。あなたにとって、メンターとなる貴重な存在は誰だろう？　故人でも生存中の人でもいい。広い視野と助言を与えてくれる人はいるだろうか？

自分にとってのヒーローが見つかったら、ビジュアル化することだ。そして、模範としたい理想の姿に倣って行動してみよう。

オフィスに足を踏み入れるたびに、「今は亡き師《メンター》たち」の絵は私の心を揺さぶる。もっと高いレベルの賭けに出る意欲を保てる。また、オフィスにはREADという文字のかたちにデザインした、15フィート［約4・5メートル］に及ぶ特注の本棚がある。このオフィスではあらゆる視覚的な要素が、私の思考と明確な判断を後押ししてくれる。考えを大きく膨らませる野心に満ちたこの部屋で、よく次の5手の作戦を練っている。

私のオフィスは一風変わっていて、設置費用はかさんだ。だが、理想に向かって進む準備は、どこからでも始められる。私の場合は、バスルームの鏡にテープで貼っておいた、雑誌の切り抜きの写真が始まりだった。現在の何でも揃ったオフィスは、かつて自分を鼓舞したものを忘れないようにする空間となっている。こうやって、みなさんも何か視覚的なイメージを用意するといい。アーティストに絵を描いてもらう必要はなく、ちょっとしたものでいい。画像はフォトショップでつくれる。

もしビジョナリーとして生きるなら、ウォルト・ディズニーか、スティーブ・ジョブズの写真を引き伸ばして目立つ場所に貼っておくといい。なるべく楽しくやろう。ウォルト・ディズニーの写真がいまひとつだったら、ミッキー・マウスのイラストかぬいぐるみをオフィスに用意すればいい。

eコマース［電子商取引］の会社を立ち上げるなら、「アマゾンのジェフ・ベゾスならどうするか？」と考えよう。

投資会社を経営しているなら、「ウォーレン・バフェットならどうするか？」

メディア企業なら、「オプラ・ウィンフリー〔有名なテレビ司会者、プロデューサー〕ならどうするか？」と考える。

ヒーローは、私たちにインスピレーションを与えてくれる。だから、身のまわりにヒーローの姿を掲げておくと効果的だ。彼らからの視線を感じ、ヒーローのように行動する機会が増えるだろう。

あなたは何者になりたいのか？

この質問から始めたが、同じ質問で締めくくる。答えは、自分の望む人生が明らかになって初めてわかる。わかってきたら、なりたい自分をさっそく体現し、既に望みを実現したかのように振る舞おう。こうした自問自答は生涯続く。この章で紹介した方法が、何らかの突破口になり、本当になりたい自分を知る道が開けるよう願っている。

2章

自分という最重要プロダクトを探求する

自分が何者かを知れば、人は何者かになれる。

――ピンダロス（古代ギリシアの詩人）

映画では、稲妻に打たれたみたいに突如インスピレーションが湧き、登場人物は「人生でやるべきことはまさにこれだ」と一瞬にして理解する。だが、映画の中の話にすぎない。現実には、自分が何者になりたいかを知る道のりは努力を要する。

人生で最も難しいのは、おのれを知ることだ。

――ミレトスのタレス［古代ギリシアの哲学者、数学者］

極めて堅固なものが3つある。鋼鉄、ダイヤモンド、そして自分とは何かという謎である。

――ベンジャミン・フランクリン［アメリカ合衆国建国の父とされる政治家］

さて、君はいつ、自分の内面への長い旅へと発つのかね？

――ルーミー［13世紀ペルシアの詩人］

タレス、フランクリン、ルーミーは、自分を知る道のりがいかに困難かを警告している。私の場合、売り込みの電話を1日300件かけるのは苦ではない。1日18時間、週6日の仕事もこなせる。一方で、自己探求は何よりも大変だった。何とかやりとげたのは、得られるものが大きいと気づいたからだ。なぜ利点があるのか、3人の賢者がうまく説明してくれる。

おのれを知ることは、あらゆる知恵の第一歩である。

――アリストテレス

自分が何者かを見いだしたとき、人は自由になる。

――ラルフ・エリスン［米国の小説家。『見えない人間』他］

自らが何者で、何を求めているのか。その答えは、おのれという存在の核心にある。
——老子［古代中国の思想家。道家思想の開祖とされる］

私たちは他者を学ぶために書籍を読み、他者の心を読み取り、相手を説得して影響を及ぼそうと懸命になる。それはそれで意義があるが、同等の時間を、もっと重要なことを知るために費やしてほしい。他者についての探求で得られるのは知識だが、自分自身の探求を突きつめると、驚くほど自由になれる。自分を受容できるようになって、否定的な自己評価にとらわれなくてすむ。自分を責めてばかりではなく、自らを認めることを身につけ、短所だと思っていた点が実は有益な財産だと気づくようになる——私もそうだった——。探求すべき最重要人物は、残りの人生を共に生きる唯一の人間、あなた自身だ。

本当の自分の姿に合ったキャリア設計を

友人のショーンは、30歳までに既に十指に余るほどの仕事を経験した。そして私の会社で保険営業のエージェントとして働くようになった。そんな彼が、ある日電話してきて保険のセールスはもうやりたくないと言ったとき、驚くには当たらないと思った。ショーンと会って、どうしたのかと尋ねた。しばらく話を聞いてから、こう言葉をかけた。「正直なところを言わせてもらいたい。気持ちを害するかもしれないけれど、いいかな?」

一瞬間を置いてから、彼は大丈夫だと言った。

「君が今までに仕事を辞めたのは、どれもこれも上司のせいだったよね。悪口を言ってたボスの名前を全部挙げられる。ここ何年も話を聞いていたからね。いつも、どこかの誰かの責任だった。でも、君が責めたことのない奴が1人いる。君自身だよ。この点をどう思う？」

目を覚ますよう促したのだか、ショーンの名誉のために言っておくと、彼は自分の責任を自覚しつつあった。意味のある対話を私とするためには、後ろ指を指すのではなく、自分の内面を見つめるしかないと理解したようだ。

さっそく私たちは検討を始めた。表面的には彼は怒りを感じているが、その奥にあるものを掘り下げた。彼が採用した男が、今ではショーンを上回る収入を得ているとの話だった。自分の下にいる者が自分より仕事ができるのは、面白くないし自尊心まで傷つくと認めた。彼の感情は、煎じ詰めれば悔しさと妬みだとわかってきた。

その男とショーンは、描く夢が違うのではないか、と投げかけてみた。その若手ホープは何百万ドル［何億円］も稼ぎたいのだろうが、ショーンはそうじゃない。私は言った。「ちょっと視点を変えて、根本的なことを1つ訊きたい。君はどんな人生を望んでいるのかな？」

ショーンはしばらく黙っていた。私の質問を真剣に考えているのがわかった。ようやく口を開いた。

「そうだな、年収は15万ドル［約1570万円］程度でも、十分いい人生だと思う。リトル・リーグ［少年野球］でコーチをやりたいし、子どもにとって大事な日は必ずその場にいたい。それに本当のところ、ときどき朝寝坊もしたい。正直に言えば、僕は駆り立てられるように仕事する性格じゃないんだ」

ショーンは、率直に自分を振り返ることで方向性が見えてきた。自分を同僚や友人と比べなくていいとわかってきた。自分の営業所で一番の金持ちになろうとする必要はない。真の幸せと満足感をもたらすもの――年15万ドル、そして家族と余暇のための十分な時間――がわかれば、すべては丸く収まる。

話しながら、ショーンは言った。「でも、僕みたいな考えはつまらないと思われるかな?」

「人によっては、物足りないだろうね」と私は答えた。「だが、君は自分の潜在的な可能性をビジネスで追求することはなくても、快適に暮らし、素晴らしいお父さんでいられるなら、満足だろう?」

ショーンはまた黙った。考える時間を与えた。他者について話し合っているのではないとわかってきたようだ。彼自身についての話に他ならない。彼に必要なのは、自分が何者でどんな人生を望むのか、率直になることである。この手の内面との対話は気持ちが落ち着かなくなる。それを紛らわせるためだと思うが、彼は私の望みは何かと訊き返した。

「私や他の誰かのことは関係ない」と答えた。「どんな人生が君にベストなのかがはっきりして、そのビジョンを実現するなら、嫉妬を感じなくていいはずだ」

「そうだね。だけどやっぱり、パットの望みにも興味があるんだ」

「このデカい世界の制覇だよ。でも、それは私の望みで、君のじゃない。君は私になろうとしてもなれないし、私は君になろうとしてもなれない。そんなの君には最悪だ」

ショーンは頷いた。気持ちが収まったのだ。彼には向かうべきところがある。彼にふさわしいゴールがある。それに合わせて長期的な戦略を立てればいい。単なるその場しのぎの解決策（仕事を辞めること）よりいいはずだ。私と彼が共に問題を考え、それが一段落したとき、ショーンは自分に適した選択ができた。

ショーンに必要なのは、自分と他者の比較を止めることだった。毎晩家で家族と夕食をとるのは、彼にとって重要なことなのだ。求める人生のために、年収何百万ドルではなく15万ドルの道を行き、誠心誠意、子どもと向き合えばいい。アマゾンのジェフ・ベゾスやヴァージン・グループのリチャード・ブランソンとは違う道を辿り、別のゴールを目指すなら、彼らのように行動すべき理由などない。

最重要プロダクトとして自分を探求するには、内面を深く掘り下げる必要がある。ショーンは、たいていの人もそうだが、何が自分のモチベーションなのか見誤っていた。心の奥まで十分探求せず、自分に正直になっていなかった。だが、そうできたとき、世界は突如として意味をもち、自己実現のために何を選択するかを理解した。一言付け加えれば、彼も将来的には、もっと仕事に力を注いで経験の幅を広げたいと思いたつ日が来るかもしれない。ゴールは時間をかけて進化していくものだ。ショーンが妬みの感情の芽生えに気づくなら、それはゴールを考え直すべきと教えてくれるサインになる。

レイ・ダリオは著書『PRINCIPLES（プリンシプルズ）人生と仕事の原則』の中で、優れた洞察力でこう述べる。「頑張ってクリエイティブに仕事をすれば欲しいものは概ね手に入るが、求めるもの全部を得られるわけではないとわかった。成熟とは、単なる良い選択を退けて、それ以上に優れた選択を追求する力である」

自分が何者かに正直になり、成熟すると、どれもこれも欲するのを止めて取捨選択できるようになる。自分に正直であるなら、湧きおこる妬みは何かに気づくサインになる。自分にないものをもつ人をみて、「本当のところ、自分はそういうのはいらないんだ」と言えるなら、それは好ましい状況にある。一方、口では自分は欲しくないと言っても、心からそう思っていない場合は、妬みに蝕まれていく。この場合、本当は欲しいのに、そのためにすべきことに踏みださない状態を示している。

自分が何者かを率直に認め、求める人生に必要なことを偽りなく行うと、心穏やかでいられる。自分にないものをもつ人や他者の成功を喜ばしく思えるなら、その反応は、自分がベストな姿で生きている証である。逆に妬みを感じるなら、自分の望みを偽っているか、望みを叶える方策が欠如しているか、どちらかを示すサインだ。

これまでに、希望が実現せず幸福を感じられない多くの人に会った。不幸な人の中で特に危なっかしいのは、ものすごく野心がありながら勤勉さがまったくない人だ。野心と怠惰の組み合わせは妬みを生む。妬みとは、人生が生き地獄になる大罪だ。こういう人たちは、大きなことを考え、大きなことをしてやろうと思っているのに、それを叶える行動に移ろうとしない。いかさまをし、周りの人を犠牲にしかねない。いつも抜け道を探している。自分が欲しいものを他人が手にしていると心が潰れてしまう。

誰かが自分を上回る成功を収めていたら、自らが仕事に取り組む姿勢に合わせて自分の期待値を下方修正するか、または期待値を上げて仕事への姿勢も向上させるか、どちらかだ。いずれかの方法でバランスをとるよう調整しないと、自分が惨めになる。

つまり、望むレベルと仕事への姿勢の一致が、充実感の鍵になる。次のことを心に留めてほしい。

- ビジョンを、なりたい自分の姿と一致させる。
- ビジョンを、自分の選択と一致させる。
- ビジョンの大きさと、自分の努力を一致させる。
- 自分の価値観と原則に一致する行動をとる。

自分を探求し受容することが力になる

人生のすべての時間を費やさねばならない相手は、両親でも配偶者でもなく、子どもでも親友でもない。自分自身だ。それを受け入れれば、否定的な自己評価も止められる。すると、今までより大胆な手を打つ力が湧いてくる。考えすぎが減り、実行することが増える。

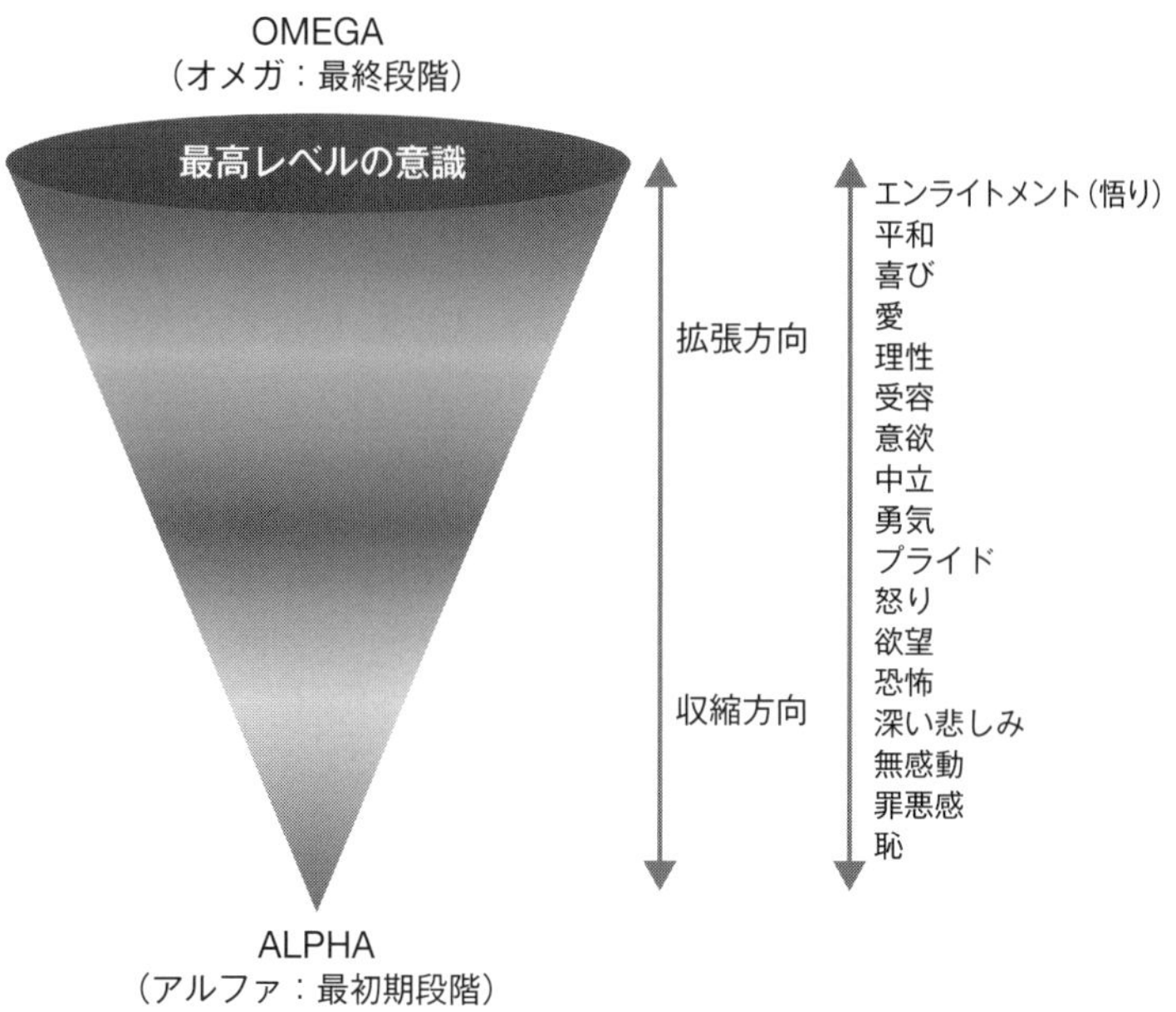

精神科医デヴィッド・R・ホーキンズの著書『パワーか、フォースか：人間のレベルを測る科学』を読んで、人の意識には多様なレベルがあるという論に大変興味をもった。この本を読む前は、意識の序列のピラミッドでは、勇気が頂点にあると考えていたと思う。私は自らの内面を見つめる作業を終えてようやく、勇気よりむしろ高いレベルに、受容が位置づけられると理解できた。

自己を探求する自問自答をためらう気持ちはわかる。隠れていたものが表面化すれば傷つき、だめな部分も明るみに出るからだ。私も自身を見つめ直す内省によって、多くのことに気がついた。良い点も悪い点も、とんでもないこともあった。自分を懸命に分析したおかげで、自らを受容し始めた。弱くても構わないし、自分が何者かを発信していいんだと学んだ。そうした中で、シカゴで有数の会社を経営する友人バイロン・アデルが、精神医学者のジョン・D・ガートナーの著書『The Hypomanic Edge: The Link Between (a Little) Craziness and (a Lot of) Success in America [軽躁病のアメリカ：（いくらかの）狂気と（たくさんの）成功の関係]』を薦めてくれた。この本のおかげで、（軽度の）躁状態なのは自分だけじゃないとわかった。自分の狂気を受容し、それを言い訳にするのではなく、利点として生かし始めた。また、私は大きなことをやりたがる傾向があり、この性格が会社を築くには財産になると気づいた。こうして、自分自身を欠点も含めすべて受容していくことを身につけたのである。

原動力となる4つの領域

バリー・トータル・フィットネスでスポーツジムの会員権の販売をしていたとき、スチュアートという同僚がいた。私と同じで、スチュアートもバリーを辞めてから保険の営業の仕事をした。時を待たず、私たちは2人で保険代理店を始めた。ある日ランチのとき、自分たちの目標を話し合った。スチュアートは言った。「僕らのビジョンは、カリフォルニア州で一、二を争う大手の保険代理店になることだ。数年頑張ったら、金が有り余るほど舞いこんで楽に暮らせるだろう」。

私はスチュアートに言った。「保険外交員の資格のあるエージェントを50万人に増やそうよ。米国最大の保険会社になるんだ」。妄想じゃないかという表情のスチュアートに、私は戸惑いの視線を返した。マーケットの可能性はとても大きいのに、なぜ小さなことしか考えないのか不思議だった。私は歴史に残るようなことを追い求めたが、スチュアートはそれよりもシンプルな生き方を求めていた。

スチュアートの原動力は、経済的な自由を得たいという思いだ。彼にとっての人生は、年収50万ドル［約5200万円］で、あくせく働かずに過ごすことだ。彼は何が自分を動機づけているか自覚していて、後に望むものを手に入れた。きっとスチュアートは私の生き方をみて、ああならなくてよかったと思っているだろう。金銭的な自由が動機で働いているならば、ストレスと週100時間業務と絶え間ないプレッシャーに耐えようとするだろうか？

そう、あなたの動機づけになるものを知る必要がある。それは一人一人異なる。私は何が自分の原動力かを理解して以来、自分を煽る必要はなくなった。だから、今では経済的に安定したにもかかわらず、これまで以上にモチベーションが高まっている。

自分の原動力がわかっているから、週100時間の仕事も平気だ。わかっているから、わずかに自己憐憫に陥りかける瞬間も、それを食い止め、こう言って自分に思い出させる。「パトリック、これが選んだ道だろ」。70年代米国のトヨタのコマーシャルのフレーズ、「お望みどおり、さあどうぞ」という感じだ。前の仕事を続けていたら、年収500万ドル［5億数千万円］になる道を楽に進めたのに、別の道を選んだのだ。破産して（そのうえ同時に）精神的にもおかしくなりかねない選択に見えるにもかかわらず、一度として自分の決断を後悔していない。その理由は、何が自分の原動力か、時間をかけて把握してきたからだ。

向上心（Advancement）
- 昇進
- 業務遂行
- 締め切りや納期
- チーム目標の達成

自己本位（Individuality）
- ライフスタイル
- 承認要求
- 安定

狂気の情熱（Madness）
- 敵対関係
- 競争
- 支配
- 権力と名声
- 不正の摘発
- 面子を保つ
- 専門的技能
- 頂点を極める（記録の塗りかえ）

目的意識（Purpose）
- 歴史に名を残す
- 社会の役に立つ
- 変革する
- 影響力を及ぼす
- 高い精神性／自己実現

今度はあなたの番だ。まずは、原動力となるものを4つに分類して考えてみよう。

モチベーションは複数あるのが普通だ。優先順位が変わっていくことも多い。このリストを見て、自分の原動力をじっくり考えてみてほしい。たいていは、何かに触発されてモチベーションの検討を行う。原動力を見直すきっかけとして、4つが挙げられるだろう。

- 倦怠感
- 業績悪化
- 停滞や膠着状態
- 才能や能力の衰え

このいずれかを感じているなら、今こそ心を奥深く探り、自分が本当に望むものを見極めるといい。

何のための仕事か？　理由のレベルアップ

原動力について考えるには、もう1つ方法がある。「なぜ、何のためにやっているのか？」と問うことだ。訊かれると、「本当のところ、よくわからない」とか、「家族のためだと思う」、「金銭的に楽になりたいから」などと答えるだろう。誰にでも何かしら理由はある。問題は、当初からの理由を卒業して次の段階にレベルアップする人が、ごく限られていることだ。

心理学者アブラハム・マズローの欲求段階説という論がある。1943年の『Psychological Review（心理学評論）』誌の論文「人間の動機づけに関する理論」で、マズローは欲求の階層を段階的に示した（下から順に、生理的欲求、安全の欲求、社会的／親和欲求、承認欲求、自己実現欲求の5段階）。死に直面しているとき、自己実現に至る目的意識について追求したいとは思わない。家族を養うのに精一杯なら、どんなレガシーを残したいかと考える余力などない。そして、基本となる生理的欲求と安全の欲求が満たされたら、おのずとピラミッドの階層を登り、親和と社会的信頼関係を求め、承認されたい、成長したいと切望するのも自然なことだ。

私は成長への欲求は「高次の理由へのレベルアップ」であり、4段階あると考えている。

「何のため?」の4つのレベル

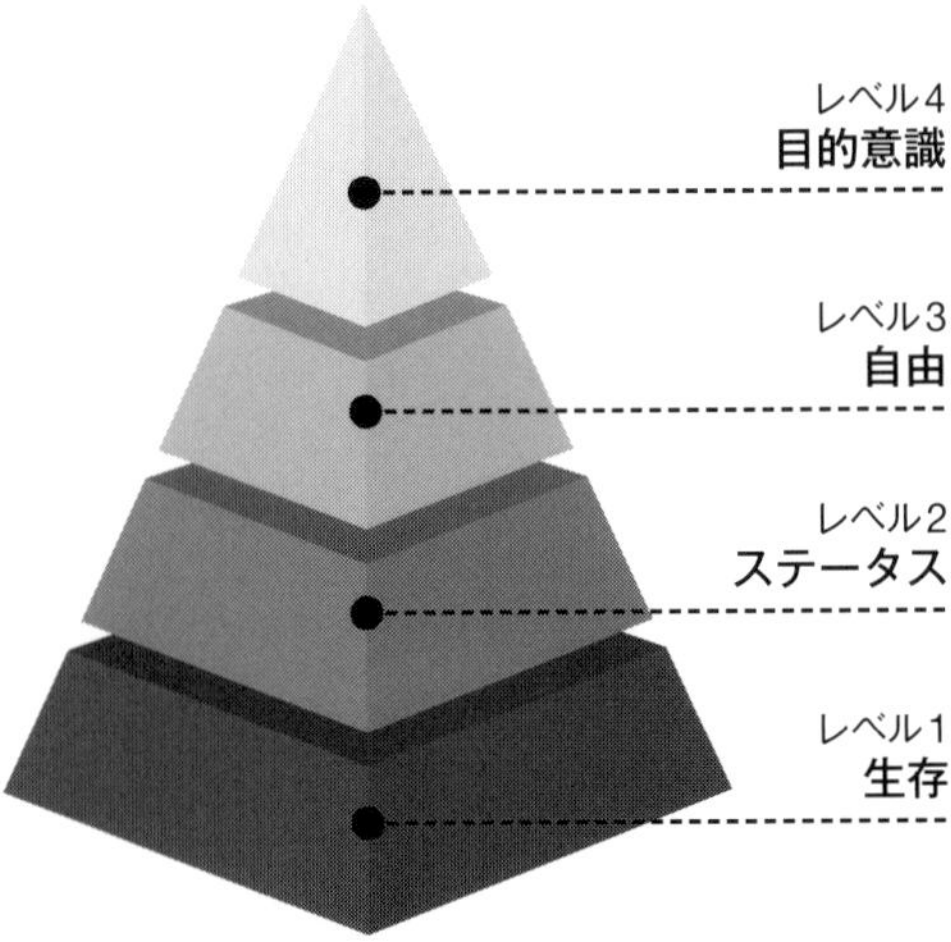

■レベル1　生存

お金のために働く人は、月々の支払いのやりくりに終始している。このレベルに留まる人もいる。

■レベル2　ステータス

「やはり、7ケタ［100万ドル以上］稼ぎたいね」と言う人がいる。理由はステータスだ。立派な家や車を買ったり、子どもを一流の学校に行かせたりしたいのだろう。手に入れたものを自慢したくて、要するに周囲と見栄を張り合っている。レベル1の生存よりは上の段階だが、まだ十分ではない。たいていはこのレベルに達すると、ペースを落とし安住する。

■レベル3　自由

こんな人もいる。「もう6ケタの年収［数十万ドル］

のために大変な思いをするのは、うんざり。自由が欲しいんだ。収入はそこそこでも、毎日オフィスに缶詰めでなく、息抜きできる時間があるほうがいいよ」。きっと都会よりも、子どもを外で遊ばせても心配ない町で暮らしたいと思っている。または、インターネットがあればどこに移動しても仕事ができるから、デジタルノマドとして、夏はサーフィン、冬はスキーを楽しみたいのかもしれない。

自由のためという理由は、やや自己中心的な感がある。自由を望むのは悪いことではないが、実際に手に入れると虚しく感じるだろう。もしそう感じていて、満足感がフラストレーションに転じた状況ならば、存分に心の奥と向き合い、人生において真の充足感につながる面を注視しよう。

■レベル4 目的意識

目的意識を明確にするためには、こう問いかけたい。どんな人間として、人々の記憶に残りたいか？ 人々の人生にどのようなインパクトをもたらしたいか？ この地球に生まれてきた意義を自覚し、自分のビジョンを最大限に押し広げる可能性を探るのだ。ピラミッドの頂点（レベル4）で自分を稼働させるには、次のような意識が原動力になる。

- 歴史に名を残す
- 社会の役に立つ
- 変革する

- 影響力を及ぼす
- 高い精神性／自己実現

この目的意識のレベルに達する人は非常に少ない。なぜか。恐れのせいともいえる。考える余裕がなく、人生を通じて生存のレベルから抜け出せないからでもある。または、気晴らしに夢中になるばかりで、ソーシャルメディアやスポーツや娯楽に時間を費やしているせいともいえる。実際はそうした娯楽に本当に心を奪われているわけではない。現実からの逃避を選び、自己の探求という骨の折れる作業を故意に避けているのだ。結局は、本当に必要な自分への問いかけの時間を十分つくれない。大きなインパクトを世にもたらすには、腰を据えて、人生に関する重要な質問を自分に向けるしかない。残念ながら、何よりも大事な問いかけをしないまま、ただ走り抜けて人生を終える人が多い。

今現在の自分がどのレベルであっても、目的意識を明確にしてほしい。

パーソナル・アイデンティティー調査票

本書で提案するツールの中で、個性を診断する「パーソナル・アイデンティティー調査票」〔自己発見へ導く質問リスト〕は特に重要だ。「人生が変わる」とはよく聞く表現で、気軽に使われるが、私がそう述べる場合は実体験に基づいている。「パーソナル・アイデンティティー調査票」への回答で、私の人生が根本から飛躍的に変わった。

憧れの人たち、例えば創造的破壊者や創業者、リーダー、アスリートは、運がよかったから成功したのではない。過酷なまでに自分と正直に向き合った時間（あるいは、そうした時間の積み重ね）があったからである。心の奥に潜む弱さと恐れ、うまくいくはずがないという思いこみと向き合っては、胸中に封印する孤独な時間だ。こうした内面を見つめる機会は、困難に見舞われたことを契機に訪れるものである。

実際には、大躍進のために人生で立ち止まりタイムアウトを取ろうとする人は無きに等しい。昨今、これまでにない速さで人生は日々進んでいく。スマートフォンでチェックしないといけないアプリがどれほど多いか、考えてみてほしい。10年前はそんなこと気にもかけなかった。今ではEメール、インスタグラム、フェイスブック、ツイッター、ユーチューブ、リンクトイン、それに新しいアプリまで四六時中確認しているのではないだろうか？　チェックすべきもののリストは限りなく続くが、どれも自分の外側であり内面ではない。

2003年8月、悩んでいた私を、思慮深い友人が気にかけてくれた。私は24歳で頭角を現し始め、忍耐力もついてきた。営業の仕事は得意で、知識欲旺盛だった。だが、憤りと困惑も感じていた。その友人は、私を教え諭すわけでも、精神科医のもとに送りこむでもない。ただ、83番まである質問リストをくれた。「静かな場所へ行って、自分に問い続けるんだよ。何か答えを見つけるまで、そこに留まるように」とだけ言われた。

そのとおりにした。1人で海辺に7、8時間腰を下ろして問いに答えた。涙がこみあげて感情的になるほどで、すごく真剣に考えた。フラストレーションや失望が蘇ってきた。「どうして自分は、他の成功している人みたいにうまくいかないんだ？」　1人で考えると状況が見えてきて、自分の考え方の傾向や行動パターンに気がついた。ついには、問題も答えもすべて自分の中に在ると気づいたので、安堵感が生まれた。そうわかると、すべてを立て直すのは他でもない自分自身だと悟った。

この実践はとても意義があった。そこで、特に重要な質問を整理して一覧にしたのが、「パーソナル・アイデンティティー調査票」である。

最重要人物（自分自身）を探求すると、あなたを思いとどまらせている最たる人物（自分自身）に打ち勝つ方法を知ることになる。

一連の質問で自分の内面を見つめることになり、私の人生は根本から変わった。問いかけが、並みの人間から人生で潜在能力を発揮する人間へと私を導いてくれた。結果として、解き放たれた自由を感じ、自分の欠点と課題を受け入れるようになった。今では、起業家にアドバイスする際、「パーソナル・アイデンティティー調査票」に答えてもらっている。

この調査票への回答では、心の底から真剣に取り組むことが大切だ。手短に終わらせたり、良い評価を狙ったりしないこと。正直な回答こそ唯一の正解である。意図は、突破口を開くことにある。答えながら感情が揺さぶられるようであればあるほど、この調査票を使った実践が大躍進につながる可能性が高い。回答を終えたら、周りの人にも取り組んでもらうといい。自分の人生で進化を遂げ、さらにそれを他者にももたらすのは素晴らしい。

「パーソナル・アイデンティティー調査票」は、巻末405ページの「付表A」に収録してある。

これを私のウェブサイトに掲載して以来、130カ国から20万人を超える人が回答し、その成果として変革がもたらされている。数多くの人に効果的だったように、あなたにも意義深い経験となることを願っている。

自己発見と「パーソナル・アイデンティティー調査票」活用の利点

1　あらゆる問題（及び解決）の根源は自分だと認識できる。
2　問題は修正できると気がつく。
3　うまくいかないのでは、という思いこみを克服できる。
4　自分が陥りやすいパターンを知り、悪い習癖をやめられる。
5　自分の運命を操るのは結局は自分だとわかれば、他者への怒りは消え去る。

自分の中の盲点を積極的に探り理解する

どれほど自分を探求しても、どうしても盲点はある。死角に気づく第一歩は、盲点を発見したい、いと思うことだ。盲点に気づくことで自分自身が向上するとわかれば、積極的に探す気にもなる。

私は自己認識を、もともと確立していたわけではない。キャリアを積み始めたころは、ほとんど自分を理解していなかった。保険代理店を立ち上げた当初、私はミーティングのたびに傲慢な印象を与えていた。大手の保険会社との会談では、こう切りだした。「わが社は保険の資格をもつエージェントを50万人に増やします。これまでにない数の保険契約を行うつもりです」

1994年の著書『ビジョナリー・カンパニー　時代を超える生存の原則』で、ジム・コリンズとジェリー・I・ポラスは、「BHAG（Big Hairy Audacious Goal）［挑戦的で大胆な目標］」という言葉をつくった。意味は「未来のビジョンに向けた大胆な前進のため10〜30年先を見据えた目標」だという。

大手保険会社の人たちに私のBHAGを披露すると、決まって「あなたの代理店は、いつからビジネスをやっているのかね？」と訊かれた。

「2週間前からです」と答えた。

目標は見えており、BHAG自体は盲点ではない。私の盲点は、自分の交渉相手についての理解不足だった。リーマン・ショックで2008年末に金融危機が起きていた時世だった。影響は甚大で、巨大な保険会社AIG［アメリカン・インターナショナル・グループ］も経営が破綻しかねなかった。業界全体が守りに徹するしかない。その状況で、2009年、30歳の中東人が保険エージェントを50万人にすると表明したのである。当時、生き残りをかけてコンプライアンスとリスクマネジメントを重視していた他社とって、リスクのあるスタートアップは誰よりも相手にしたくない存在だった。

キャシー・ラーソンは、ドイツに本社がある4000億ドル［約42兆円］企業、アリアンツの幹部だ。私の大胆な売り込み文句に対してこう言った。「出まかせを並べてるだけね。みんなその手のことを言うものよ。そういう突飛な発言をする前に、もっと実績を積んだほうがいいわ」

そのアドバイスは急所を突いていた。私は「未来という現実」を確信していた――心の中で未来は既に実現していた――とはいえ、もっと交渉相手のニーズに合わせた別のアプローチを取るべきだった。自分のビジョンは一貫しているが、アプローチは真剣に考え直す必要があった。

私は売り込み文句の修正を検討し始め、自分が何者かを深く見つめ直すことになった。自己認識が深まると、目指す目標に呼応したプランがわかってきた。私の大胆な目標であるＢＨＡＧを、今後の駒の展開として具体的に示すべきだ。そして、駒の動かし方には順序があるとわかったのである。

自分を知る道のりは、ひらめきではなく努力を要する

自分が何者か、何が自分の原動力を起動させるスイッチなのか、どのくらいのリスクを冒すのか、どのような家庭を築きたいのか、自らを理解する必要がある。この「1手目」で取り上げたエピソードや実践すべての根底に関わる大切な要素は、自分に正直になることだ。鏡を見つめるのは時には苦痛だ。だが、痛みには相応の価値がある。

最重要プロダクト（あなた）について明らかになれば、自然に心が決まり、目標の実現へと導かれるだろう。

3章

富への道：独立して起業？　社内で起業？

金は、道具にすぎない。どこでも望むところへ連れて行ってくれるが、運転するあなたの代わりにはならない。

――アイン・ランド（ロシア生まれの米国の小説家、思想家）

エリック・ドラッヘは、世界有数のポーカー・プレイヤーである。1973年から2009年の36年間に、ワールドシリーズ・オブ・ポーカーのスタッド・ゲームで2位につけたことが3回あった。ドラッヘは世間から「世界ランク7位のポーカー・プレイヤー」とみなされ、「彼は毎回、上位6位のプレイヤーとばかり対戦したのさ！」とよく笑い種になる。才能があるにもかかわらず、破れるゲームが多かったのだ。ドラッヘの例を参考に、選択すべきでないビジネスについて考えてみよう。

道を選ぶ際は、自分にとって勝算があるほうへ進む。これをポーカーではゲーム・セレクションという。どのゲーム（ビジネス）に勝っても、それは自分の強さではなく、対戦相手に比べて相対的に強かったことを示す。つまり大切なのは、自分の強みと弱みの把握と、自分に備わっている利点を生かすマーケットの選択である。

1章と2章では、自己認識を深めた。なりたい自分を明らかにし、最重要プロダクト（自分自身）を探求してきたので、この章ではビジョンに一致するキャリアの選択について具体的に話したい。

誰もがアップルのような企業を創設しようと思っているわけではない。みんながイーロン・マスクのようになりたいわけでもない。週80～100時間、20年以上働いて、巨大な帝国を築こうとは必ずしも思っていない。小規模ビジネスをやりたいだけという人もいて、そうすれば、フォーチュン500にランクインする大企業の仕事で日々の駆け引きに振り回されることなく、自分で自分をコントロールできると思っている。オンラインビジネスを展開して、世界を旅しながら仕事したい人もいる。

いずれにしても自己認識が不可欠で、自分に正直になると、起業は自分にふさわしい道ではないと気づくかもしれない。起業しなくても、充実感も収益もある人生を送る選択肢は十分ある。

敷かれたレールよりも自分の道を進む

大勢の前で話すときは、こんな質問をするようにしている。「あなたの周りで一番裕福なのは誰ですか？」ほとんどの人はすぐ答えられる。伯父さん、従兄弟、家族ぐるみの友人など、感謝祭には大邸宅に親戚を招いたり、海外を旅しては写真を投稿したりする人がいる。

聴衆への次の質問。「その人は、どうやって財産を築きましたか？ 勤め人として？ それともビジネスオーナーとして？」

この2番めの質問で聴衆はなるほどという反応を示し、会場全体が明るくなる。「そりゃ、わが道をいくオーナーだからね！」

私たちは物心ついたときから、他人が敷いたレールを歩むものだと教えこまれる。まずは学校で、よい成績よい大学への階段を上り、さらに上のロースクール、ビジネススクール、メディカルスクールを目指す。学業の階段のトップに達したら、次は企業内の階段を上り始める。十分なサラリーのために働く。個人的な意義とは無関係に仕事をする。そうすれば中間管理職まで上り詰められる。そして「安心感」を得る。

そんなのは偽りだと、実際に階段を上った者が証明した著書がある。ロバート・キヨサキの『金持ち父さん 貧乏父さん』は、教育が富への道だという神話を覆した。誰かが敷いた道の階段上で私たちを待っているのは、豊かさと成功ではない。経済的にも精神的にも知性の面でも、豊かな人生を送れるのは、自分の成功に自分で責任をもつ場合だけだ。

自分の成功に責任をもつ方法はいくつかある。企業の仕事を歩合制でやる手もある。後で詳述するが、大企業内でイントラプレナー〔社内起業家〕としての地位を築く方法もある。

1つ確かなことは、起業の意図はお金ではない。百万長者や億万長者になりたい人には、不思議に聞こえるかもしれない。だがモチベーションが金だけなら、どこかの時点で行き詰まる。手を抜くか自己満足してしまう。起業したいなら、富以上の理由が必要だ。

ビジネスオーナーの苦難は計り知れず、単に金のために耐えられるようなものではない。多くの人にとって、外見的な栄誉が重要なのは理解できなくはない。確かに、社会的評価、権力、名声、威厳、そして尊敬されること（自分を侮辱した者にその間違いを証明すること）は、起業の道を選ぶ大きな理由となる場合が多い。しかし、闘い続けられるのは、お金にまつわる栄誉より大きな何かを原動力とする人である。

富を築き充実した人生を送るには、さまざまな道がある。起業する道（アントレプレナーシップ）は、金銭的な利点が十二分にあるはずだが、犠牲も非常に大きい。本書では、幅広い視点でさまざまな道を取り上げるので、自身をより深く見抜くために役立ててほしい。

純資産59l億ドル［約6兆2000億円］のイントラプレナー

ＩＢＭの管理職からのメッセージがリンクトインに届いた。「パットさん、私はＩＢＭの者で、この数年、あなたのウェブコンテンツをフォローしています。十分な収入を得ていますが、本当は起業したいと思っています。とはいえ、妻と3人の子どもがいるので不安があります。どうすべきでしょうか？」

しばらくメールをやりとりして、彼に何者になりたいのかと訊いてみた。彼は、社内で起業するイントラプレナーとしての道が自分にとって理想的な選択だと思うようになった。イントラプレナーとは、会社に所属しながら新しいビジネス部門を立ち上げ、新分野のイニシアチブをとる働き方である。会社の成長とイノベーションを促し、それに見合ったインセンティブ報奨を得ることになる。例えば、あなたが何者にも代えがたい存在になれば、会社側はつなぎとめるために上層部並みの株式を提供するだろう。

一般に、CFO〔財務責任者〕やCTO〔技術責任者〕の平均的な任期は、3年に満たない。通常、持ち分の株式の受給権が確定するまでの年月は留まるものだが、会社に長くは残らず、新たなチャンスを求めて辞める場合もある。会社から報酬を受け取り、さらに株式の利益分も手に入るCFOやCTO並みになれるなら、イントラプレナーの道は一挙両得だ。

2020年3月時点で、イントラプレナーとして世界一の純資産は、スティーブ・バルマーの591億ドルである。バルマーは、1980年、スタンフォード大学経営大学院でMBA〔経営学修士〕取得を目指していたが中退した。創業して数年のマイクロソフトに、30人目として入社したためである。以来20年間、自分で考え行動するイントラプレナーの精神で、社内で事業を立ち上げて展開してきた。ビル・ゲイツが辞任した2000年にCEOとなり、2013年まで在任。株式とボーナスで、財産は膨れあがった。2014年にNBAのロサンゼルス・クリッパーズの売却交渉が始まると、他の売却先候補より高い値を難なくつけてオーナーになった。社内で事業を成功させたイントラプレナーであるバルマーには、バスケットボールチームに20億ドル〔約2100億円〕投じるのは簡単だったろう。

スティーブ・ジョブズの１９７６年のアップル創業は有名だが、彼が１９８５年に失脚したことはあまり知られていない。アップルを去り、ＮｅＸＴの創業に続きピクサー・アニメーション・スタジオを独立会社として設立して、ようやく１９９７年にアップルに復帰、やがてＣＥＯとなった。アップルから５５０万株をジョブズが得る取り決めで、これはいずれ数十億ドルに相当することになる。この話から得られる教訓は、あのスティーブ・ジョブズも、自ら新事業に挑み続けて財を成したイントラプレナーといえる点だ。

イントラプレナーとしての働き方に必要な資質は何だろう？　そうした才能ある人材を引きつけ、社内起業を促進する会社を見分ける方法は？　まず資質について答えたい。

イントラプレナーとして成功するための５つの資質

１　起業家のように考える。
２　起業家のような仕事をする。
３　起業家のような緊迫感をもつ。
４　起業家のように革新的である。
５　起業家のように事業のブランド価値（及び資産）を守る。

イントラプレナーの考えや振る舞いは一般の従業員とは違い、ビジネスオーナーに近い。給料のために働くのではなく、誇りと自己実現につながる何かを生む仕事だ。となるとイントラプレナーが求めるのは、業績への評価、自律性、資金、オーナー並みの力である。

イントラプレナーと起業家の違いが1つある。独立している起業家の不敵な態度と違い、一般にイントラプレナーは組織の重鎮に対して敬意を払う。会社を尊重するイントラプレナーはこう言う。「私は会社と同じように考え、同じように仕事をし、会社と共にあります。ただし、お金を出し、ビジョンを後押ししてリスクを負ったのは会社側です」。イントラプレナーは、組織のシステム内で仕事をするが、会社の発展と並行して、自らが進化する道を探る。会社の創設者や現CEOに敬意を感じられないのであれば、そこは社内での起業にふさわしい場所ではない。

組織がイントラプレナーを育む方法

グーグルはクリエイティブな人材を雇用し、その能力を活用するために、社内起業促進のポリシーを策定した。新規株式公開（IPO）時の文書で、創設者のラリー・ペイジとセルゲイ・ブリンは彼らの「20％」論についてこう記した。

わが社の従業員には、通常業務の他に、就業時間の20％を、各自がグーグルに役立つと考える仕事に充てるよう奨励している。より創造的で革新的な力を発揮してもらうためだ。この方法で、数多くの飛躍的な進歩を遂げた。

この20%の時間から、グーグルニュース、Gメール、グーグルアドセンスなどが生まれた。

イントラプレナーを引きつけ育む会社は、イノベーターや逸材に向けて、「組織内」の環境は個人事業より働きやすいと、社内起業の魅力をアピールする。発案者の社内序列にかかわらず、会社はビジョンを後押しする。社員は、貯金をつぎ込む必要も精神的な負担や不眠のリスクもなく、組織内であってもイノベイティブに活躍し、自分のアイデアで収益を上げる自由がある。

私は20代のとき、保険会社で仕事をしていて良い稼ぎ手だった。CEOに出世して富を増やそうと考えていた。その時点では、物議を醸して会社を辞めてから財を成すことになるとは思っていなかった。在職中のある日、私は映画『ザ・エージェント』の主人公ジェリー・マグワイアそっくりの手を打った。ビジョンを綴った16ページの提案書を会社の上層部に送ったのだ。誰も返事をよこさなかった。そこで今度は親会社に送った。30分経たないうちに、ジャックという男性から返信があり、ミーティングの日取りが決まった。私の考えを数人の幹部に説明すると、彼らは提案の一部を実行に移そうとしたが、ケイティという女性がことごとく阻止した。

それは、グーグルとは正反対の企業風土だった。会社は、私がイノベイティブであることを望んでいないと明言した。フォックス・ニュースに出演しているジャーナリスト、ローラ・イングラハムは、政治絡みの発言をしたバスケットボール選手、レブロン・ジェームズに「黙ってドリブルしてな」と言った。それと同じで、会社は私に「黙って売れ」と言ったのだ。

ケイティは、特権的地位にある官僚主義的な人間の典型だ。ローレンス・M・ミラーは、著書

『Barbarians to Bureaucrats: Corporate Life Cycle Strategies〔未開から官僚化への道のり：ライフサイクルに応じた企業戦略〕』で、企業が時とともに経ていく多様な姿について述べた。組織の状態を、予言者、未開人、建設者、開拓者、管理者、官僚、特権貴族になぞらえた。廃業に追い込まれるのを救ってくれる合併相手が登場することもあるという。ケイティが力をもつその保険会社は、当時多くの訴訟を抱えており、非倫理的な行動に関する噂が会社のブランドを損ねていた。

ケイティは頑なに変革を拒んだので、結局、会社に数億ドルの損失をもたらすことになった。かなりの額だ。彼女は尊大で思いあがった人間だった。テレビドラマ『ゲーム・オブ・スローンズ』の自分が誰よりも強いと思っている悪女、サーセイ・ラニスターを思わせる。なお悪いことに、会社はケイティを容認していた。この手のことは、会社の初期段階の「予言者」が去った後によく起こる。現職の「建設者」や「開拓者」が、力をもつに値しない者に対して過剰な権限を与えてしまうのだ。

ケイティに追い込まれ、私は窮地に立たされた。当時、私の次の手は、貯蓄をすべて投じ、独立して起業することではなかった。私は身の振り方を決める前に、ケイティと幹部チームと彼らの弁護士と、ミーティングを予定した。中には心から尊敬していた人もいた。次の5手を提案し、彼らが何と言うか確かめたいと思った。

ミーティングではほとんど反応がなかった。後になって返ってきた言葉から、すべてが策略として受け取られたと知った。私が辞めると脅しをかけ、慰留のために金を払わせようとしていると思われたのだ。当時の社長は、大いに尊敬に値する人物だったが、こう言った。「パトリック、この手のことは、業界内ではよくあることなんだ。君みたいな稼ぎ頭が金銭を要求し、さもないと辞めると言ってくる。会社で君のハッタリは通用しないよ」

あのミーティングに集まった連中は誰1人、ワールドシリーズ・オブ・ポーカーで勝つ見込みはない。状況を完全に読み違えている。私は100％誠意をもって提言した。それなのに、私の提案を成長の機会と捉えるのではなく、目的は脅しだと決めつけ、守りに入り現状維持を正当化しようとする。

私は、自分を被害者とみなしたり、会社が敵対的だと思ったりしているわけでは断じてない。あの会社の企業風土は、収益性や有効性を推進する者ではなく、エゴと自分の思いこみにとらわれた者を後押ししていると指摘したいだけだ。私自身の次の駒を進めるべきときがきた。

人生のその時点では、起業して、訴訟を起こされたり、週100時間の仕事を10年間続けたりしたいとは思わなかった。IT［所得税］、HR［人的資源］、CRM［カスタマー・リレーションシップ・マネジメント、顧客管理］など、多くのいまだに理解しきれない略語と向き合う気もなかった。仮にケイティが私のような鼻っ柱の強い者に言うべき言葉（9章で後述）を知っていたら、会社に留まったかもしれない。実際には、彼女は社内で起業家的な発想のイントラプレナーを育むことを知らなかったので、私は退職した。ビジネスでは、自分のコントロールの及ばないことが起こる。それに対する反応の選び方次第で、自分が卓越した名人の域に達するか否かが決まる。

時には、思っていたよりも早く、やむを得ず次の手に進む場合もある。私は自分にとって譲れない点がはっきりしていたので、妥協が生じたらすぐ、キャリアの「チェス盤」に戻って新しい作戦を立てた。

イントラプレナーにとって魅力ある企業の特徴

1　リスクが想定されても創造性を促すことに、幹部が同意している。
2　報酬制度として、イノベーションや秀でた業績を促進するインセンティブがある。
3　幹部は、ディフェンス側（自己防衛策）ではなく、攻撃側（改善策）でプレイする。
4　将来性のある期待の新星を、留めておかずに昇進させる。
5　序列に関係なく社内のすべての層から、積極的にアイデアを引き出す。
6　才能ある若手を積極的に発掘して、会社の活気と革新性を保つ。

このリストは、自分の道を決めようとしているあなたへ、ビジネスを始めるために離職を検討しているあなたへのメッセージである。魅力ある会社ならば、社内でイントラプレナーになるのは大いに意義があるだろう。また、会社を経営するあなたに向けたメッセージでもある。イントラプレナーを引きつけ、労に報いる方法を理解することは、会社の成長の武器として実に効果的だ。

先頃、ある保険会社と交渉していたときの話だ。そこの社員は上司に対する不満を、あからさまに私に語った。彼らのアイデアはいつも拒絶され、守りのプレイしかできない。会社のトップの創業者はリスクを好まない。敷かれたレールに沿った現状維持を強いる社風だという。ならば、売上は横ばいで、野心の強い社員が辞めていくのも当たり前だ。駒を進めなくても、時間は進んでいく。持ち時間が少なくなってから無駄にしたことを後悔するのは、チェスでもビジネスのゲームでも同じだ。

アイデアやイノベーションを奨励する報酬制度の構築は不可欠である。イントラプレナーは、会社でイノベーションをもたらしたら、見返りを期待できるのか知りたがっている。その報酬が、ボーナスやストックオプションなど何であれ、起業家の収入に匹敵するくらいの額か。また、あなたが社内の期待の星である場合は、組織内で富を得る道があるなら、留まるといい。そうでないなら、会社を離れる。ちょうど私と同じだ。

私に助言を求めてきたＩＢＭの管理職のように、意欲的で能力があっても自分で起業しない理由があるならば、イントラプレナーを育む会社と共に（会社のため、ではなく）仕事をするのは、素晴らしい選択だ。

起業家を最終的な成果だけで評価してはいけない

誰かの人生がどれほど完璧に見えるかは、問題ではない。重要なのは、その人物がキャリアの中で経てきた苦闘である。

起業家に対する認識と、現実の姿のギャップを示すよい例が、このツイートだ。

Eric Diepeveen［エリック・ディープヴィーン］
@EricDiepeveen
@elonmusk［イーロン・マスク］をインスタグラムでフォローしていると、ドラマチックな人生に見える。波瀾万丈で面白い人生だろうね？

Elon Musk［イーロン・マスク］
@ElonMusk
@EricDiepeveen 現実の人生は、絶好調、どん底、そして激しいストレスの連続だ。でも、みんな、絶好調の話しか聞きたがらない。

人はみな、起業家を今の姿だけで判断し、そこに至るまでの姿を評価しない。成功に伴うプレッシャーも見落としている（あるいは目を向けようとしない）。こうした誤解に惑わされると、間違った駒の進め方につながる盲点となる。

成功した起業家と会って話すとき、私は彼らが地獄と感じた時期について訊いてみる。例えば、ローンを払えるかわからない状況に陥ったとき、自分の計画をどう感じたか？ 泣きながら寝た夜、恐怖に身がすくみ一睡もできない夜があったか？ 克服せねばならなかった最も困難なことを訊きたい。何が恐怖だったか話してほしい。あらゆる恐れと不安を乗り越える助けとなったものを教えてほしい。

こうした問いかけは、ヴァリューテインメントで著名人やスターにインタビューするときも同じだ。誰もが尋ねるお決まりの質問はしないし、悪い評判を美化することもない。特に、「CEOである魅力」に焦点を当てたくない。会話を深いところへもっていきたい。掘り下げたところに、その人の話の真価がある。


2015年にドバイへ大勢の同僚を連れて行った。結婚して間もないカップル、シーナ・サパラとマット・サパラもその中にいた。到着後、カップルはエレベーターで知らない人と乗り合わせた。その人たちも私の仲間だとは、夫妻は知らない。エレベーターの中で、シーナとマットは大ゲンカになった。どちらもストレスが溜まりに溜まっていて、2人の口座の残金が1000ドル［約12万円］を切っているのが主な理由だった。

その夜、ディナーにみんなを集めて、テーブルにいた他の人にシーナとマットを「成功間違いなしの、スーパーカップルだ」と紹介した。瞬く間にシーナとマットは赤面して、他の数人が頬を緩め笑いだした。何がおかしかったのか、私はつかめなかった。

ディナーの後、みんながクルーザーで少し飲んでいたときにマットが言った。「ディナーのテーブルにいた人と、エレベーターで一緒だったんだ。シーナとのひどいケンカを見られてしまったよ」

カップルはばつが悪そうにしていたが、喋っているうちに結婚の話になり、私のことを訊いてきた。「私だって妻とものすごいケンカをするよ」と答えた。「先週もケンカした。聞き耳を立てていたら、離婚届の一歩手前と思われそうだ。でも、事を収めて気持ちを切り替えるのさ」

「いろんなことが重なってヒートアップしていた。小さい子が2人いて（当時3人目はまだ生まれていない）、自分たちそれぞれの親や家族もいて、いろんな厄介ごとがついてまわる。ビジネスも一緒にやってる。運動して健康も保たないといけない。あれこれ問題を挙げたら、その多さに誰だって目が回るだろうよ」

私たちの結婚は、いつも良い関係で互いに愛し合っている完璧なものに見えるかもしれない。だが、仕事と生活のストレスで、理想どおりにはいかない。20～30年結婚しているカップルに、もう終わりにしようと思ったことがあるか訊いてみるといい。大半があると答えるに違いない。

シーナとマットの話が興味深いのは、2人は2015年に入社したばかりだったが、4年後には2人で年収150万ドル〔約1億6500万円〕以上になったことだ。その成功にみんなが注目するが、そこに至るまでに耐え忍んだ苦労は知られていない。

最終的な成果だけで起業家を評価するよりも、発展の途上で生みだしたものを注視すべきだ。多くの困難に見舞われる現実を受け入れ、厳しい状況が待ち受けているという事実を認める必要がある。もし怖気づいたなら、ミッション達成！　私の使命はありのままを伝えること。起業する道（アントレプレナーシップ）が、やはり自分には向いていないと気づく人もいれば、自分の進むべき道だと今まで以上に強く思う人もいるはずで、それぞれ自分を知ることに意味がある。

「ブルー・オーシャン」を探す

本書では、個々のビジネスを始める具体的なポイントを取り上げるつもりはない。フランチャイズ・レストランの開業やアプリ開発については、書籍やオンラインの情報がいくらでもある。ここではより広い視野で、自分自身が勝てるゲームを見つけることを考えてもらいたい。

『ブルー・オーシャン戦略：競争のない世界を創造する』は、フランスのフォンテーヌブローにある経営大学院、INSEAD［インシアード］の教授、W・チャン・キムとレネ・モボルニュによる2004年の著書である。私を勝てるゲームの発見に導いた、貴重な参考書だ。この書籍は、勝ち目のないゲームで競うのではなく、未開拓で勝算のある新たなマーケットを見いだし、最終的には競争自体を無意味にするという考えに基づく［血みどろの闘いの海、レッド・オーシャンに対して、ブルー・オーシャンと称した］。

1950年代後半、印刷関連機器を製造していたハロイドは、大企業とは競争できないと考え、新たな分野に狙いを定めた。それがハロイドにとってのブルー・オーシャン、コピー機である。1958年には社名もハロイド・ゼロックスに変えた。1959年9月16日、コピー機ゼロックス914のテレビコマーシャルが始まった。この製品が大当たりしたので、1961年には社名をゼロックス・コーポレーションに再び変更した。

ビジネスでは、販売にあたって独自のコンセプト（ユニーク・セリング・プロポジション）が必要だ。勝てるマーケット探しの一環として、自分を知る必要がある。競争するフィールドも吟味しなければならない。競争相手を考慮したうえで本当に自分がうまくやっていける場所なのか？　競争に必要な資源をもっているか？　競争の前に獲得すべき資源はあるか？　こうしたことを考える。

かつて私は、政府が後援する企業との競争で不利な形勢が続いていた。そのゲームに勝つには、政府の内部に入りこむしかない。痛い目にあってわかったが、内部者でない以上、外からはどうにもできないことがある。後ろ盾のある企業は影響力が大きく、私の手の届かないさまざまな資源が備わっているので、いくら頑張ってもいまだに勝てない。

市場競争について学んだことがあるだろうか？　競争相手には、あなたがどうにも打破できない付加的な利点が備わっているのではないか？　だとしたら、進出しようとしても、あなたにとって適切な分野ではない。仕組まれたゲームだと不平をいってもしょうがない。代わりに自分の特性を生かす利点があるゲームを見つけよう。

『ブルー・オーシャン戦略』の著者は、競争相手を力ずくで叩きのめそうとしてはならないと警告する。そうした姿勢は負け戦になるだけだと主張し、裏付ける事例が山ほどあるという。代わりに、ブルー・オーシャン戦略によるマーケティングを重視して、比較的未開拓で、大きく成長しやすい分野へ進むべきだと、確信をもって述べている。

２００７年を振り返ってみよう。新進気鋭の上院議員だったバラク・オバマは、ソーシャルメディアを活用して足場を固め、注目の大統領候補となった。そうしたなか、２００７年12月17日、72歳の共和党議員のロン・ポールは、オンラインで１日に６２０万ドル〔約7億ドル〕もの選挙資金を集めた（5万５０００件の寄付があり、そのうち２万４０００件以上が新規の寄付だった）。だが、従来型の政治家連中は気にも留めなかった。ソーシャルメディアを使ったことのない者は、事の大きさを理解できなかったのだろう。

当時私は29歳で、名門大学出身の知り合いもいないし、そもそも大学すら出ていなかった。イランからの移民で、57歳の白人男性が平均的なエージェントである保険業界では、異端のアウトサイダーだ。

私が不利な立場だという印象を抱くなら、あなたはチャンスよりも懸念材料に目を向ける傾向がある。自分は教育を受けていないから進む道がないと言い訳しているのではないか？　そんなあなたに、自分ならではの能力と、競争するフィールドの双方を検討して、ブルー・オーシャンの発見につなげる方法を伝えたい。

私の場合は、競争相手である57歳の白人男性の多くに欠けているものを考える。まず、ほとんどがスペイン語を話せない。次に、マーケティング・ツールとしてのソーシャルメディアの活用に慣れていない。もう１つ重要な点として、50年代頃に生まれたベビーブーマー世代の彼らは、80～90年代生まれのミレニアル世代が今日の世界をどう捉えているか理解に苦しみ、ミレニアルズと関わりをつくれない。

２００７年当時、標準的な保険外交員は確かに初老の白人男性だった。しかし、２００７年の米国はもはや、テレビドラマ『大草原の小さな家』のようなかつての姿ではなかった。ロサンゼルス、シカゴ、マイアミ、ニューヨークこそが米国の姿だ。つまり多様性である。私はこれを好機とみた。ベビーブーマーは、いつまでも最も人口の多い世代というわけではない。ミレニアルズが彼らに取って代わる。コンピューター（別名スマートフォン）をどこにでも持ち歩く世代だ。

頭の固い政治家と同じで、金融業界のマーケティング・アプローチも時代に遅れていた。業界内でソーシャルメディアは、まだ広がっていなかった。そんななか、業界では方針の変更があった。ベビーブーマー世代は勧誘電話によって金融サービスを販売していたが、２００３年、「電話勧誘拒否登録」を制度化する法律により、拒否登録番号への勧誘電話は違法となったのだ。結果として、従来型の営業では、新しい顧客とつながる術がなくなった。

時を同じくして、生命保険のオンライン販売を考える技術屋が現れた。これもまた、私にとって形勢不利に見える。「アルゴリズム」などという言葉の発音すらおぼつかず、インターネット上で保険を販売するプラットフォームなど構築できない。それでもやはり、優位に立てると見た。自動車保険は客が自分から加入するが、生命保険は違う。生命保険はこちらから売る必要がある。しかも対面で会って加入してもらうべきものだから、そこに狙いを定めようと思った。さらに私にとっての好材料があった。グーグルが示すように、保険を知るきっかけとなる紹介情報源は非常に高い値がつく。グーグル広告のキーワード種別のクリック単価は、「保険」の54・91ドル［約５７６５円］が最高額だ。それに続く「ローン」（47・12ドル）［約4947円］、「弁護士」（47・07ドル）［約4942円］、「キャッシング」（44・28ドル）［約4649円］を大きく引き離している。金がかかるオンライン広告とは違う方法で、わが社の存在感を高めればいいと考えた。

働く側も変わってきた。女性が家族のために家計の中心を担うことも増えた。2007年の時点で、ヒスパニック系アメリカ人の人口は4500万人を上回り、2025年までに7000万人以上に増える予想だ。だが、競争相手となる会社は女性やヒスパニックを雇おうとはしていない。

加えて金融サービス業界には、すべての社員がすべての業務に従事できるようにする傾向があった。生命保険も投資信託もローンも、何から何まで1カ所で扱うワンストップ・ショップにする風潮である。そのため、社員は多岐にわたる試験に合格し、長期のトレーニングを受けてからでないと稼げない。この状況を目の当たりにして、私はブルー・オーシャンを見いだした。「手広くやる」代わりに「的をしぼる」のだ。新入りのエージェントは投資関係の資格をいくつも取得するのではなく、保険の資格を1つだけ取ればよいことにした。そうすると、トレーニングの内容も効率的になるし、証券取引委員会など監督機関から余計な監視を受ける必要もなくなった。

2008年、アフリカ系アメリカ人のバラク・オバマは、ソーシャルメディアをキャンペーン戦略の要に据え、大統領に選出された。予備選挙で有力候補のヒラリー・クリントンを破り、本選挙でジョン・マケインに勝利した。こうした社会変化の間も、保険業界は旧態依然としたままだった。結果として、私はブルー・オーシャンに辿りついた。すなわち、女性とマイノリティーに焦点を当て、ソーシャルメディアを大いに活用して存在感を高めることで、優位に立てると確信したのだ。

このような例を参考に、あなたならではの才能を生かすことを重視し、目指すビジネスの中で自分に最適な場所を見つけてほしい。

競争相手より自分の知識や技能が優れていれば、勝ち目はある。ビジネスにリスクはつきものだが、自分に有利で勝算のあるゲームを選べばリスクは減らせる。この分野ではどんな相手にも負けないと自信をもつのは結構だ。ただし、他者に有利なゲームで勝てるのと思うのは愚かである。

1手目 自分を知ること

1 何者になりたいのか？

1人で考える、メンターに相談する、1章で取り上げた質問に答える、どの方法でもよいので時間をかけて、自分が何者になりたいのか明らかにしよう。今までに経験した痛みを振り返ると、わかってくることがある。そして、常に目にする場所に、自分にとっての「未来という現実」を呼び覚ますビジュアルイメージを用意しよう。

2 自分という最重要プロダクトを探求する

最重要人物（自分）を理解する重要な転機を、先延ばしにしてはいけない。時間をつくり、今こそ自分自身を精査すること。自分を見つめ直す「問い」に向き合うのは苦痛だが、落ち着いて考えられるようになれば、自分の原動力が何か、明らかになってくる。ぜひ、巻末「パーソナル・アイデンティティー調査票」（405ページ）に答えることから始めてほしい。

3 富への道：独立して起業？ 社内で起業？

できるだけハイリターンが見込めて有利な、独自の才能を生かせる道を見つけよう。自分が躍進できる道だ。独立してビジネスを始める（起業家）、社内で起業する（イントラプレナー）、その他のポストに就く、いずれの場合も、富を築くには戦略が必要だ。競争するうえでの強みを見極め、それによって自分を際立たせ、「ブルー・オーシャン」の発見につなげよう。

2手目

論理的な思考力

4章 問題への対応力を磨く

己の精神を司るのは、外界の出来事ではなく、自分自身である。その自覚が強さにつながる。

——ローマ皇帝、マルクス・アウレリウス『自省録』

毎日毎日、朝から晩まで問題にぶつかる。得意客に「値引きしないなら買わない」と脅される。優秀な社員が「会社の株を持たせてくれないなら辞める」と言う。感染症のパンデミック〔世界的大流行〕で株価が1カ月に30％下落することもある。競争相手の大企業に虐げられて、ビジネスからの撤退に追い込まれそうになる。おまけに子どもは学校でケンカする。トラブルは尽きない。

常日頃から、「成功の鍵は何か」という話を耳にする。手っ取り早く無難な話題だからか、ポッドキャストの素人っぽい番組でもよく取り上げられる。「ふさわしい相手との結婚」「健康が第一」とか、「一生懸命頑張る」「信念を持つ」などさまざまな答えが返ってくる。

成功を望みながらも問題を抱えるあなたに、もはやこの世の終わりのような瞬間が訪れたとしよう。そんなとき、素人はパニックになるが、チェスのグランドマスターのように思考する名人は慌てない。

名人は行動を起こす前に、何が起きているのか目の前の事態にまず向き合い、調査分析するものだ。そうしながら、平静を保つ。この平常心こそ、ストア派の思想が、実に意義深いけれども実践が難しい理由である。マルクス・アウレリウスとセネカ〔ローマ帝国初期のストア派の哲学者〕が時を超えた賢人である理由も、冷静な対応力にある。誰でも感情に支配されると、適切に判断できない。残念ながら、私もたびたび痛い目にあって思い知った。したがって、ビジネスに関わるあらゆるレベルの人にとって、成功の鍵は「**問題への対応力の習得**」である。人生ではさまざまなことが起こる。それに対してどう行動するかは、問題との向き合い方で決まる。

起業家が失敗する理由は、間違ったビジネスモデルのためでも、投資家が手を引いたためでもない。仕事でも人生でも、自分の先入観や思いこみを捨てられなかったからだ。ありとあらゆる問題が発生しても、解決しようとしなかった（経験から学ばなかった）せいである。

良識、すなわち適切な判断力は教えられるものではない、という人もいる。私は伝授可能だし、学べるものだと信じている。戦略的な思考法を習得すれば、重大な決定を下す力が自分の習性として身につく。私は少し前まで、神経が張りつめた気性の激しいCEOだった。2013年にはパニック発作で病院に搬送された。発作は1年半にわたり毎日再発した。パニックの主な原因は、決断に自信がもてないせいだった。眠れぬ夜と激しい動悸は、仕事量が理由ではない。激務には耐えられる。パニックになるのは、常に問題が頭から離れないためだった。頭の中で、個々の決断とさまざまな会話が延々と再生される。生きた心地がせず、ビジネスと私生活の両方が蝕まれていた。「自分は間違った決定をしたのでは」と不安で、心が休まらなかった。

毎日18時間仕事をしても空回りしている感じがどんなものか、経験したからよくわかる。たいていの人と同じで、私も駆け出しのころは確かなものを求め、あらゆる問題は黒か白かで、正しい解決策は1つだけと考え、それを見つけられると信じていた。実際はそんな答えは見つからず、無意味で疲れるだけだった。

だが私は、問題への対応法を学んだ。私にできたのだから、あなたも習得できる。どんな危機にあっても落ち着いて効果的に問題を解決する方法を伝えたい。ビジネスの構築には、多くの脅威に打ち勝つ必要がある。問題が生じるのは避けられず、自分で主体的に解決するしかない。そのためには、課題と向き合い続ける必要がある。

1　課題への対応に必要なのは、得られる情報に基づき、可能性としてもっとも有利で効果的な決断を下す能力である。

2　課題への対応では、直面する困難な選択肢、問題、チャンスのすべてについて、厳密な熟慮と分析が重要である。
3　課題への対応は、戦略を実行に移しながら、不透明な先行きも視野に入れて、問題再発を防ぐ段階的な手立てを用意することである。

問題対応に有効で重要な資質：責任の自覚

課題対応の達人は、どんな問題が生じたときも自身の役割を認識し、「私（自分）」という言葉を使って自問する。「私が問題の原因なのではないか？　私がこの状況を生みだしたのではないか？　どのような改善を私が図れば、将来の同様の問題に備えられるか？」

課題対応ができない人は、その状況の被害者のように振る舞い、問題が自分に起因することを省みず、他者や外的な要因を責める。そういう人は、「私（自分）」のことを棚に上げる。「ミレニアル世代は、みんな不真面目だ。仕事に対する姿勢がなってない。彼らのせいで仕事に支障が出る」と言うだろう。

課題対応の達人は、「彼ら（あなた、あれ）」ではなく「私（自分）」という言葉で語る。

達人ならこう述べるだろう。「私はミレニアル世代の社員のマネジメントがうまくできない。何が私の盲点なのか知りたい。彼らのモチベーションの源を知るために、この世代への理解を深める術を習得せねばならない。でなければ、雇用のターゲットとする層を変更する方法もある。いずれにしても、問題を解決するのは私自身だ」

並みの人と優れた人の違いは、いかに掘り下げて課題に対応するかだ。たいていの人は、表面的な対処しかしないが、秀でた人は深く突きつめる。長期的な視野による思考か、短期的な思考かは、グランドマスターとアマチュアプレイヤーの違いといえる。表面的な対処の場合は、その場しのぎの解決策を求める。目の前の1手しか考えず、当座の問題が解消すれば良しとする。深いレベルで対応する場合は、表面には見えない原因を探す。何手か先まで考え、一連の駒の進め方を計画し、二度と同じ問題が起きないようにする。

ここで一般的に、人がどのように問題に対応するかを把握しておく必要がある。他者を責める、逃避する、という反応が普通で、あなたもまずはそうするかもしれない。わからないではない。みんな、所詮は人間だ。自分がどの反応を選んでいるか、次の例を見比べてほしい。

問題に対する3つのアプローチ

1 **責める**相手を見つける。対処するよりも、問題を他へ転嫁するほうがずっと簡単だ。責任転嫁する相手を特定できない場合は、アドレス帳のすべての相手に、攻撃的な絵文字を連発したメールを送りたくなる。

2 **逃避する**安全な場所を見つける。気晴らしをする。インスタグラムをチェックしたり、ニュースやＥＳＰＮ［スポーツ専門チャンネル］、ＴＭＺ［エンタメサイト］を観たりする。パソコンに向かってあれこれ仕事をしているふりをするが、メールの受信トレイを整理しているだけかもしれない。でなければ、すべてやめて家に帰り、暖かいベッドに潜りこむ。

３　**責任をもって**問題に対応する方法を見つける。深呼吸して、今が勝つか負けるかの瀬戸際の瞬間だと自分に言い聞かせる。

達人は、問題への関与を認め責任を取る

「私が悪かった」

偉大な人はみな、この一言をよく口にする。成功する者は、「私の間違いだ」「責めを負うべきは、他でもない我々だ」といった表現も使う。

一方、自分が問題の被害者だと思っている人の場合はどうだろう？　ソフトウェアのせい、マーケットのせいにする。チームの同僚のせい、顧客のせい、管理職のせいにする。あらゆる人を責めて侮辱するが、自分のことは省みない。だから同じ間違いを繰り返し、失敗し続ける。

こういう人がきっと周りにいるはずだ。いつも誰か他人の過失だと後ろ指をさす。被害者になりきっていて、不平不満の話が尽きない。他者への責任転嫁によって、自分もまた事態を引き起こした要因だという事実から目をそらしている。対人関係のアドバイザーで文筆家・ブロガーのマーク・マン

ソンは言う。「男性には必ずこう伝えている。どのデート相手も情緒不安定で突拍子もない女の子だったら、それは君自身の心の成熟レベルの表れだ、とね。君の自信の有無、君の満たされない気持ちを反映しているんだよ」

被害者を演じる者と、成功する者は対照的だ。成功する者は、問題を自分のものとして引き受けるので、容易に見分けがつく。

子どもは「壊れちゃった」と言う。責任感のある成熟した大人は「壊してしまった」と言う。

ジョン・ローガンは、自ら責任を引き受けるリーダーの好例だ。俳優としても活躍する人気のスタンダップ・コメディアンで、ボクシングをやっていたこともあり、総合格闘技（UFC）のコメンテーターとなったほか、ポッドキャスト配信でも成功した。思うに、彼の成功の鍵は、問題と向き合い責任を取る力である。彼は自分の意見や考えを包み隠さず述べる。どう思考回路を巡らせたか簡潔に語り、その話は、問題への対応方法のヒントを示してくれる。

自身のポッドキャスト番組で、ローガンが怒りを露わにしたことがある。ある男と共同でコーヒーのセールスをしていたところ、その相手がローガンのソーシャルメディアのプラットフォームを納得できないやり口で利用したのだ。腹の虫がおさまらない様子が声から伝わってくる。だが、相手の男を責めるのではなく、ローガンは責任を取った。自分を被害者とせずに、起きた状況への自分の関わりを認めた。彼の言葉で言うと「信用しちまったんだよ。問題が発生する土壌を、あいつと一緒につくっていたんだ」

ローガンには腹を立てる当然の理由があった。たいていは相手のやったことばかりに目を向ける。しかし、ローガンは相手に出し抜かれた（だから、自分は利用された被害者だ）とは言わず、相手を信用してしまったという事実（そして、自分も加担して問題を生んだという事実）を認めた。問題と向き合い責任を取るならば、他者を責めることはなくなる。もちろんローガンも最初は憤りをみせたが、問題と向き合ってからは、こう言った。「まったく、残念だよ。だって、相手はいい奴なんだ。……きっと悪気はなかったんじゃないか」。要するに、この失敗の原因は自分自身の行いにあったと、ほどなく気づいたのだ。

長年にわたって問題に対応してきたプロは、人から何かされても、それは自分が許容したせいだと承知している。成功するやり手は、憤慨するのではなく、困難をバネに成長する。ローガンの場合、失敗から学び、同じような間違いを再発しないようにした。ソーシャルメディア上で誰かを非難したり、訴訟を起こすと脅したりする人々と違い、ローガンは自分で猛勉強した。「この3週間、コーヒーについて書かれたものを読みまくった。これまでに読まなくちゃと思ったぶんより、ずっと多い」そうだ。

誰かが自分を怒らせたときの対応、3つのステップ

1　起きた事態について自分の責任を自覚する。
2　自分のどのような行いにより問題が生じたのか、具体的に特定する。

3　憤怒を前向きな方向へと切り替えて、将来的な問題を予防する。

こうした実践が、成功のための対応法である。問題に取り組み、それを学びと成長に生かす習慣を身につけている人の効果的なアプローチだ。こうした対応力は、生まれつき備わったものでも、一夜にして学べるものでもない。しかし、習得可能なのは確かである。

対応力は、伝授も可能だ。あなたが人を束ねる立場なら、自分のために問題を対処するだけではいけない。問題対応のスキルを、社内の管理職や従業員に伝える必要がある。模範を示すのが最も良い方法だ。熟練レベルの達人として、問題への取り組みの見本を示すこと。スキルの伝達はビジネス規模の拡大に不可欠である。

課題への対応力は、習得すべき最重要スキルだと強調したい。今後の人生を通じて、毎日繰り返し必要になる。手始めに、他人を責めるよりも責任を負う人間になろう。すると何もかも一変する。自分を取り巻く状況の被害者から、自分がその現実を引き起こしていると自覚できる人間へと進化するだろう。

危機をどう乗り越えるか

責任を負うこと、何か起きたとき自分の関わりを認めることの重要性を、私は痛感している。被害者のような振る舞いはグランドマスターとは対極にある。だがそれと同時に、自分のコントロールの及ばない事態も生じることがある。2020年の年明けに始まった感染症パンデミックのように、自分が選択したわけではない外圧にも対処せざるを得ない。

自分の過ちではないことが、数多くある。自分の手に負えない悪い事態も起こる。

10種類の危機

1 健康の危機
2 テクノロジー／サイバースペース上の危機
3 組織の危機
4 暴力
5 元従業員からの復讐
6 名誉毀損
7 経済的危機（個人資産）や金融危機（市場の反落）
8 ブラックスワン（滅多にない予測不能な大打撃）
9 個人的な危機
10 自然災害

危機が影響を及ぼす期間はそれぞれ違う。1時間の場合もあれば、3カ月のことも1年続く場合もある。株式市場が不確実性に揺らぐのと同様で、ビジネスへの影響も避けられない。未知のものが懸念材料となる。危機的な状況では、リーダーの責任は10倍に膨らむ。不確実性が高まるなか、沈黙してしまう過ちを犯すリーダーが実に多い。先が見通せないから、間違いを言うより口を閉ざしたほうがよいと思ってしまう。

危機における沈黙は、状況の改善に効果的な選択ではなく安易な選択の実例だ。実際には、質の高いコミュニケーションを頻繁にとることが、危機においてはますます重要になる。みんなが怯えているとき、あなたは責任あるリーダーとして、嵐の中で落ち着きを保たねばならない。決断力、回復力（レジリエンス）、問題への冷静な対応が、これまで以上に重要になる。

リーダーの反応次第で、危機が短期間で終わるか長引くかが決まる。危機の深刻さを10段階のスケールで考えてみるとよい。

危機的状況の継続期間を決める要因

1 リーダー（自分）の戦略
2 リーダー（自分）の冷静さ
3 危機への過剰反応（例えば、レベル3の危機をレベル9と捉える）
4 危機の軽視（レベル9の危機をレベル3と捉える）
5 5手先を読む力

偶発的な事故やパンデミックでは自分を責める必要はない。危機をもたらしたのはあなたではない。そうしたときビジネスの生死を決めるのは、危機に対するあなたのリアクションだ。

インベストメント・タイム・リターン（ITR）と数字の活用

責任を負う重要性を強調しすぎだと感じる読者がいれば、確かにそうかもしれない。ただし、物事への対応は状況の認識次第であり、外的な事象を責めるよりも、問題を生むのも解決するのも自分だという見地に立つべきだ。このような認識力は、内面的な「ソフト」スキルとみなされがちだが、自然に身につくものではないので、重要性は繰り返し強調したい。加えて、問題対応の達人は、内面の精神力に加え、分析力をツールとして備えていることも見逃せない。ここからは、分析の手腕を鍛えよう。

問題の大半は「金」と「時間」に関わることだ。分析はこの2つを考慮しないと適切な判断ができない。未熟な者は先に動いて後から考える。気分で決めてから、理屈をつけて正当化する。「今は新規採用に金をまわすのはやめよう。状況が不透明だから」とか「新製品のソフトウェア、すごいな！　明日さっそく導入せねば」と言うだろう。

こうした言葉は、一時の感情で動いているように聞こえる。ストア派の哲学者なら、もっと計画的なアプローチを勧めるだろう。ソフトウェアは良さそうでも、その投資の採算が取れるまでの時間を計算しただろうか？　新規採用の本当のコスト（給与と手当は、考慮すべき要素の一部にすぎない）

と新人がもたらす増収見込みの双方を、入念に算出しただろうか？

適切な分析と、何手か先読みする思考なしに、決断は下せない。私がチーム内で、幾度となく口を酸っぱくして言ってきたことがある。インベストメント・タイム・リターン（ＩＴＲ）、つまり「コストと時間と見返り」だ。チームのみんなは聞き飽きているだろうが、その有益性もわかっている。ＩＴＲの基本原則は次のとおりだ。

I R T

インベストメント（投資額：Investment）
コストはどれだけかかるか？　節約はできるか？

タイム（時間：Time）
時間はどれだけかかるか？　節約はできるか？

リターン（利益：Return）
決定したことを実行した場合、費用と時間に対して得られる利益の算出。

決断時、まずは事前にインベストメントの検討を行う。課題に対して、異なる３つの対応策を比較する「３択の法則」により、金の使い方について３種の案を用意する。

私の３択方式の検討法を知らずに、「コストはこのくらいの見込みです」と誰かがアイデアを１つだけもってくることがある。その場合、私は他に２つの案を出すよう求める。対応策として３種の案を検討し、各コストを比較すると、どれが効率的な金の使い道か明らかになる。３つの案を比較検討すれば、費用対効果を最大限に生む選択肢がどれかわかる。選択肢は1つしかない、などと言わないように。比較せずに決めつけては、効率的に金を使えず無駄な出費が増えるばかりだ。

次に、どのくらいの期間を要するかのタイムフレームを割り出そう。例えば、何かに10万ドル払ったら完了まで6カ月かかるが、20万ドル払ったら3カ月で終わる。であれば、このプロジェクトにかかる時間を半減するために、2倍支払う価値があるか？

この判断を下すには、キャッシュフローとプロジェクトの緊急度を考え合わせる。緊急度が極めて高いなら、金をつぎ込むほうがいい。ただし、そのプロジェクトの資金調達のために借り入れが必要なら、その資本コストも検討に加えねばならない。

コストと時間を算出したら、リターンを考えよう。利益を割り出すのだ。例えば、費用20万ドル［約2000万円］で完了まで1年かかるプロジェクトがある。それによって、顧客流出リスクの低減が8%見込めるとしよう。年間の契約件数は3万件だ。

3万件の契約の8%は2400件。1契約あたり200ドル［約2万円］相当の場合、合計48万ドル［約4900万円］の損失を防ぐことができる。

保険契約数	顧客維持（流出リスク低減率）	契約価値		リターン
3万件	8%	200ドル	=	48万ドル

数学が得意でなくても、このプロジェクトへの投資に価値があることがわかるだろう。ただし、こ

の数字はさらに徹底して掘り下げる必要がある。盲点を探り、決断に伴うデメリットが生じそうな点を列挙する。うまくいった場合を考えるのは容易だが、マイナス面の把握も重要だ。

デール・カーネギーが困難への対処を説いた書籍『道は開ける』に倣って、最悪のシナリオを想定してみる。このプロジェクトの場合、起こり得る最悪の事態は、投資した20万ドルの損失だ。それに耐えられるか？　倒産に追い込まれるか？　勘に頼るのでも、うまくいく可能性ばかりに目を向けるのでもなく、最悪の場合もすべてひっくるめたリスクを理解したうえで、決断を下すべきだ。

人は、順調に進んだ場合の試算をもとに自分の決断を正当化する傾向がある。必要なのは、推定値を現実的に見る目だ。20万ドルを投資して、契約の維持（顧客流出リスク低減率）が4％に留まったとしても、24万ドル［約2500万円］が見込める。プロジェクト資金20万ドルを12％の利子で借りた場合（実際の支出が利子分を合わせて22万4000ドルになる場合）でも、まだリターンはある。どんなプロジェクトでも決断前に、損益分岐点を試算してみるのが賢明だ。

保険契約数	顧客維持（流出リスク低減率）	契約価値		リターン
3万件	4%	200ドル	＝	24万ドル

難しい計算ではない。ただ、インベストメント・タイム・リターンの基本原則に基づいて考え、理にかなった予測をすればいい。微分積分の上級学位はいらない。数字ときちんと向き合い、複数の異なる結果を想定しながら考えることだ。この比較検討の思考法を習慣にすべきだ。インベストメン

ト・タイム・リターンを必須のスキルとして繰り返し活用しよう。

問題対応の達人は過ちを繰り返さない

何年も前、アパレル業界の会社に投資する機会があった。ファッションは大好きだ。その会社のオーナー、レイの人柄にも製品にも惚れこんだ。しかも、レイは会社の60%の株式をわずか10万ドルで売却しようとしていたので好機とみた。

当時、私のビジネスはうまく回っていて、このアパレル企業の株を高比率で保有できる金は十分あると得意になった。レイは誠実で才能ある男だから、事前に手間をかけてあれこれ下調べしなくても大丈夫だろうと思った。

取引は成立した。その直後から、電話が鳴りっぱなしの大盛況となった。というのも実は、レイに資金力のある投資家がついたと噂が広まった途端に、レイに貸した金を取り戻そうと債権者が次々と列をなしたのである。私は応戦した。断固として抵抗した。債権者との闘争にあまりに多くの時間を費やし、自分のビジネスの時間がなくなる始末だった。債権者を責め、レイを責めた。自分という人間以外、あらゆる人を責め、ますます自分の首を絞めていた。

こうした状況にぴったりの名言がある。「穴に落ちたら、掘るのを止めよ」。問題は、穴の中では命拾いしたいあまり、気が動転し激昂して状況を悪化させがちな点だ。周りの賢く勇気ある人に、穴から引き上げてもらうほうが良いときもある。幸い、親しい人たちからの説得で私はついに折れ、諦めてそのアパレル会社の創設者の債務を引き受け、損失を受け入れて、ようやく本来の自分の仕事に戻った。

金の損失そのものより、自分の決定のプロセス、問題への対応に腹が立った。未知の業種に投資したこと、カリスマ的な創設者が個人的に抱えていた問題を見過ごしたこと、詳細を吟味せず概要しか見ようとしなかったこと、どれも私にとって本来は譲れない事項に反している。その結果、高くついた。当初から、関わるべきではないのではと薄々感じていたのに、目前の1手より先を考えなかった。表面的な対処法だったから、その対価を払わされたのだ。

結局責任を取ってから、他でもない自分自身がこの大失敗を引き起こしたのだと理解した。犯した過ちをすべて振り返った。まず、適切なリサーチをせず、投資先のリスク調査（デューディリジェンス）を怠った。また、私の本領ではない業界への投資だった。それに加え、思いあがりも欲もあった。よく知られた名言を忘れていた。「うまい話には裏がある」。

失敗を認めると、クローゼットいっぱいの洋服が置き土産となり、10万ドルの過ちを記憶に刻んだ。金の損失以外に、膨大な時間も浪費した。敗北するならそれを教訓にして学ばねばならない。失敗しても、経験は良くも悪くも活用できる。成長のためには過ちを省みるべきだ。あのマグヌス・カールセンを思いだした。チェスの名人は、負けたゲームの後、駒の進め方を逐一振り返って分析し、どこでどう決断を誤ったのか解明する。**チェスでもビジネスでも、勝利につながった手よりも、敗北をもたらした手から多くを学ぶのが名人である。**

対応の達人の8つの資質

問題対応の達人は、人柄やビジネス戦略はさまざまだが、共通する8つの資質がある。

1　よく質問する。データが多いほど正しく予測できるからだ。原因は何か？　解決法は？　再発防止策は？

2　物事の是非を問題にするのではなく、真実にのみ関心をもつ。達人は、事態を収拾し前進することを望む。そのためには、自分以外の誰かの、より優れたアイデアを歓迎する。自身のエゴが強いせいで、他者の見解を退け適切な判断が妨げられることはない。

3　言い訳をしない。うまくいかなかった理由の説明に時間と労力を費やすのは、彼らの主義に反する。

4　積極的に挑戦を受けて立つ。事態の速やかで効果的な収拾が優先なので、解決策を示す者がいれば、自分とは違う考えでも耳を傾けようとする。異なる選択肢を提案し、その主張を展開する人を、快く受け入れる。

5　好奇心が強い。知識なしに問題の解決はできない。達人は常に自分のビジネスとそのメカニズムについて研鑽を積む。微細な重要事項も壮大なアイデアも、どちらも大切にする。

6　問題の解決以上に、問題の予防に力を注ぐ。真の対応力に秀でた者は、赤に変わる前の黄色サインを決して見逃さない。

7　交渉術が優れている。関係者すべてが勝者となるよう論を展開し、驚くべき力で問題を解決する。

8　問題の恒久的な解決を目指す。絆創膏を貼るようなその場しのぎはしない。

対応の達人は喜んで（ゲーム感覚で）課題に立ち向かう

前述の資質を備えた達人は、必然的にリーダーになる。筋道を立てて効果的に問題に対応した実績があり、人々のニーズに応えているから、共に働くみんなから信頼されるのは当然だ。

問題対応の達人は、難題を恐れない。むしろ歓迎し、ゲーム感覚で取り組む。あなたの会社のセールスプロデューサーに辞めると脅されたとしよう。まず自分の責任を自覚する。すると、会社の報酬制度がよくない、仕事を継続してもらうための戦略がない、という事実を認めることになる。おまけに、セールス研修が不十分で改善の必要があるとわかる。動揺するより状況を受けとめよう。自分にこう言う。「彼に残ってもらう方法を考え、加えて忠誠心の強いセールスチームを社内に築く戦略も立てよう」。欠陥に気づいたらいつまでも思い悩むのではなく、むしろ対応策につなげて、今後の駒の進め方を計画すればいい。

要は、自分の心のもちようや考え方、すなわちマインドセット次第だ。「危機」を、いい「機会」と

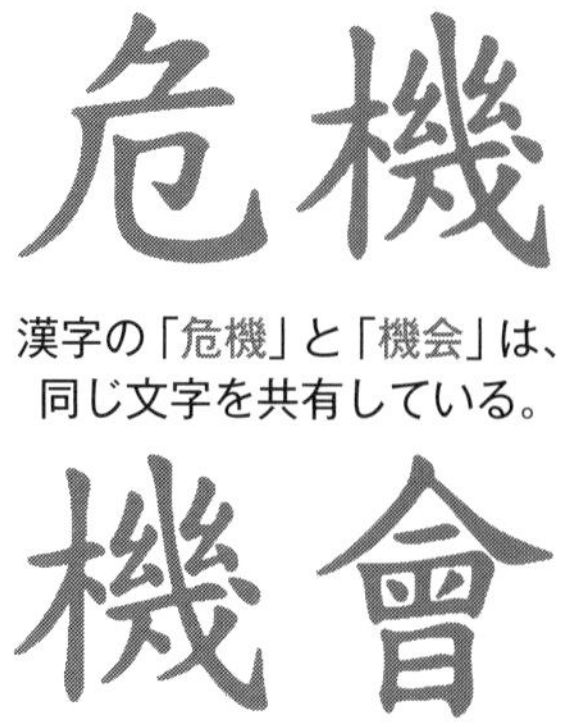

漢字の「危機」と「機会」は、
同じ文字を共有している。

捉えるようになれば、ゲームは優勢だ。

　私は仕事を通じて、若い優秀な起業家に助言してきた。彼らが問題対応力を驚くほど発揮する姿を目の当たりにでき、光栄に思ってきた。そのスキルセットが幾度となく、彼らを仲間の中で抜きんでた存在へ飛躍させているのだ。したがって、課題への対応力は、意欲ある経営者が習得すべきことのトップといえる。私の子どもにも学ばせたい。

　月に1回、会社の首脳陣と集まって、次に解決すべき大問題に1時間向き合うといい。信頼できる柔軟な発想の仲間と、3~5人のグループで集うのもよい。私はこうしたミーティングで問題を提起し、チームにそのトピックを協議してもらう。熱い議論ほど最善の決断に近づく。経営者であれば、自分が主張するのではなく、好奇心を抱きながらチームの見解に耳を傾けよう。

　こうした姿勢が、経営者としての成功の鍵になる。問題対応に最善を尽くすことを、企業文化《カルチャー》として根づかせよう。社員に対応能力が浸透していき、彼らはその力をますます発揮するだろう。ベストを尽くす対応は、最終利益を増すのはもちろん、優れたリーダーと素晴らしい人間を育むことにもなる。世界のあらゆる問題が対応策を必要としている。地球上の飢餓を解決する立場にいるわけではないとしても、自分が暮らし働いている世界で、課題を解決するのだ。

だが、問題への対応を当然のことと思わず、回避する人も多い。例えば結婚でもそうだ。向き合いたくない問題を心の奥に抱えているカップルがいるはずだ。何か避けている話題——セックスの問題、義理の親や兄弟姉妹、宗教のことなど——があって、やがて結婚は破綻に向かう。当面は何とか別れないでいるだろう。たいていは子どものためだ。でも幸せではない。一緒に住んでいても、精神的な結び付きはない。時を経て、耐えられなくなり離婚する。憤りを抱えながら何年も無為に過ごしてしまったのは、夫婦間の問題に何ら対処しなかったからだ。

問題と向き合うことを拒むなら、偽りを生き、そのツケを払うことになる。私生活でも仕事でも、時を浪費してはいけない。

現実に立ち向かう方法と、自分の羅針盤に基づく決断法を習得すれば、ビジネスは成功する。インターネット上のいいかげんな記事はまことしやかに言う。生まれつき、リスク好きの「虫（バグ）」が潜んでいる人がいて、好んで冒したリスクが即座に成功につながると。だが、成功への道はいたって地道な基本的なことだ。人生を通じてビジネスの成功に必要なのは（起業家、イントラプレナー、どんな職業でも）、一定のマインドセットと確固たる積極的アプローチで問題解決を図ることだ。最も効果的な戦略として、課題対応力に磨きをかけるべきだ。

5章

原因Xの解明：効果的な決断のメソッド

ほとんど情報もなく40時間戦い、とっさに極めて重大な決断をせざるを得なくなったとしても、責任感をみなぎらせ、神の助けで心を決め、正しい決断ができると信じている。私の人生のすべてが、その決定の瞬間に凝縮されるかのようだ。すべき判断を下したら、次のステップとして運命が定めるところに従う。自分の務めをすべて果たしたら、後は流れに任せるしかない。

――ジョージ・S・パットン将軍（米陸軍で二度の大戦を戦った著名な軍人）

問題への対応は4章で説明したとおり重要なので、さらにこの章で、具体的な対応と決断のメソッドを伝えたい。

私の考えでは、一定のシステムに基づいた思考が、成功への鍵となる。より良い決断のためのシステムを備えている者が勝利する。とっさの判断もあれば、時間をかけた決定もある。どんな課題も攻略できる具体的なメソッドが必要だ。チェス名人が、いざゲームがはじまれば先手を打つにせよ後手にまわるにせよ、駒の進め方を心得ているのと同様である。

私は、自分に役立つ信頼できるシステムを構築したいと思っていた。対策をとるべき具体的な事項を整理し、自分の選択肢をすべて一覧にできるシステムである。系統立った思考法の確立も求めていた。当座についても長期的にも、成功率の最も高い選択を可能にする思考法だ。ようやく考案したシステムは、常に完璧な選択をもたらしたわけではなかった。それでも、問題へのアプローチと分析法がわかってきたので、システムは完成したと感じた。こうして基本のメソッドを習得すると、私はようやく心の安らぎを得て、パニック発作に終止符を打てた。人生で初めて、問題にきちんと区切りをつけ、血管を駆けめぐる恐れや後悔の念に苛まれずに前へ進めるようになった。

優れた問題解決能力とは、直面する複雑な問題を、数学のように定理に基づきステップごとに分類整理し、問題の根源を特定する力である。ビジネスも代数の方程式と同じだ。だから「Xを解明せよ」という表現を、私は周りの人によく使う。

変数X（エックス）は未知数だ。方程式では、Xの値を求めて答えを得る。ビジネスでも人生でも、Xが特定できれば、問題も解決する。

Xは未知数だが、値を算出できる。あなたの任務は、問題となっているXを割り出すことである。

人生を、数学の壮大な問題集とみなしてみよう。日々の生活で下す決断は、頭の中にある数々の公式の定理に基づいている。パスタの調理法には決まった数式がある。職場に最速で到着するための定理がある。収入の増やし方も法則がある。

あなたの人生の領域内で、現状に不満で喜べない部分があるとしたら、これまで使ってきた定理の一部に何らか修正が必要な可能性が高い。今までの思考方式が、あなたを今日の場所へと導いてきた。状況を変えるには、考え方を改めるべきである。その実践は非常に難しいかもしれない。決断してきた多くが、欠陥のある定理に基づいていたと認めるのは容易ではない。

問題の根源であるXと向き合う覚悟が必要とされている。ビジネスを営む中で浮上する、あらゆる未知の事態に備えよう。

Xを解明し問題の根源に迫る

先頃、仕事仲間のチャーリーがこう言ってきた。「何だかもう、これが好きでやってるんだかわからないんだよ」

「これって？」と尋ねた

彼は戸惑った顔をした。

「君はこれが好きでやってるのかわからないっていったけど、これって何だい？」

彼は、金融サービスの仕事の話だという。

「同じ業界にいても、私がこれが好きっていう場合は、金融サービスじゃないな。不動産ビジネスだったらレンガが好きなのか？　医薬品販売だったら錠剤が好きなのか？　これっていったい何なのか、考え直したほうがいい。私が好きなのは、仕事で関わっている人たちだ。人間が好きなんだ。興味が尽きない。毎日仕事でいろんな人を観察し、性格の傾向を知って、彼らのベストな部分を引き出すよう手を打っている」

「そんな風に考えたこと、なかった」

このやりとりが、チャーリーの考え方を変えるきっかけになった。これの正体――解明すべきX――を探り、フラストレーションの根源に迫ろうとした。

Xの解明とは、問題の根源を特定することだ。上司が問題だ、というだけでは不十分だ。もっと掘り下げて、問題は自主性を認めてもらえないことか、給料が能力に見合っていないことか、頭を使って挑戦する仕事がないことか、見分けねばならない。あなたの上司を解明するわけにはいかない。具体的に特定した問題を解くのである。

チャーリーの場合は、面白くない本当の理由を明らかにする必要があった。疲れているなら、休暇をとって充電しなおす必要があろう。実際には、彼の疲労感は体重が増えたせいだった。早起きしてエクササイズの習慣を取り戻すべきだと気づいた。これが最初のステップだ。

次は、もっと心の奥と向き合わないといけない。営業成績の落ちこみのため、チャーリーは自信を失っていた。だから、セールスを断られるたびに一層傷つく。悪循環が加速し、負のスパイラルにはまっていた。さらに内面を見つめると、金融サービスの営業そのものが嫌なわけではないと気づいた。つきまとう疲労感と、販売成績の低迷が苦痛だったのだ。業績と達成感という彼にとってのやりがいが、損なわれていたのが問題だった。

表面下を探ると、問題に根本から対応できる。時にモチベーションが揺らぐ日もあって当たり前だ。折にふれ燃え尽きたように感じるのも珍しくはない。取り組むべきは、そうした事象の背景の探求と、苦痛をもたらす要因Xの特定である。

チャーリーは心を決めて、さらに一歩踏みこんだ。なぜ、何のために自分が起業家になったのか、振り返ったのだ。前の職場の上司の振る舞いにどんな気持ちになったかを思い起こした。その上司は、5年間懸命に尽くした男性社員の代わりに、能力不足の自分の息子を役職に就けた。そんな職場がすっかり嫌になったことを思いだし、起業家という突拍子もない人生に踏みだした原動力のすべてを思い浮かべた。

原因のXを突きとめると、チャーリーは仕事の上で適切な判断を下せるようになり、ものの見方も営業の収益も改善したのである。

Xの突きとめ方

何も方法が定まっていないと、空回りするばかりで、怖くて身がすくんでしまう。だが、基本となるメソッドがあれば、問題への対応にむけて系統立ったアプローチができる。どんな課題も整理しながら対応できるようになるだろう。

原因Xの解明　ワークシート

課題：

調査	解決案	手段
緊急度 0～10	必要な人材は？	誰の了解が必要か？
影響の全貌 潜在的利益： 潜在的損失：	解決策のリスト	責任と役割の確認
問題の真の原因 理由 理由 理由	予想される マイナス面の影響	新規実施事項《ニュー・プロトコル》

ビジネスの危機への対応

夢を実現したと思った矢先、重大な危機に直面した。私はまだ30歳で、自分の保険代理店を立ち上げるという躍進をようやく遂げたところだった。その会社創業から5週間も経たないうちに、保険業界の大手、４００億ドル［約41兆円］企業のエイゴンが、私を相手に訴訟を起こした。目的は単純で、私のビジネスが軌道にすら乗らないうちに、撤退に追い込もうというのである。

訴えを起こしたエイゴンの上層部と弁護士は、私が起業のための金を貯めてきた苦労などお構いなしだ。結婚したばかりでも気にも留めない。私の無謀ともいえる夢に関わるために、立派な会社のキャリアを捨ててくれた忠誠心ある66人のエージェントの頑張りなど、意にも介さない。エイゴンにとっては、私を訴えるのはビジネスの一環にすぎないのだ（同様に、数年後、訴訟を起こしたＣＥＯが、私の会社の諮問委員会に加わる結果となったのもビジネスの一環だ）。全人生の貯蓄が危機にさらされたが、私個人への攻撃とは考えず、ビジネス上の問題と受けとめた。

訴訟は、経験したことのない最大の試練だった。状況が悪くなると、たいていの経営者は非難と不満を口にして激怒し、疑念に駆られ空回りする。私はそうはせず、自分のコントロールが及ばない事態と闘うのは止めようと決めた。

コントロールできること、できないことを、明らかにする必要があった。次の２つのリストをつくった。

コントロールできること

- 次の5手を練る
- 日々の努力
- 弁護士、及び他の人材の選抜
- 社内のセールスチームと首脳陣に、将来的な脅威の打倒に専念してもらうこと

コントロールできないこと

- エイゴンが私を訴えた理由
- 訴訟で廃業に追い込まれるかどうか
- エイゴン以外の保険会社が私たちの代理店との契約を取りやめるかどうか

パニックになったり大騒ぎしたりせずに、この嵐を乗り越え長期目標を達成するための戦略を立てた。解決策として、私は調停を選んだ。多額の小切手を切り、また前に進むのだ。出費は痛手だったが、その先の5手を考えていたので会社は生き残れた。重要なのは、エイゴンへの復讐でも訴訟での勝利でもない。私の決断は、係争から解放されて、社内の有資格のセールスチーム拡大と会社のモメンタム（推進力）の維持に専念するためのものだった。

高額の小切手を切ってから、面白いことが起きた。やっとまた眠れるようになったのだ。これほど

大きな損失の後に心の安らぎを得るのは普通ではないだろう。しかし、問題と徹底して向き合い次の手を考えたので、厳しい試練に区切りをつけられた。状況を隈なく分析し、正しい決定を下した確信があった。

昔の自分なら、エゴや感情や恐れで冷静な判断ができず、会社が潰れ家族が破産しても、裁判で争ったかもしれない。それで満足したとしても、ほんの束の間にすぎなかったろう。実際には、基本のメソッドに基づきステップを1つずつ踏んで問題と向き合った。その内容は次ページのとおりである。

真の課題とその根源的理由の特定

優れた経営者は、表面的な事象の背後にある問題の核心に迫る。その姿勢は、真の課題とその根源的理由を特定するメソッドにおいて不可欠なので、重点的に述べていきたい。X解明の手腕もさらに向上するはずだ。

Xは、不明瞭なのが常である。実際にはさまざまな感情や先入観に基づく見解の背後に、真の課題が潜んでいるかもしれない。だから、雑念を頭から追い払うべきだ。どれが事実で、どれが事実でないのか？　誰かの意見や自分の誤った思いこみなどにとらわれていないか？　自分のエゴが傷ついたせいで、実際よりも大騒ぎしているのでは？　感情を交えず論理的に考えているか？

問題の核心に迫るには、本来の課題ではない課題を除外していこう。次の2つに絞りこむといい。

原因Xの解明　ワークシート

課題：エイゴンと係争中の訴訟について

調査	解決案	手段
緊急度 0〜10	必要な人材は？	誰の了解が必要か？
レベル 10	• 弁護士 • 銀行家 • 危機管理チーム	• セールスチームの首脳陣 • 辛抱強く契約継続してくれる、別の保険会社
影響の全貌 潜在的利益： 潜在的損失：	解決策のリスト	責任と役割の確認
すべての貯蓄を失う可能性	1　調停 2　逆提訴 3　勝訴	弁護士による紛争の調停 大至急
問題の真の原因	予想されるマイナス面の影響	新規実施事項《ニュー・プロトコル》
理由 エイゴンが競争相手をつぶそうとしている 理由 理由 	• 各保険会社による契約の打ち切り • 当代理店の倒産	• コンプライアンス責任者の雇用により、将来的な訴訟の可能性を回避 • 新たに2つの法律事務所と契約 1　保険の専門家 2　営業組織の法律の専門家

記入例

バーニング・プラットフォーム（燃え盛るプラットフォーム）：熱くて立っていられなければ、状況を即座に変えるしかない。すなわち、迅速に対処すべき重要な問題。
ゴールデン・ゲート（黄金の門）：すぐに足を踏み入れるべき絶好の機会。すなわち、好機を得る取り組み。

真の課題が特定できたら、「なぜ？」と要因の問いかけを始めよう。それ以上「なぜ？」と訊く質問がなくなるまで、つまり原因として説明する答えがそれ以上なくなるまで、問い続ける。もう掘り下げられなくなったら、それこそが根源的な理由であり、問題の真の根本原因だ。例を挙げる。

- 上得意客を失った。なぜか？
- 競合相手の製品のほうが安いからだ。なぜ？
- その製品のほうが機能が少ないからだ。なぜ？
- 客の多くは、我々の製品の機能のすべてを必要としていないのだ。
- あっ！　そうか！

こうして、販売目標に達成しなかった根本的な理由が判明する。製品が客のニーズに合っていなかったのだ。そうとわかれば、問題の解決はさほど難しくない。機能を減らした低価格の製品を提供すればよい。

「なぜ？」の問いかけを重ねるアプローチは、どんな課題にも使える。あなたの会社でトップのセールスパーソンが辞めたとする。なぜかと自問すると、報酬制度が平均的な社員向けにできていて、やり手のための設計ではないと気づく。また、そうした制度なのは、営業部長とＣＦＯ〔財務責任者〕が適切なコミュニケーションをとっていないためとわかる。1つめの解決策は、報酬制度を10日以内に見直すこと。もう1つは、営業部長とＣＦＯが互いの要望を確認するために3カ月ごとに連絡を取り合うよう指示することである。

新製品の発売や出荷に遅れが生じると、たいていは誰のせいかと責める相手を探す。だが、忘れてはならない。問題対応の達人は原因を究明する。原因がわかると、解決へと導かれるからだ。原因を探ると、社内の腕利きのエンジニアが、週1回の在宅勤務は特別な理由がないかぎり認められないと上司に言われ、退職したための遅れと判明する。解決策は、従業員の定着率の改善に向けた、よりフレキシブルな就労形態の導入である。

真の課題を特定する5つの問い

1　自分が目にしているのは表面的な事象ではないか？　真の課題を把握しているか？
2　チームは、それが真の課題だと裏づける確かなデータをもっているか？
3　確かに真の課題なのか？　憶測や他者の見解ではないか？

4　具体的な課題が存在するのか？　それともエゴが傷ついただけの問題か？

5　感情的になっているだけか？　論理的な思考によるものか？

攻めと守りのプロに

起業したら、数えきれないほどさまざまな種類の決断に迫られると思っているのではないか？　実は、決断が必要な状況は、たった2種類だ。

1　**攻めの状況**。儲けるチャンス、及び、ビジネスの発展と自分のキャリアアップの機会。たいていは、成長、拡大、マーケティング、販売にまつわる戦略を選択する。

2　**守りの状況**。問題を解決する、損失を防ぐ、何らかの後退を防ぐ、などの機会。コンプライアンス等法的問題、競合相手に対する防御策、市場の下落への予防策などに関わる選択が多い。

直面する問題が攻めと守りのいずれの機会なのか、分類できればさほど怖気づかなくなる。区別がつくと、攻守どちらであれ、その種の課題に対処したこれまでの経験を生かせる。となれば、決断は未知の恐ろしいものではなく、対応可能なものになる。

攻めの決断では、収益を上げる好機を探る。事業を成長拡大させ、マーケティング戦略を強化して、セールスを促進する。守りの決断は、課題解決を図るとともに、金銭的損失や成長の妨げを回避する。コンプライアンスや法律に関わる問題への対応、市場の価格変動に備えた掛けつなぎ（ヘッジング）なども、守りの分類に入る。

数字との柔軟な向き合い方：サイエンスとアート

わが社の最高執行責任者［COO］としてアリス・タルレッキを迎えた。それまでアリスは、大手保険会社、パシフィック・ライフで大きな成功を収めていた。ところが、彼女がCOOとなってから、保険契約申込の処理にいつも以上に時間がかかると気がついた。

私は不満を覚え、どうなっているのか知ろうとした。アリスと向き合い、申込みを受け取ったらどのようなステップで処理するのか逐一見せてもらった。その手順を確かめるために、山ほど質問した。各ステップの意味、必要とされる作業、所要時間などだ。ちょうど製造業の組み立てラインで、どこがボトルネックとなって目詰まりしているのか調査分析するコンサルタントと同じだ。

それからアリスに別の問いを投げかけた。どれが必ず人の手で行わねばならないステップで、どれが自動化できるステップか？　自動化のテクノロジーを、入手するか開発するかしたらどうか？

人間がやるべき仕事か、コンピューターで処理できる作業かを話し合った。あるステップを取引先の保険会社がソフトウェア上で進めてくれれば、申込みへの対応時間を大幅に削減できるだろうと考えた（当時ソフトウェアを利用している会社はわずかだった）。アリスの話から、処理スピードが落ちていた理由もわかってきた。彼女は新たな方法を導入して、保険契約の保障責任の面で大幅な品質向上につなげようとしていたのだ。質の改善は喜ばしいが、私はやはり処理速度を上げたかった。

アリスに頼んでソフトウェアを利用していない取引先の保険会社すべてと連絡をとり、私からその導入を促した。そして次の幹部会議で、社内での処理にかかる余計な時間を削減するにはいくらかかるか検討した。うまくいった場合は、4人のITエンジニアを年収15万ドル［約1650万円］で1年間雇用して自動化を図れると考えた。他の経費を加えると、優に100万ドル［約1・1億円］のプロジェクトになるとみた。

100万ドルは目玉が飛び出るような数字だ。だが、さらに分析しなければ、この金額の意味するところはわからない。そこでじっくり時間をかけ、この数字を精査した。

- 自動化により、契約1件当たり、5分の処理時間の削減が見込める。
- 年間契約数3万件が5分ずつ短縮されると、15万分［2500時間］削減できる。
- 2500時間は、人件費1時間20ドル［約2000円］で計算すると、5万ドル［約550万円］の削減に相当する。

インベストメント・タイム・リターン（ITR）の手法は、使うほどに価値がわかる。ここで紹介する事例を用いて、分析の手腕を鍛えてほしい。ビジネスで直面する問題は、さまざまな課題が絡み合っている。「数学的な計算」だけでは解決できない。問題の解明において、どの数値を代入すべきか知るためには、課題をどう考察するかという判断力が必要だ。ＩＴＲの手法を、適切な先読みの思考と組み合わせてこそ意義がある。

私たちのプロジェクトでは、１００万ドルのインベストメントを回収するのに20年かかると見込んだ。一見、投資する価値はなさそうで、数字だけみて深く掘り下げない未熟な考えだと、ここで検討を終えてしまうだろう。プロジェクトのＩＴＲは次のとおりだ。

インベストメント：１００万ドル
タイム：18カ月（自動化システムの構築完了までの期間）
リターン：年５万ドル（現状の契約数と人件費に基づく金額）

これは２０１７年のことで、当時私は次の10年の成長戦略を構想していた。

優れた決断をする人は、数学というサイエンスに加えて、アートとも呼べるワザの心得がある。確かに数値に基づくメソッドは有益で、科学的に数字を理解せねばならない。しかし、数字をどう分析するか、というワザも学ぶ必要がある。分析的に考えると、契約申込みの処理速度についての問題解決は、人件費の削減以上の意義があった。課題の解決がビジネスでの勝利につながる可能性もあるからだ。また、契約申込みの処理能力が向上すれば、顧客にとってもわが社のエージェントにとっても、満足度が高まるだろう。ところで、この分析でまだ考慮に入れていない現実的な要因がある。会社の成長率だ。成長率を推定して考え合わせると、次のような数値になる。

1年後：契約数3万件　コスト削減5万ドル［約550万円］
2年後：契約数6万件　コスト削減10万ドル［約1100万円］
3年後：契約数12万件　コスト削減20万ドル［約2200万円］
4年後：契約数18万件　コスト削減30万ドル［約3300万円］
5年後：契約数24万件　コスト削減40万ドル［約4400万円］

成長率を計算に入れると、100万ドルの投資額の回収は20年かからず、5年以内と見込んだ。不可能に見えたプロジェクトが、たちまち現実味を帯びたものになった。

このような経験で、もう1つ学んだことがある。**ITプロジェクトは予想より時間もコストもかかるものだ**。費用と期間の見積もりは、十分すぎるくらい慎重にすべきだ。結局は、私たちのプロジェクトのコストは倍以上に膨らんだ。しかし、金がかかったといっても悪いことばかりではなく、前向きな理由での出費もあった。保険契約処理の各段階で、他にもスピードアップ可能な部分がないか調査を続けていたので、何かを見つけるたびに改善のためのプロジェクトコストがかさんだ。だが、処理速度が3倍になったうえ、長期的な削減額が最終コストを上回ったから、結果としては良かったといえる。

後からみれば、処理手続きへの投資は、当然の選択に思える。しかし、当時を振り返って考えると、判断の目が曇って、適切な投資ができなかった可能性もある。例えば、アリスは経験豊富だから申込み処理を極力速やかに進めていると、私が何の疑問も感じず容認していたとしたら。また、彼女の徹底した几帳面な処理は時間を要すものだから、それ以上の速度向上を求めなくてよいと考えたとしたら、投資にはつながらなかっただろう。スピードアップのために金をかけても、得るものはないと決めつけてしまったかもしれないのだ。

優れた判断力には、「数値に基づくサイエンス」と「柔軟に考えるワザ」の両方が必要だ。考え方の枠組みとなるメソッドと、基本原則であるインベストメント・タイム・リターンの手法は用意されている。だが、その基本法則の公式に当てはめる数値は、自分で状況を見通し構想を練りながら割り出すものだ。たゆまぬ好奇心とは、常により良いものを目指して、構想を柔軟に練り直す姿勢に他ならない。その精神があれば、すべてを総合的に考えて適切な判断ができる。いずれにせよ、述べてきたすべてのスキルは、私が最大の試練を乗り越えるために、また、壊滅的な打撃となりかねない訴訟において生き残るために必要なものだった。

「decision（決定）」という言葉の元となったラテン語は、「切り離す」という意味である。

決断を下した者は、他の行動を選ぶ道から切り離される。と言うと、制約を受ける印象があるかもしれないが、実際は違う。自由になれる。それに、決断によって切り離した他の選択肢とは、優柔不断や停滞のことである。

人の性分として、盲点はあるものだ。怠惰、恐れ、欲などあらゆることが、与えられた情報を深く掘り下げずに鵜呑みにする要因となり目を曇らせる。結果として、パズルの中の重要なピースを往々にして見失い、誤った判断をする。つまり、正しい決定ができない。

問いを繰り返し突きつめていくメソッドを、インベストメント・タイム・リターンの手法とともに活用するといい。その実践は時間がかかり、訓練も必要だ。すぐに問題対応の達人になれる、さっそくXを解明できる、と期待してはいけない。また、いつも正解を求め、誤りを恐れてばかりいると、問題対応はうまくいかないだろう。完全な善か、完全な悪か、白黒決めつける見方は、暗礁に乗りあげるだけだ。間違ってもいい。その誤りを積極的に吟味する姿勢が、同じ過ちの繰り返しを防いでくれる。

粘り強くやろう。問題対応の達人になる努力を重ねれば、それ相応の価値を上回る成果がある。ビジネスも人生も一変する。

2手目　論理的な思考力

1　問題への対応力を磨く

事を進めてうまくいかないことがあれば、何でも100％責任を引き受けよう。その問題を生んだのは自分で、解決するのも自分であると、おのれの役割を認識すべきだ。インベストメント・タイム・リターン（ITR）の基本原則を適用すると、より良い決断ができ、資源を有効に活用できる。間違いを犯しそうな点や弱みを検討し、それに基づいて次の手を打つといい。

2　原因Xの解明：効果的な決断のメソッド

「Xの解明」のメソッドをチームで共有し、それを活用して目前の課題について3つの対応案の比較検討（3択の法則）を行おう。「原因Xの解明　ワークシート」は巻末の「付表B」に示した。問題が生じる真の理由を、根源から特定すべきである。

3手目
優れたチームの結成

6章

いかにチームをつくるか：ソロプレナー神話からの脱却

どれほど頭脳明晰で戦略が優れていても、単独でゲームをしたら、必ずチームに負ける。

――リード・ホフマン（リンクトイン共同創業者）

どんな分野の仕事でも、成功を長続きさせるには、良い人間関係が欠かせない。取引先、顧客、従業員、投資家、パートナー、社外の販売事業者（ベンダー）など誰とでも、である。

5手先読みの思考においては、自分1人でできるというエゴは抑えよう。これまでに独力で多くを成し遂げたとしても、将来も自力でさらに成果を上げられると思わないほうがいい。私は27歳のとき、優秀なセールスマンだったが、セールスマネジャーとしては並みだった。苦労しながら部下のマネジメント方法を学んだ。徐々に進歩し、30歳で確固たるセールスマネジャーになったが、創業者としては悪戦苦闘した。会社経営を始めて5年経っても、自分はごく普通のCEOにすぎないと思った。そのときようやく、野心的なことを自分1人で考えるだけでは、大きな仕事はできないと気づいた。実際に事業規模拡大を可能にするには、それにふさわしいチームが必要だった。

本章の狙いは、私が経験した多くの苦労も語りながら、チームのつくり方を伝えることである。チームで行う仕事は効果的で、その取り組みの過程には喜びがあり、たった1人で怯えながら必死で仕事を軌道に乗せようとするのとは大きく異なる。この章では、次のようなツールを一揃い提示する。

1 ビジネスパートナーや相談役（コンシリエーレ）の選び方
2 従業員の定着率の改善法（ゴールデン・ハンドカフ［黄金の手錠］を用意する）
3 社員に最大限の力を発揮してもらう報酬制度
4 敵をつくらずに、チームのメンバーに加えたり外したりする方法（雇用と解雇）

どのような報酬プログラムを提供するか？

単独で事業を行うソロプレナーや、個人事業の副業で稼ぐサイド・ハスラーには、次のステップに踏みだすために、よく考えて答えるべき問いがある。

「相手にとって、自分と仕事をするべき理由は、何なのか？」

この問いかけは、例えば現在、ＣＥＯのあなたにとっても意味がある。始めたビジネスが大きくなるまでは、自分の会社に人を入れるというより、あなたのもとに来てくれる人を集める。まずは、あなたを信頼してくれた人たちなのだから、魅力的な報酬プログラムを提供せねばならない。行き届いた４０１（Ｋ）プラン（確定拠出年金制度）を導入するほどの資金力はないかもしれないが、何か引きつけるものが必要だ。やがて、ビジネスが軌道に乗り始めて社員を募るようになっても、やはり報酬プログラムの改善を重ねるべきである。さもないと社内の優秀な人が、より条件のよい会社に移ってしまう。

こう問いかける。自分にもっと関わってくれたら、社員は成功を遂げられるだろうか？　彼らはより良い人生を送れるようになるか？　自分と関わったために人生が豊かになり成功した人はいるか？　その人たちのサクセス・ストーリーの一覧を、自分の経歴として示せるか？　言いかえれば、どのような報酬プログラムを提供すれば社員が豊かになれるのか、考えるべきだ。

利己的な考えで自分のために他者から何かを獲得しようとするよりも、自分が他者に何を与えられるかに焦点を当てることを私は学んだ。これは、自分自身の価値を高めることにもつながった。利己でなく他者を利するという決意がパラダイム・シフトとなり、人生が良い方向に転換した。誰かに私の人生を良くしてもらう方法を考えるのを止め、こう自分に問いかけた。私が彼らにもたらす利益によって、いかに彼らの人生を豊かにできるだろうか？

周囲の人があなたとの関わりによって成果を上げていたら、それは、あなたの人生も成功しているということだ。あなたが示す見本、あなたとの接点、あなたの指導と知識、愛ゆえの厳しさのある関わりが、他者の成功につながる。次の3点を考えてほしい。

1　現在、社員にどのような利益を提供しているか？

2　あなたとの関わりで、社員がどのように向上しているか？

3　この一年で、何名の人生に前向きな変化をもたらしたか？

誰かの人生を豊かにした実績があれば、あなたのチームに人々を引きつけられるようになる。現状の利益だけでなく、根本的な長期目標の達成を助けてくれる人材が必要だと思うなら、彼らを大切にするべきだ。大事にしてこそ、彼らからバックアップを得られる。

こうしたアドバイスは、意欲的なCEOのみに向けたものではなく、役員ら経営陣も心得ておくべきことである。

また、CEOによっては、入社させた時点で採用活動（リクルート）は終わりと考えるが、これは誤りだ。才能ある人を採用してからも、その逸材を会社に引きつけておくための継続的リクルートが必要だ。

社内チームの成員には、常に他社から仕事のオファーが舞い込む。そのことに思い至らないようでは考えが甘い。巷にヘッドハンターが多いのは、理由があってのことだ。ヘッドハンターは、あなたが確保した優秀な人材を、まさに同じような人物を求める他の会社に送り込むのが仕事だ。あなたの会社から逸材を盗むと、かなりの儲けになる。才能ある人を追い回しているのは間違いない。だから、自社につなぎとめる方法をしっかり理解しておくべきだ。ヘッドハンターは、依頼企業の規模によるが、CFOを1人配置すると3～6万ドル［約315～630万円］稼ぐ。CEOの配置の費用は約8万ドル［約840万円］からで、上は50万ドル［約5250万円］に及ぶかもしれない。

また、あなたが採用した社員の側も、あなたをよく観察している。常に報酬プログラムが期待にかなうか値踏みして、そぐわなければ他社に目を向け始める。特に社内の高い地位にいる人々は、あなた自身が進化し続け、会社を次のレベルに引き上げる方法を探求しているかどうか、目を光らせている。彼らは、あなたが一流の人材を招き入れて会社の価値を高め続けられるか知りたいのだ。社内の優秀な人材への継続的リクルートの一環として、次のすべてに取り組んでいると示すとよい。とにかく継続することだ。

あなたのもとで仕事を続けるか、社員が決断する時に知りたいこと（あなたが答えるべきこと）

1　競合相手と異なる、あなたの会社の特徴は何か？
2　あなたのリーダーシップの独自性は何か？

3　あなたは倫理意識を規範として備えているか？　それを具体的に行動で示しているか？
4　あなたと仕事をすると、どのような報酬プログラムを提供してもらえるのか？
5　リーダーであるあなたが、常に成長しているのがわかるか？　進化しているといえるか？

頼れる相談役：信用できるアドバイザーを探す

どんなに偉大な起業家でも、単独で仕事をしているわけではない。さまざまな理由で助けを必要とする。1日の時間は限られている。自らの知識は特定の分野に限定されているし、物事を見通す力を備えるには、他者の見解も必要である。

マフィアのファミリーには、賢明な助言を提供するコンシリエーレ［イタリア語で顧問］という役職が特別に設けられている。そうした役割の重要性は、ビジネスの世界にも当てはまる。ウォーレン・バフェットが注目を集めているが、その成功には彼の会社の副会長、チャーリー・マンガーが欠かせない。スティーブ・ジョブズには、アップルを共同で設立したスティーブ・ウォズニアックがいる。マーク・ザッカーバーグは、ショーン・パーカー［フェイスブック初代CEO］に鼓舞されてビジョンを拡大し、COOのシェリル・サンドバーグがそれを実行に移してくれる。

ネットフリックスの事業に14年間携わったパティ・マッコードは、『NETFLIX最強の人事戦略　自由と責任の文化を築く』の著者でもある。彼女の専門は人材管理で、ネットフリックスでの役職は最高人事責任者だ。彼女の大いなる価値は、CEOのリード・ヘイスティングスに対する挑戦的な姿勢にあると私は考える。彼女にインタビューしたとき、ヘイスティングスが重大なスピーチを翌日に控えていた日の話をしてくれた。マッコードは、おどおどした表情でパソコンに向かい原稿をタイプしているヘイスティングスに気がついた。

ヘイスティングスは、一個人としてはエンジニアの仕事で成功を収めてきたが、リーダーとしては必要なことをやっていないのではないかと、マッコードは感じた。ヘイスティングスの顔を覗きこんで言った。「バグの修正じゃあるまいし、何をせこせこやってるの。いつまでもオタクのエンジニアでいないで、リーダーらしくして」。忘れないでほしいが、自分をクビにする権限があるヘイスティングスに向かって、マッコードはこの言葉を発したのだ。ヘイスティングスは14年間マッコードを手放さなかったうえ、車で2人一緒に通勤していた。理由は？　マッコードが彼に挑むことを厭わず、彼の盲点を指摘する人間だったからだ。

自信のないリーダーは、何でも「イエス」と従ってくれる人を自分の取り巻きにする。一方、力を発揮するリーダーは、自分に挑んでくる人たちに囲まれている。そのうえ自分より頭の切れる人を見つけて、そうした人材を、とりわけ自分が苦手な分野で採用する。

私のオンライン動画では、よくマリオが話に登場する。私が特に頼りにしている男の1人だ。動画制作をスタートした当初、私はカメラを意識してうまく話せなかった。マリオの素晴らしい力のおかげで、私は照れたりあがったりせず自分の良い面を出せるようになった。肩書では私が上だが、マリオは臆せず、コンテンツやチャンネルのブランドの品質を保つため、高い水準を私に要求する。

将来的にあなたの相談役、コンシリエーレとなる人は、既に知っている誰かかもしれない。価値観が同じで、性格が異なる人物を探すのがポイントだ。あなたがせっかちで頭に血が上りやすいなら、冷静で慎重な人がふさわしい。内向的な人は、外向的な相手を見つけよう。批判的で手厳しい傾向があるなら、共感的で受容的な人を探す。どんな性格であっても、落ち着いていて自身の感情をコントロールできる人物であることは重要だ。

ビジネスでも人生でも、親密な付き合いの内輪とみなす相手を、私は注意深く選んでいる。妻のジェニファー・ベトーデイヴィッドと結婚した理由の1つは、私を精神的に落ち着かせてくれる、唯一の存在だったからだ。その他人生のさまざまな場面において、私は頼れる相談役をテーマに応じて見つけ、数少ないがそうした人々との関係を築いてきた。

重大な決断に迫られている最中には、私は多様な見解をバランスよく検討することを重視し、異なるタイプの2人の人物を会議に呼んで、問題への対応を手伝ってもらう。2人の見解が両極端だと、なおのこと効果的だ。2人に問題を提示したら、ただ座って、両者の意見のやりとりを見守る。議論に火をつけるために、時おり質問する。問題のあらゆる側面について確かな説得力のある議論を十分に聞きたいのだ。両者の異なる見解の衝突によって、私は真実に近づける。

ウェブコンテンツのライターをやっている友人がいる。彼はせっかちで、完璧は完成の敵、というのが基本信条だ。一方、彼のパートナーはものすごく忍耐強く気長で、気忙しさはプロ意識の敵、と信じている。陽と陰といえる2人の対照的なアプローチから、どちらかに偏ることなく補い合って、双方のあいだに適切なバランスが生まれる。マリオと私にも、似たような力学が作用している。対照的なアプローチを意図した2人組、「良い警官／悪い警官」の役柄を、わざわざ演じる必要はない。私たちは、価値観は同じだが気質が違う。だから、マリオはごく自然に私の偏りをバランスよく調整し、私が最悪の状態に陥らないよう救ってくれる。マリオも、私に幾度となく救われたと言うだろう。そんな話をして笑い合いながら、一緒に仕事をして旅をする。私は数値で考えるのが好きだが、影響し合い、思い出を分かち合う者がいる素晴らしさは、数値化できないほど価値がある。

信用できるアドバイザーとは

1　問題対応力があり、先読みの思考ができる。
2　あなたと同じ価値観をもつが、気質は異なる（あなたの弱みが、強みである）。
3　プレッシャーを受けても冷静である。
4　躊躇することなく、あなたに挑み、盲点を指摘する。
5　個人的な意図で行動することはなく、誠実である。

ドニー・ブラスコの潜入を許さない

要職の採用に先立ち、人物評価とリスク調査（デュー・デリジェンス）を怠る経営者は、大きな過ちを犯している。会社に大変望ましい人材を迎え入れたとしよう。仕事は優秀で、誰からも好かれる。社内で影響力をもつ地位まで昇進させる。あなたは心から彼を信頼し、余すところなく情報を共有する。あなたの信頼が踏みにじられるとは、思いも及ばない。

裏切りが発覚するまでは……。

ドニー・ブラスコの名は、映画『フェイク』や書籍でよく知られていると思う。実在のFBI捜査官ジョー・ピストーネが、マフィアの組織に潜入していたときの変名が、ドニー・ブラスコだ。覆面捜査官として6年間、ボナンノというマフィアのファミリーに加わり、組織のリーダーでソニー・ブラックの名で知られるドミニク・ナポリターノら上層部の信頼も勝ち取った。結果的にピストーネの潜入捜査のおかげで、FBIは212名のマフィアを逮捕した。

潜入から6年経ち、FBIはピストーネをマフィアから連れ戻そうとしたが、ピストーネは組織に残って正式な成員「メイドマン」になると言う。結局、FBI捜査官がマフィアのもとに行き、ソニー・ブラックに、実はドニー・ブラスコとして知られる男はFBIの者だと告げた。ソニー・ブラックは「あり得ない」と答えた。

その後、ソニー・ブラックは殺害され、両手を切断された死体が発見された。組織の活動にFBIのスパイを関わらせたことに、マフィアのボスが激怒したためである。組織の誰もが仲間とみなしていた男がスパイだったとは、極めつけの屈辱だ。

マフィアほど怪しげで信用できない組織はないだろうが、その成員はドニー・ブラスコという男を信用していた。この点を、教訓として理解してほしい。どんなに信頼できそうに見えても必ず人物照会などリスク調査をすべきだ。特に、競合相手に知られたくない機密情報へのアクセスを認める相手については、調査が必須だ。その人物と時間をかけて向き合い、質問を投げかけよう。評判を他の人に聞こう。行動を観察しよう。本当に信頼できるのかを完全に知ることはできないが、どういう人物か感触はつかめる。そうすれば、一定の状況において業務の特定の領域に限ってであれば、信用しても大丈夫だろう。

マイケル・マッゴーワンは30歳のＦＢＩ潜入捜査官で、ロシアン・マフィアと、コーサ・ノストラという組織の３つのファミリー、及びメキシコを中心とした国際的な犯罪組織であるシナロア・カルテルに密接に関わっていた。マッゴーワンに、なぜボナンノのファミリーはドニー・ブラスコに組織内部への潜入を許してしまったのかと尋ねた。答えは明瞭だった。欲だ、という。目先の利益しか考えず、役に立つ男に気を許したせいだろう。ドニー・ブラスコの実話は、会社の内部機密へのアクセスを誰かに認める前に、調査を怠ってはならないという教訓としてうってつけである。

経営者は、社員のことなら彼らのセラピストや配偶者以上に知っていると思いたがる。しかし、そうはいかない。あなたの補佐役がギャンブル癖を隠しているのを知る由もない。ＣＦＯ［財務責任者］が、トラウマとなった人生経験のために誤った決断をしかねないとは知らない。相手の魂まで見透かそうとするのではなく、以下のように情報を活用し、系統立てたアプローチで、新規採用者を調査するといい。

要職の採用に先立って確認すべき5つの事項

1　人物照会の問い合わせを、どのような内容で何件行ったか？　採用候補者と一緒に仕事していた人に連絡をとって、その人柄を確かめたか？

2　その人物は好ましい点（あなたにとって、その人が必要な理由）があるとしても、基本的なスキルセットが欠けた人間ではないか？

3　身元調査を行い、リスク要因になり得る点が過去にないか確認したか？

4　履歴書のあまり好ましくない部分について質問したか？　例えば、2年間の長期有給休暇を取得していたら、理由を確かめるため踏みこんで質問したか？

5　契約内容として、90～120日の試用期間を設けると示したか？　新規採用者の業務を評価する時間を十分にとるためである。その人にとっても、改善が必要な点、そのために努力すべき点が、試用期間中にわかる。

採用時にこうした確認を徹底する重要性を、ぜひとも強調しておきたい。間違った採用をしても、毎日その人に金を払うのだ。採用時の調査が重要な理由を、ネットフリックスの最高人事責任者だったパティ・マッコードは、2014年1月『ハーバード・ビジネス・レビュー』誌への寄稿で次のように説明した。

会社の利益を第一に考えられる人、優れたパフォーマンスの必要性を理解し職場に貢献できる人を、注意深く採用すれば、97％の従業員は正しいことを行うものだ。それでも残りの3％が問題を起こすから、多くの会社は、人事ポリシー（人事施策）の策定や強化に延々と時間と金を費やすことになる。だが、わが社の場合は、問題となる人を雇わないよう、採用の時点で厳選することに力を注いだ。そして採用後にやはり間違いだったと判明したら、辞めてもらう方針である。

分け前が意欲に：所有権を与えてチームを強化する

米国が、移民人口ナンバーワンなのはなぜだろうか？　2位のロシアを大きく引き離し、4400万人以上の移民がいるのはなぜか？　米国は、人口数でも国の面積でも世界一ではない。しかし、他の国がまず提供できないものがある。正当な権利と富を手にするチャンスだ。米国に渡ってビジネスを始め、オーナーになれる。土地など不動産を購入し所有できる。すなわち、アメリカンドリームだ。国の一部を分け前として自分のものにできる可能性がある。

結果として米国は、とりわけ優秀で勤勉な人々を引きつけた。あなたも会社に優秀で勤勉な人材を引きつけたいのでは？　ならば、分け前を提供すべきだ。

私は仕事を始めたころ、勤めていた会社でトップクラスの稼ぎ手だった。3章で述べたように、会社の経営方針に満足できず、16ページもの提言書を経営者宛てに綴った。主要な社員に対して株式保有か利益分配の機会を与えるべきだ、という要望も伝えた。

所有権も利益分配もないと、自分をただの従業員としか感じられない。株式が付与されない以上、稼ぎ頭のセールスマンであるにもかかわらず、会社との一体感はなく、敵対関係に思える。会社は、私を失うと収益が数百万ドル［数億円］下落する可能性がある。私もオーナーだと思える要素がわずかでもあれば、会社に留まるインセンティブになる。

要望に対する経営側の回答はノーだった。そればかりか、抱えている数千の顧客の契約更新料がもたらすコミッションの実入りの良さを考えれば、私が辞めるはずないと高を括っていた。私としては、会社が最大の保険代理店に成長するよう貢献し、いつの日かそのCEOになるという大きな計画があった。

私はこう切り返した。「更新手数料さえあれば、会社を辞めないと思っているんですか？　私がそんなちっぽけなことしか考えないと？　何もわかっちゃいない」

こうして、辞めた。何らかの所有権を求めるのは私に限ったことではない。野心的で大きな夢を抱く才能ある人なら、誰でもそう思う。常日頃から、雇われて仕事をしている人にこう助言している。組織のトップのところにいって、会社の一部を自分の分け前として得るためには何をすべきか、訊いてみよう。「何をやっても分け前はない」との答えなら辞めたほうがいい。「これをこうしてくれたら」

と言われれば留まり、所有権の条件として会社と設定した目標を達成する。

何もせずに何かを得ることはできない。「自分は才能があって腕もいいので、会社の分け前が欲しい」と言っても無駄だ。欲しいものを得るためには何かを成し遂げねばならない。そして、目標とする指標が適切ならば、雇っている側にとっても、社内で業績を上げている者にとっても、好ましい結果となる。また、退職を匂わせて脅すのは効果的ではない。株式を得るのに必要な、具体的な業績目標を聞きだすことが重要だ。

あなた自身がビジネスオーナーである場合、社員への株式の付与に迷いがあるかもしれない。「パットの会社は大きくて収益が多いからできるんだ。自分のビジネスはあまり大きくない。そんな報酬制度は導入できない」と言うなら、あなたは目前の1手しか見ていない。先読みするグランドマスターとは大違いの思考レベルだ。名人なら、利点を見いだすまで突きつめて考える。ただし、会社でさっそく株をばらまけという話ではない。ほんの少しの株の付与でも、社員は会社の経営に自分が関与し、長期的な関係を結んだ気になると指摘したい。

スケアシティ・マインドセット［欠乏感］に捉われている経営者は、何かが足りないということばかり考え、不十分な現状に、さらに何らかの災いが起こるのではと感じている。

考え方を変えるには、思い描く「未来という現実」の実現を100％確信しなければならない。気持ちが揺らぐなら、具体的な計算の出番だ。あなたの会社の過去5年の収益が平均1000万ドル［約10・5億円］で利益率が15％としよう。つまり純利益は150万ドル［約1・57億円］だ。事業拡大のためにジョニーを雇いたいと考えたが、彼は一定比率の株式保有かボーナスを得たいと主張する。あなたは、まずは尻込みする。ジョニーは、1000万ドルの収益を1500万ドル［約15・7億円］に増やす貢献をしたら、25万ドル［約2600万円］のボーナスが欲しいと言うのだ。はじめのうち、あなたはそんな大金は払えないと答える。

だが計算してみよう。それだけ収益が増えると、純利益は150万ドルではなく225万ドル［約2・36億円］になる。75万ドル［約7900万円］増えるなら、ジョニーへの25万ドルをためらう理由があるだろうか？ 50万ドル［約5300万円］は会社の金になるのだから、ジョニーの奮闘に25万払っても、実際にはその倍が懐に入る得な話だ。（この例は、これから伸びる会社を想定している。既に右肩上がりの業績の会社なら、現在の成長をジョニーがさらに加速させる能力に応じて、報酬を設定しよう。例えば、過去3年の成長率が20％だったところ、ジョニーが年50％成長に引き上げたら、30％の増大は彼の成果と評価する）

インセンティブとなる報酬制度の導入を拒むのは、正当な理由はなく目先のことだけ考えて拒絶しているにすぎない。それでもまだ導入に抵抗があるなら、会社の誰もが共通の未来を望んでいると想定してみると、短期的な思考法はまったく理屈に合わないとわかるだろう。つまり、社内で働く誰もが、自分も経営者も豊かになるよう、さらに利益を生みたいと思っている会社ほど、素晴らしいものはない。

ビル・ゲイツは、マイクロソフトで働く人々がもたらしたあらゆる富を、分配するのを惜しんだだろうか？　ビル・ゲイツは、会社の成長速度と株式市場の動向を先読みしていたので、自社株の購入権を与えるストックオプションではなく、株式そのものを与えることにして、功績を上げた人に利益がわたるようにしたほどだ。ある推計では、マイクロソフトから資産10億ドルを超える大富豪が3人（3章で述べたとおりスティーブ・バルマーをお忘れなく）、100万ドルを超えるミリオネアが1万2000人生まれたとの話だ。

富を築くには、経営者である自分だけでなく、社員にも豊かになる機会を提供するといい。株式の付与がモチベーションになる社員もいれば、利益分配が意欲につながる人、高給を好む人、ボーナスを望む人もいる。他に、長期的な安定雇用を求める者もいる。人それぞれである。あなたが求めるタイプの人材を引きつけ定着させる、適切な報酬制度を設計することが大切だ。

私としては、社員に対して、ボーナスよりも株式を付与し利益を分配するほうを好む。会社にふさわしい人材が自分のもとで長く仕事をする可能性が高くなるからだ（次節で具体的に述べる）。それに、持ち家に住む人のほうが借家住まいよりも自宅を手入れするのと同じで、会社の一部を所有しているという意識を社員に与えると、彼らのマインドセットは一変する。途端に自ら行動して仕事に打ちこむようになり、自分の収入増だけでなく会社の価値を高めようと意欲が湧く。

こうしたことはいずれも、一般的な良識があれば判断できるはずだ。それなのに、「安物買いの銭失い」のような経営をしがちである。あるヨーロッパの企業の例を挙げよう。欧州大陸最大級のバッテリー製造会社だ。成長率が年2％しかないため、私を訪ねてきた。CEOと会って、まず質問した。

「セールスパーソンにいくら払っていますか？」

「月2500ドル［約26万円］です」

「なるほど。それに加えて、いくら彼らはもらえるんです？」

「どういうことでしょう？」CEOは訊き返した。

「月給に加算して、業績に応じてもらえる金額はいくらなのでしょう？」

「加算はありません」

「ないんですか？」

耳を疑った。業績にかかわらず毎月2500ドルとわかっていて、どう頑張れというのだろう？

そのCEOは、利益分配方式の導入を重点策として報酬制度を改めた。変更を実施してほどなく、会社の成長率は25％増加した。成長の鍵は目の前にあるのに、気づいていないだけのときもある。報酬制度を見直すと、社内の人々は「分け前を得た」気持ちになり、さらに長く一生懸命にクリエイティブに仕事をするだろう。

最初の出会いで判断しない：ゴールデン・ハンドカフ［黄金の手錠］を用意する

具体的な戦略はこうだ。社内の主要な者に株式を付与する。ただし、直ちにではない。獲得したいと思わせる。

あなたは賢明で人を見る目もあるだろう。だが、相手の心を読める者はいない。将来性のある社員は、一目で有望と感じられるかもしれないが、財産を与える前に人物をよく知る必要がある。株式の付与までに待機期間を設けよう。自分は会社にふさわしいと示そうと、彼らが自分をあなたに売り込む時間が生まれる。私はいつも、社員に信頼してもらうために売り込みをかけている。わが社の使命やビジョンを彼らに常に再認識してもらうのは、私の仕事の一部だ。得られる収入や将来の見込みを、社員に売り込む。企業文化を彼らに売り込む。私は自分が立ち上げた会社を信じており、彼らも信じていると確かめたい。

採用されると、社員は自分を売り込むのを止めてしまう。もう会社に属しているので、後は普通に仕事をこなせばいいと考えてしまう。それは違う。社員がこの職場で働きたい、仕事が楽しいと思っていることを、私は実感したい。会社の目標達成のために各自の方法で貢献できるという、彼らの信念を感じたい。彼らの言動に私は注意を払っている。その言葉と行動が会社の求めるところと一致すれば、彼らは自分の売り込みに成功し信頼を獲得できたことになる。

採用した相手に対して即座に判断を下してはいけない。時間をかけて様子を見ながらアプローチするほうがよい。完璧で才能豊かに見えても、あなたが育んだ企業文化にそぐわないかもしれない。採用面接時や入社直後は、彼らは最善を尽くして行動する。そのまま鵜呑みにしてはいけない。さらに自分を売り込んでもらうのだ。

あなたのチームへの株式報酬制度は、型通り算出するサイエンスではなく、会社と社員の将来性を先読みする思考が求められる「ワザ」だといえる。うまくいけば、次の3つを達成できる。

1　チームメンバーの意識が、従業員のメンタリティー（思考パターン）から、ビジネスオーナー的なメンタリティーに切り替わる。
2　会社の価値を高めるために、より勤勉かつ賢明に仕事する動機づけになる。
3　考え抜かれた報酬制度の構築により、社員の定着率が高くなる。

会社を創設してわずか2年で、私は株式報酬制度を策定した。金融サービス業はその性質上、契約更新のコミッションが手元に残るので、おのずと定着率が高くなるのは事実だ。しかし私はそのレベルで満足せず、より良いものを目指した。この業界を大きく変えるような報酬制度を求めていた。

制度設計に取り組むにあたり、私は作曲家や振付師と同様の方法をとった。整備された報酬制度を考案するのは、素晴らしい音楽を生むのに等しい。ハンス・ジマーは数々の映画音楽を手掛けアカデミー賞作曲賞も受賞した作曲家だ。ハンス・ジマーが際立っているのは、用意したさまざまな旋律をまとめあげて、映画全体に完璧な効果を生む術を心得ているからだ。同じことが、効果的な報酬制度にも当てはまる。すべての要素を適所に収めて、報酬プランのパッケージ全体として最大の効果を生む必要がある。大袈裟に聞こえるかもしれないが、それくらい厳密に詳細を詰めねばならない重要なことだ。効果的な報酬体系の構築の鍵は、次のとおりである。

1　どのような業績や成果を評価するための報酬体系なのか、明らかにする。

2　自分の業界における現行の報酬体系を調査する。まずは既存の制度を知ったうえで、現状を打開する改変を行う。

3　方法としては、3種類のインセンティブ報奨を設けるとよい。1種類だと社員にとっては報奨を得るか諦めるかでしかないが、複数の種類があれば報奨の獲得を目指す気になり、より効果的なインセンティブとなる。

私の設計したプランでは、エージェントになって2年以内に、株式の保有が認められる。付与の具体的な手続きは複雑である。あなたの会社で実施する段階になったら、専門のCFO［財務責任者］か、細かい処理を担ってくれる外部のコンサルタントが必要だ。

全体の流れとして、あなたのチームは会社の株式を保有し、時とともに持ち分が増えていくことになる。やがて彼らもビジネスオーナーであると感じ、オーナーのように利益を得る（同時にあなたも豊かになる）。結果として、自分の収入を最大限にするために、会社に留まる意義があるとわかるだろう。1976年に生まれたゴールデン・ハンドカフ［黄金の手錠］という言葉は、会社に属すかぎり富を得られる状況を示す。

何はともあれ、相手に適切に報いなければ、人は報いてくれる他者のもとへ去る。

人材の確保と定着のために認識すべきこと

- 社員は、努力に対して適切な報いを求めている。
- 際立った業績を上げる者は、会社の成功に貢献したいと考えている。
- 影響力をもつ組織の一員であることを、社員は望んでいる。
- 自分の行っている仕事を、仲間の前で評価されたいと思っている。
- 社内で成長できる機会があるか、社員は知りたい。
- 昇進や業績評価について、会社が社員に求める水準を明確に示してほしいと思っている。目標とするその水準を、恣意的に変更せず一定に保ってほしいと社員は考える。

社員に何を求めるか、早期に明確なコミュニケーションを重ねる

人の性格は変えられるものではないと思いがちだ。そのため、新規採用者の好ましくない習性が判明すると、採用は失敗だったと考える。だが実際には、その人を成功に向けてトレーニングできる可能性もある。大切なのは、社員の仕事ぶりを観察したうえでフィードバックを提供し、コミュニケーションを深めることだ。適切なコミュニケーションにより社員に自らの置かれている状況を伝える実

践は、次のような理由で大切だ。

1 社員にとっては、具体的な行動や改善点を指示してもらえれば、仕事を続けるために何を行うべきか、理解しやすくなる。

2 経営者にとっては、具体的なコミュニケーションで伝えたにもかかわらず、社員がそのとおり行動しないなら、公正かつ客観的な判断でその社員を辞めさせられるようになる。

3 こうしたコミュニケーションをとりつつ、その社員の代わりに仕事を成し遂げる別の人材探しに着手すれば、人材確保の点でも利点がある。最善のシナリオなら、その社員に改善が認められ、かつ、あなたにとって「ベンチ入り選手」となる別の人員が新たに増える。改善されず辞めることになっても、早めの人材確保により、業務を切れ目なく引き継ぐ人員を配置できる。

社員に求めることは明確に伝えよう。「ボブ、君は時間に正確な人間だと言っていたが、この半月で3回、遅刻している」

「でも、たった8分です」とボブは答える。

「8分も遅れたら十分じゃないか。自分は信頼できる人間だと、君は言ったはずだ。会社としては社員に時間を守ってほしい。こういうことが続くと、お互いにとって問題となると覚えておくように」

高水準の期待値についてあなたが妥協したら、低水準を容認する職場環境を生んでしまう。そうなったら下り坂を転がるだけだ。

ボブにこのように率直にアプローチすると、クビになるまえに自分から辞めるという選択肢を与えることになる。多くはこの選択をするだろう。新規採用がすべて大当たりとはいかない。ふさわしくない人がいたら、期待する水準を明確に示し、それに達していないと伝えるべきだ。時には、指摘を受けてから、驚くほど進歩する人もいる。

ここで、ボブの行動に引き続き問題があるとしよう。彼を辞めさせるときが来ても、行動を改めるべきと伝えてあるから驚かれることはない。「わかっていると思うが、半月に3回の遅刻は問題だと伝えたのに、まだ遅刻が続いている。残念だが辞めてもらうしかない」と伝える。

単刀直入だ。ただし、あなたの会社が時間どおり出勤する必要のない業種で、それでビジネスが成功しているなら、この話とはまったく状況が違う。クリエイティブな分野なら、編集者やソフトウェア開発者が好きな時間に出社しても、仕事をこなしているかぎり問題ないだろう。あなたの業界で、それでうまくいくなら結構だ。しかし従業員の時間通りの出勤が不可欠な業種なら、妥協はできないし、悪い振る舞いを蔓延させてはいけない。

ボブの例を話したのは、雇用と管理の方法次第で解雇を減らすことができ、辞めさせたときの後味の悪さも軽減できると伝えたいからだ。では、解雇する場合の具体的な方策について、詳しく述べたい。

辞めてもらうには事を荒立てず、くれぐれも穏やかに

経営者にとって特に難しいのは、解雇を適切に行うことである。不適切なやり方は、企業文化を損ねてしまう。従業員が結果を出せないのは、経営者の自分に何らかの責任があると認めて、なるべく共感的なマインドセットでこの憂鬱な仕事に取り組もう。相手に怒りをぶつけてはいけない。円満な方法でクビにする方法を習得してほしい。

こうしたスキルは経営者にとって重要なのに、まったく注視されていないことが多い。解雇する際、常に背水の陣の覚悟で臨む者はまずいない。社員への共感が欠けているくらいなら、まだまともなほうで、ひどい場合は残酷でいじめのようなやり方で解雇する。また、経営者が行動を起こせない事例もある。問題となる従業員にたびたび警告するが、辞めさせる判断ができないのだ。好ましくない者が1人いると、その態度や行動は従業員全体に悪い影響を及ぼす。

誰かをクビにするのを、交際相手と別れるのと同様だと考えてみよう。破局の気まずさを避けるには、昔からあるセリフが頼りになる。

「君のせいじゃないんだ。僕のせいだ」

「僕らの関係の先行きを思うと、この日が来ることはお互いわかっていたんじゃないかな」

「私が悪かった」

怒り、悲しみ、屈辱など別れの状況で湧きおこる強い感情をできるだけ抑えるために、友好的になろうとする。それに似た言い回しは、会社を辞めてもらうときも頼りになる。「我々は、考え方が違っただけだ。君は、きっとどこかで優れた仕事をするだろう」、あるいは「あなたは才能豊かだ。すぐに別の仕事が見つかるだろう。人物照会の際は喜んで協力したい」

だが概して、古典的な別れの言葉だけではうまくいかないものだ。相手も愚かではない。みんな人間だ。だから、彼らに敬意を払う必要がある。単に手際よく行えばすむ、人物照会に応じればすむ話ではない。彼らはソーシャルメディア上であなたについて何か発言するかもしれない。こちらの評判を傷つける書き込みはごめんだ。

辞めてもらうときは、事を長引かせるべきではない。かといって、カッとして衝動的なのも良くない。時がすべての傷を癒して問題を解決してくれるわけではないし、ある日突然、無能な者を有能にする魔法もない。はっきり警告しても相手が応じなかったら、改善のチャンスを再度与えなくていい。改まる見込みはない。辞めもらうという出口を面談で示し、きっぱり終わりにしよう。同時に、片っ端から解雇するようなやり方もいけない。怒りっぽくなり、間違いや何か不愉快なことがあるたびに誰でも切ってしまうなら、オフィスに残っているのは結局あなた1人になるだろう。それに、そもそもあなたが雇ったのが誤りで、その結果として相手をクビにしようとしているのだと、自分の責任を肝に念じるべきだ。

フートン・サッラフのことを思いだした。フートと呼ばれた私のアシスタントだ。好感のもてる人物で、気に入っていた。だが、仕事ができるから彼を気に入っていたのではない。事実、史上最低、世界最悪のアシスタントといえるだろう。物事が整理できず、業務の遂行に支障があった。でもすごくいい奴で、彼と付き合うのが好きだった。

ある時点で、彼の欠陥を容認できなくなり、オフィスに呼びだした。「フート、良いニュースと悪いニュースがある。どちらから聞きたい?」と言うと、悪いほうからと答えた。「そうだな。まず、君は、アシスタントとして、まったくなってない。だから辞めてもらうことにする」

「良いニュースは?」とフート。

「私は君を信じている。心優しい素晴らしい人間だ。きっとうまくいく。アシスタント以外のポジションならね」。そして、彼が人生で何をやりたいのか、本当は何者になりたいのか、話し合った。ずっと前から、世界中で最高の波を求めてサーフィンしたいと思っていたと彼は打ち明けた。私は夢を追うよう勇気づけた。それから10年、彼はひたすら夢に向かって進んだ。馴染みのビーチでサーフィンを教えレストランで働き、金を投じて中国、ニュージーランド、オーストラリアに素晴らしい波を求める冒険に出た。旅から戻ると、冒険の話が尽きない。彼のことを、まるで弟のように感じる。それと、アシスタントの仕事には二度と応募しないはずだとも思っている。

パティ・マッコードの言葉に、私の考えが見事に凝縮されている。「チームに『Aランク』のプレーヤーだけ欲しいなら、それに見合わないスキルの者を、潔く外すべきだ。かつて価値ある貢献をしていた人物であっても、手放してよい」

解雇《ターミネイト》のための6つのテクニック（優れたターミネーターになる）

さまざまな経験を経て、次の項目をまとめた。解雇すると、あなたが訴えられる立場になり得る点を理解してほしい。したがって、従業員の解雇の前に、できれば会社の顧問弁護士か人事部に相談しておくべきである。

1　**事を荒立てない**。終わりを告げるときが来たら、演技して取り繕ったりしないほうがいい。相手を責めてはいけない。責められてもやり返してはいけない。従業員を非難したら、誰もあなたのもとで仕事をしようとしなくなる。あなたが非難されたなら、辞めたその人が他で職を得るための人物照会に、応じなければよい。

2　**一気呵成に**。辞めてもらうなら、事を長引かせない。クビになるのはショックだろうし、衝撃が抗議に変わることもある。そうした流れを引き伸ばすべきではない。あなたの決断の正当化や、相手がクビになって当然という証明に時間を費やす必要はない。無意味だし、時間と精神的な労力を無駄にするだけだ。

3　**断固として、かつ穏やかに**。事を荒立てないよう、念を押しておきたい。あまりに頑固で、みんなを叩きだすような堅物になってほしくない。断固とした態度とは、迷わず速やかにやりとげるという意味だ。「議論よりも決断」と意識すること。互いにうまくいかなかったのだ。あなたも相手も前進あるのみ、それに尽きる。

4 **相手の気持ちを理解する**。例えばこんなふうに声をかける。「これが君にとって腹立たしく失望する状況であろうことは理解できる。私も以前、クビになった経験がある。確かに辛いことだ。君が何を考えてどんな気持ちか、心底よくわかる」。相手の言葉に耳を傾け、その人が表わす感情は「理解できる」というメッセージを送ろう。「腹が立つ気持ちはわかるよ……」

5 **出口戦略として相手と向き合う**。自分が雇った従業員を、自分の取り巻きがクビにするのはまずいやり方だ。間違いなく、その従業員は辞めてから根にもつ。では、あなたが雇ったジョンがスーのもとで働いている場合はどうするか？　スーに同席してもらったうえで、あなたからジョンに悪いニュースを伝えるべきである。予告なしの即時解雇ではなく、面談して出口を示すといい。蹴り出すようなことはせず、意向を伝え共感を示して辞職にもっていく。例えば社外の業者を断るなら話は別で、電話で済ませても構わない。しかし、あなたのオフィスで仕事をしている者については、辞めてもらう前に直接話す機会をつくる必要がある。

6 **相手の長所を伝える**。出口を示す面談に加えるべき内容である。長所をいかに生かせば次の仕事で成功できるか、示唆するとよい。「あなたはXがとても得意だ。だからYをやるのに、すごく向いていると思う」。その人の得意分野に基づき次の職探しを助ける指南役となって、共感的に接する。このアプローチによって、相手は辞めてからもあなたの会社のファンであり続けるだろう。

採用はじっくりと、解雇は速やかに。採用した人物が会社にふさわしいか、十分時間をかけて確かめよう。だが、間違いだと確信したら、その社員をいつまでも留めて、会社の生産性やモラルを損ねてはならない。

ここまで読んで、ソロプレナーからの脱却を考えてくれたらうれしい。1人だけの会社が及ぼす影響力は限りがある。独力で10億ドル［約1050億円］企業は築けない。

7章 理念とする原則に基づき企業文化《カルチャー》を育む

リーダーシップとは、あなたの存在により他者が向上することであり、また、その効力をあなたの退任後も確実に存続させることである。

――シェリル・サンドバーグ（フェイスブックのCOO、Ｌｅａｒｎｌｎ．ｏｒｇ（リーンイン）（女性の活動を支援する団体）の創設者）

あなたが無神論者であっても不可知論者［神の存在を立証も否定もできないとする考え］であっても、信仰に通じる要素がビジネスにはつきものだ。現に私は、世界の宗教研究から学ぶところが多いと思っている。あらゆる宗教に共通する2つの要素は何か？　熱心な信者と、儀礼である。ビジネスも、それを信じる人なくして成功するはずがないのでは？　企業文化《カルチャー》として、特定のシンボル、標語、信条をもたない会社があるだろうか？

グーグルはある種の宗教だ。アップルもそうだ。サウスウエスト航空も、ウォルマートもだ。各社のCEOはそう思うまい。しかし、どの会社も「戒律」に従い、ソーシャルメディアやその他の媒体を通じて伝道を行い、自らのビジネス戦略と文化的規範を固く信じている。

私も信じており、その信念が会社に活力を与える。困難なときに会社を支え、好調なときには勇気づけてくれる。熱心な信者は不敵だ。したがって、どんなベンチャービジネスの起業であれ、社内のみんなは同じ信念を抱いて1つになるべきだ。

ビジネスでは、優れたアイデアがあり才能豊かな人がいれば十分かというと、そうではない。戦略と人材を重要視する経営者は反論するかもしれないが、それだけでは不十分だ。共通の理念と価値観のないチームは、潜在的能力を最大限に発揮できない。いかに優れた新製品を開発しているか、いかに優秀で有能な者を雇っているかは問題ではない。価値観の共有なくしては、何かを築いてもそれを維持できないのである。

まずは、自分が何者になりたいかを知るのが大切だ。その上で、起業した自分の存在の有無にかかわらず、組織全体に確固たる信念を根づかせ存続させることが重要だ。それを成し遂げる方法を、この章で学んでほしい。

理念に基づく原則を定める

会社を立ち上げた直後、当時ガールフレンドだった今の妻とハワイにいた。ハワイというロマンチックな場所で、滞在先の上階の部屋で、おのずと若いカップルらしい時間を過ごした。「ドント・ディスターブ［邪魔しないでください］」のドアプレートを掛けると、80年代のバンド、ザ・システムのヒット曲「ドント・ディスターブ・ディス・グルーヴ」が頭に浮かび、「ドアにサインを掛けて〜。この絶好調のノリを邪魔しないで〜」と歌い出した。施錠を確かめ、さっそくやるべきことに取りかかった。ここでいう「やるべきこと」とは、実は、ペンと紙を使った作業だ。「さあ、僕らが指針とする価値観と原則のリストをつくろう。いくつ、思いつくかな」

すぐに43個もリストアップできた。それを10個に絞っていった。

ガールフレンドとハワイで過ごしているときにおかしなことをすると思うだろう。だが、周囲の誰もが知っているとおり、私は原則にこだわりがある。子どもをもつと決めたときも、妻のジェニファーと私はやはりリストをつくった。結果として、私たち家族の文化が生まれた。拠りどころとなる立脚点である。明瞭な価値観に沿った原則があり、それを私たちは繰り返し確かめてきた。

私たち家族の立脚点

- 前進——どんな状況に直面しても、前に進む必要がある。

- 敬意——誰もが何かを教えてくれるから、相手を敬おう。
- 向上心——どんなことも、成果を上げるには向上心が必要だ。
- 愛情——誰もが人生の困難に立ち向かっていることを理解して、愛情をもつ。

私たちが容認できないこと

- いじめ、及び、いじめられること

私たちの主な価値観

- **勇気**　他者に挑むことを恐れない。
- **知恵**　正しい選択をする。
- **寛容**　向き合っている相手は人間なのだから、絶えず変化することを受容する。
- **理解**　一人一人が異なる考えと価値観をもつことを認識し尊重する。

こうした内容を何度も繰り返し伝えているので、子どもたちは耳にたこができている。会社では、私が幾度となくこの信条に言及するので、いつもチームメンバーにからかわれる。だが、人に笑われるくらいでないと、自分のメッセージを十分伝えているとはいえない。

家庭でも職場でも、なぜ私は原則に執着するのか？　それは、繰り返しと積み重ねで力が身につくと信じているからだ。チームと家族には、この価値観と原則が常に頭に浮かぶようになってほしい。

起業した人が、仕事のうえでさまざまな問題を抱える様子を見てきた。従業員が、仕事中にアダルトサイトを閲覧している、倫理に反する方法で仕事を獲得している、何とか生活できる程度に働くだけでより良い仕事をする努力をしない、などだ。問題に悩む経営者は往々にして、自らの価値観が確立していない。または、信念は明らかでも、従業員に十分に浸透するまで繰り返し伝えてないし、実際に行動で示していないのだ。

拠りどころとなる原則を体現する

百貨店のノードストロームに、6歳の息子のディランと出かけたときだった。息子が大騒ぎしたり私の背中によじ登ったりするのをみて、笑顔を向けてきた女性がいた。彼女の子どもは既に大きくなったが、このくらいの年頃を覚えていると言う。私は、いつも自分より年長の親御さんに訊く質問を投げかけた。「親として、子育てのコツを3つ教えてもらえますか？」

最初の2つは、一般的な答えだった。子どもを愛すること、十分に注意を向けること。3つめは、信用を得ることについてだった。「罰を与えるとか、何かを取り上げるとか、子どもに言った以上は実行しないと、あなたの言葉は効きめがなくなるわ」。信用を得るには、言葉と一致する行動が必要で、それはビジネスでも同じだ。

会社を立ち上げたわずか1年後の2010年、雇った者の中に「悪質」エージェントが何人かいた。

ほどなくわかったのだか、手抜きしたがるうえ、契約獲得のために倫理に反する行為を厭わない。むろん、採用時にはそんな人物だとは知らなかった。事実、彼らの成績は目覚ましく、大当たりの採用に見えた。私たちと仕事を始めて最初の3カ月で、1人10万ドル［約1000万円］以上稼いだのだ。

その後、彼らの疑わしい手口が耳に入ってきた。起業して間もないその時点では、費用をかけてフルタイムのコンプライアンス責任者を雇うのが妥当とは思えなかった。しかしほどなく、攻めの大躍進（急成長）とのバランスをとるには、守りのプレイも必要だと気づいた。そこで、かつて私が会社に勤めていた2002年当時に支店長だったアムール・ノバレンツを、わが社に起用した。彼とは原則を共有していたからだ。悪い噂のあるエージェントの疑惑の調査を彼に頼んだ。アムールは、自分の裁量でやらせてほしいと言い、調査結果はおそらく好ましくない報告になるだろう、と私に警告した。高額の稼ぎ手は、私が企業文化として根づかせてきた理念と原則に反して、不正を行っている可能性があった。アムールにすべてを委ねた。

3カ月後、アムールは私に証拠を示した。会社のナンバーワンの稼ぎ手は、倫理に反するばかりか、違法の可能性があるやり口で営業を展開していた。

「彼を解雇すべきだ」アムールは言った。

先に警告されていたにもかかわらず、やはり解雇には躊躇した。多くの経営者と同じで、私にとっても収益を上げる人間は貴重だ。その悪質エージェントの稼ぎは膨大だったのだ。しかし、アムールから証拠として、何とＦＢＩまで関わる問題があった経緯（先に触れたように採用についてはは苦労してきた）を聞くと、選択の余地はなかった。解雇は常に困難を伴う。このときは、そのエージェントと彼のビジネスパートナーである妻に会うと、妻は泣いて、子どもを養う術がなくなると訴えた。できるかぎり家族を支援してやらざるを得なかったが、それでもエージェントにはきっぱりと辞めてもらった。どう考えても、原則に反している以上は容認できない。

この事件後、会社で「今月の本」読書クラブをスタートした。まず、社員に2冊の本を読んでもらった。1冊目は、ジョン・ハンツマンが勝者は決して欺かないと説いた書籍『「賢いバカ正直」になりなさい　信念の経営者ハンツマンの黄金律』。もう1冊は、ケネス・ブランチャードとノーマン・ヴィンセント・ピールの共著『企業倫理の力』だ。倫理に反する行為は一切容認しないと、社内の一人一人に伝えたかった。

ほどなく、書籍が伝える理念と価値観について、みんなが語り始めた。数人が会社を去ったのは、規則を曲げられない場所で働きたくなかったからだろう。私は言葉で語る代わりに、行動によって、原則を体現していることを立証せねばならなかった。一番の稼ぎ手を、数百万ドルの収入を失っても解雇する決断は、チームに向けた私の立脚点の証明に他ならない。

父とレイ・ダリオの教え：恐れずに真実を明かす

読書といえば、ビジネスと人生に関する私の思想と完全に一致する書籍は、レイ・ダリオの『PRINCIPLES（プリンシプルズ）仕事と人生の原則』だ（これで3回目の言及だ。私は人が嫌がるほどしつこいところがある）。レイ・ダリオは世界最大のヘッジファンド、ブリッジウォーター・アソシエイツの創業者で、その書籍は、公私にわたり人生の理念となる原則を共有しようとするものだ。私は全社員に読むことを義務づけている。実に感銘を受けたので、レイ・ダリオに働きかけて私のチャンネル、ヴァリューテインメントに出演してもらった。彼のコネチカットの本社で、企業文化とビジネスへのアプローチについて広範な話ができた。

予想したとおり、レイ・ダリオの書籍の論点、特に「徹底してオープンにする姿勢」について、快く思わない人も社内にいた。この原則の一環として、誰かの間違いや違反に気づいたら、互いにオープンに指摘することが義務となるからだ。わが社も、この原則の上に成り立つが、みんなが賛成していたわけではない。それでもこの書籍を、ダリオの考えと私たちの企業文化に関する有意義な討論（時に白熱した議論）のきっかけにするという私の目的は、最終的には果たせたといえる。

だが当初は、わが社のCOOのアリスさえ、「そこまで徹底するのは行きすぎよ。セールスチームの部下を率いるのとは大違いで、本社全体にそんな姿勢が受け入れられるはずがないわ」と私に異議を唱えた。

尊敬している人の言葉には耳を傾ける。だが、この課題と向き合う中で、徹底してオープンにするのはよくないと確信できるデータや証拠はなかった。アリスの言い分は、この業界ではあり得ないというだけだった。それでも、彼女がそう言う背景は察しがつく。アリスはパシフィック・ライフでの22年間に、保険のエージェントはこうあるべきという考えを形成してきた。徹底してオープンにすることは、彼女が思い描く姿とはかけ離れていて、あり得ないのだ。

徹底してオープンにする姿勢は、私にとって譲れない点だった。あり得なくても、そうしたいとアリスに伝えた。私は徹底的にオープンにするのに積極的だし、あり得ること、つまりオープンにしないのは、我慢ならない。アリスとCFOのイアン・ベネディクトが、チームのみんなと集まって策を練り、私に対して、チームとしての懸念を示したうえで行動計画を提示してきた。最終的に、適度なバランスを見いだす必要性を私たちは確認した。徹底してオープンでありながら、敬意と誠実さも大切にし続けるのである。

私は成長過程で、「真実を明かすことを恐れるな」と父から数えきれないほど言われた。身に染みついたこの教えを、私の会社にも価値観として浸透させた。痛みを伴っても真実を求め率直であることの重要性は、他の数々の組織の事例を学んだときも強く感じた。

ハーバード・ビジネス・スクールが教えるケース・スタディとして、モルガン・スタンレーとロブ・パーソンの有名な事例がある。1993年にモルガン・スタンレーの社長となったジョン・マックは、企業文化を変えて、チームワークを大切にする会社にしたいと考えた。クロスセル［抱き合わせ販売］のためには社員の連携が必要であり、会社の勢力範囲の拡大にも協力は欠かせず、社内のあらゆる抗争の解消のためにも、チームワークの企業文化が求められるからだ。ジョン・マックは「One-firm

firm［一丸となった会社］」という標語でビジョンを表した。社員は上司、同僚、部下、360度全角度からの業績評価に基づいて査定されるようになった。

事例に登場するロブ・パーソンは、社員としては凄腕だが、チームメートとしては気性が荒く問題となる人物の典型だ。モルガン・スタンレーの市場シェアを彼の事業部門で2％から12・5％に短期間で上昇させ、その業種のマーケットでモルガン・スタンレーは10位から2位に浮上した。だが同僚からは横柄だと煙たがれ、ロブ・パーソンの周りではみんながびくびくして彼を恐れていた。この状況は、企業文化を変えるというマックの指令を思えば、大きな問題だった。

このケース・スタディを読んだ多くの人が、ロブ・パーソンは解雇されて当然で、モルガン・スタンレーがその文化を真に追及するならば、チームプレイができる人を何よりも大切にするはずだ、と考える。ロブ・パーソンはトップの稼ぎ手であっても、その振る舞いが組織の新たな使命にはそぐわないとみる。

私は違う見方をする。私が着目するのは、率直なコミュニケーションを恐れた、ロブ・パーソンの上司だ。ケース・スタディには、上司がそれとなく「示唆」を与えて、パーソンが状況の変化を感じとるよう期待した様子が記される。上司は、パーソンの行いの何が悪くて、仕事を続けるには何を改めねばならないのか、率直に具体的に話すべきなのにそうしなかった。モルガン・スタンレーの文化の話ではなく、リーダーである管理職の直接的なコミュニケーションの欠如が問題なのである。

往々にして管理職は、部下に対して正直に見解を伝えるのを躊躇する。一流のセールスマンの心情を傷つける懸念は理解できる。だが、傷つけても正直に言うほうが、そうせずに済ますよりずっといい。率直なフィードバックと、徹底してオープンな姿勢なしに、ロブ・パーソンが同僚への横柄な態度を改めるはずがない。

私の考えでは、ロブ・パーソンではなく、コミュニケーションを怠った彼の上司の解雇こそ、公正な裁きである。

ビジネスにおける私の原則

- 譲れない点について、妥協しない。
- 信用できるようになるまでは、細部まで管理（マイクロマネジメント）する。
- 現在の成功をもたらした方法では、次のレベルに進めない。
- 100％の雇用保障はない。創業者やCEOも含め、誰1人留まり続ける者はいない。
- 同僚と互いに挑戦し合い、前向きなプレッシャーを生む。
- 自分の最高記録を塗りかえる。
- 会社の経費を、自分の金のように大切に取り扱う。
- 徹底して柔軟であるべきだが、だからといって何もかも容認しない。
- 期待値や水準を低下させる、あらゆる誘因と闘う。
- 経済的にも仕事のうえでも、チームが適切な処遇を受ける環境を生む。

こうした原則に加えて、社員には私にとって容認できない点も伝えている。権利を振りかざすこと、不平不満、否定、悲観、秘密漏洩、健康管理の軽視、ゴシップ、そして不適切な相手から助言を受けることである。

会社の行動規範を定める

ビジネスが繁栄することを望むなら、会社の行動規範を必ず定めねばならない。ビジネスでネットワークを外に向けて拡大する話はよく聞くが、社内でみんなが規範を共有するという最重要なネットワークは、軽視しているようだ。仕事をする者には枠組みが必要で、超えてはいけない一線がどこか理解せねばならない。行動規範には例えば、同僚の仕事を奪ってはいけない、上司の求めを尊重すべき、などの点が含まれる。わが社や、レイ・ダリオのブリッジウォーター・アソシエイツの場合は、会社の主要原則に反する者がいれば、職務上の地位や序列が自分より上の相手でも、指摘すべきという定めもある。

私は25歳で初めて営業所をマネジメントする立場になり、その職場では、みんなが懸命に遅くまで長時間仕事していた。エネルギーとテストステロン〔男性ホルモン〕があふれる営業所で何が起こるか、想像がつくだろう。だがルールを定めれば問題ない。同僚の親族とデートするときは隠さず言う、何か微妙な状況が生じる場合その影響を受ける同僚にまず打ち明ける、と決めたのだ。必ずしも、わざわざ誰かに向かって「今夜、君の妹と寝るよ」と言うわけではない。だが、デートの相手が同僚にとって意味のある存在なら、礼儀として断りを入れるべきだ。このルールを守ったおかげで、険悪な関係にならず、職場環境を損ねる憎悪の感情を生まずに済んだ。

テストステロンが活発で精力盛んな男として、今ここで、私は品行方正だったなどと言うつもりはない。18歳から25歳までパーティで騒いでばかりいた。しかし、私にはルールがあった。プライベートと仕事は別だ、仕事に好ましくない影響が生じる相手とはデートしないと決めていた。完璧ではないが極力守った。

若かった時分のこのルールを、後にチームが毎週末パーティを開いて状況が手に負えなくなる危機に直面したときも思いだした。今では、最初の営業所から15年経ち、自分の会社の創業者兼CEOとして、まさにこのルールがますます深く現実的な意味を帯びている。特に自分の職場での収入を子どもや配偶者が頼りにしている場合は、会社にいられなくなるような不和を同僚とのあいだに生まない誠実さが、一層求められる。

企業文化を築くには、自分の立脚点を社内の人々に伝えなければならない。明確な行動規範と指針となる原則を示したうえで、違反したらどうなるかを曖昧にせず一人一人に理解してもらうべきである。

後継者育成のゲームプラン

あなたが会社に文化を生むと、社員が伸びる。それが、企業文化を必要とする理由であり、文化は事業規模の速やかな拡大も可能にする。

ビジネスは、あなたへの依存度が低いほど、価値が高い。あなたに依存したビジネスは、価値が低い。あなた個人が頼りのビジネスは、次の展開への道を見いだせない。

マイクロソフトはメディアへの露出が比較的少ない会社だ。2019年9月のある時点で、時価総額1兆ドル［約108兆円］を越える唯一の公開会社だったときも大きなニュースにはならなかったが、企業としての評価の高さは明らかだ（メディアを騒がせる社風の、アップル、アマゾン、グーグルが時価総額1兆ドルを超える評価に達すると、その都度ニュースになる）。マイクロソフトと聞いて、話の流れが見えてきただろうか？　注意深い読者は、イントラプレナーによる社内起業の促進と、社員への株式提供による成長の成果だと、即座に思い浮かぶだろう。振り返れば、1兆ドルの評価に達する13年も前の2006年6月15日に、ビル・ゲイツは慈善事業に力を注ぐため会社のフルタイムの仕事から退く意向を明らかにしていた。

その発表の時点で、マイクロソフトは1株23ドル［約2500円］で時価総額1760億ドル［約19兆円］だった。つまりマイクロソフトの評価は、ビル・ゲイツが退いた後に1兆ドル以上、上昇したのだ［2020年1月時点のマイクロソフトの時価総額は1兆2700億ドル、約140兆円］。組織内の文化の創出こそが、ビジョンあるリーダー以上に力を発揮する事実は、もはや疑いようがない。2019年12月31日に金融情報誌『バロンズ』の記事が指摘したとおり、2014年2月4日にサティア・ナデラがスティーブ・バルマーに代わってマイクロソフトのCEOに就任してから、評価額は9・3億ドル

［約970億円］上昇した。『バロンズ』の記事は、このサティア・ナデラの躍進を引き合いに出し、アップルについて、2011年4月24日にティム・クックがスティーブ・ジョブズに代わりCEOに就任後、評価が1兆ドル以上、上昇したことを伝えている。

（この事例を考えるにあたっては、年月に注目し、リーダー交代後の成長を感じてほしい。時価総額は、いずれも自由に株式を取引できる公開会社なので、常に激しく変動するものだ）

一般に、トップの交代も含め、不測の事態に備えた緊急時対応計画（コンティンジェンシー・プラン）の策定は、当たり前のことと思うだろう。しかし実際には、備えをしていない経営者が多い。特に起業した者は自信過剰で、自分の代わりはいないと思いこみやすい。会社の経営は、他の誰かに任せず自分の考えでやるしかないと自己中心的だ。あなたもこの思考パターンなら、誤った考えに支配されてビジネスの規模拡大が妨げられている。

もう1つの落とし穴は、要職にある人たちが今後も辞めずに継続してくれるという思い込みだ。あるいは、誰かが辞めても他の人がすぐ役割を引き継げると考えている。どちらも間違いだ。理想としては、現在の社員が将来の後継者となるよう育成するといい。でなければ、必要とする分野の有能な人材を、交代要員として会社の内外に見つけておかねばならない。

チームの各主要メンバーについて入れ替えプランが準備できれば、誰かが突然欠けても動じないで対処できる。それに、駒の進め方を何手か先まで計画済みなら、夜もよく眠れるだろう。

後任を見つけスキルを引き継ぐ6つの戦略

1　**あなたの業務とスキルをリスト化する。**自分の仕事内容とそれに必要なスキルを一覧にして、秀でた部分とそうでない部分を見極める。自分の強み以外はすべて、後任を見つけよう。

2　**勤続期間を見極める。**みんながいつまでも自分のもとで仕事をしてくれると思ってはいけない。社内で6年間の役割を担っているのは誰か、一時的な6カ月の役割を果たすのは誰か、区別しておくべきだ。前もって識別し準備すれば、誰かの後任が必要になったときに慌てない。

3　**セールスチーム、サポートチーム、テクニカルチーム、経営チームにおいて、立場による違いがあることを知る。**セールス部門の管理職が、努力して収益を生み会社を成りたたせるのに対し、その努力を支えるために従業員が雇われている。両者の立場の違いを理解せねばならない。また、経営陣には自律性を与え敬意を示し、その立場を高く評価する必要がある。

4　**企業文化を維持できる人材を見つける。**後任が誰であれ、あなたが築いた文化に則した人物であることは、あなたの退陣後、ビジネスが成長を維持するために極めて重要だ。

5　**社内の業務と手順を知る。**各部署の業務と作業手順を書きだしておくように。そうすれば、後任が従うべきマニュアルを、後継者の能力レベルにかかわらず用意でき、一連のスキルの引き継ぎが迅速に楽に行える。

6　**適切なマインドセットを広めてくれるリーダーの育成。**将来のリーダーと1対1で話し、会社の文化に根差したマインドセットを植えつけよう。今のうちに、彼らが誰かの後任となる前に、取り組むとよい。経営者にリーダーシップを育むマインドセットがあれば、会社の価値も高まるだろう。

経営者は、自分の後継者を含め、後任配置のゲームプランを練り続ける必要がある。ビジネスを始めた当初は、自分であらゆる事務作業を行っていたとしても、今はその業務を引き継ぐ人を雇えるはずだ。これまでは財務をすべて自ら処理していたが、それを担うCFOを起用できる。そうすれば、あなたが力を注ぐべきより重要な部分に時間を使える。

コンテンツ連動型広告のテクノロジー企業、メディアネットを創業し、38歳で純資産17・6億ドル［約1800億円］のディヴヤン・ターアクヒアはこう述べた。「自分の後任をどうするか常に考えるべきだ。何よりも大切な自分の時間の使い方に関わることだから、検討しておく必要がある。情熱を注ぐべきことを見いだし、なるべく多くの時間を費やしてこそ、その1つのことを極めて成功できるし、さらに磨きをかけるよう一層力を尽くせる」

摩擦はつきもの

誰もが手を取り合って協調と融和を賛美するゴスペルを歌うのが、優れた企業文化だという誤解がある。みんなが完全に調和し、異論を唱えたり不満を抱いたりする者はいないかのようだ。

私生活の人間関係で考えてみる。結婚生活で言い争ったことのないカップルはいないはずだ。夫婦でも激しい口論になるものだ。あなたと結婚相手の間に何の言い争いもなかったら、きっとどちらかが、議論できる別の相手を見つけることになるだろう。

人生のあらゆる領域で摩擦はつきものだ。摩擦が生じるのは健全で、成長と創造性と学びを促す。だから、何も摩擦がない場合、私は自分でつくりだす。みなさんもそうするといい。私は起業する前のまだ営業所マネジャーだったとき、社員が互いにオープンに指摘し合うという方針を打ちだし、次のように宣言した。「君たちの中には、あの人は腹が立つとか、彼のやること、彼女の言うことが気に入らないと、私に訴える者がいる。それはもう止めだ！　会社では、価値観と原則が定められている。私たちの行動規範だ。その価値観と原則に反する者がいたら、批判しなければならない。私に伝えるのではなく、直接指摘するんだ。相手が自分より序列が上でも批判してよいと、私が認める。価値観と原則は、職務上の地位や序列に勝るからだ」

このスピーチの後に何が起きたか。間もなく営業所は成長し始め、社員同士のある種の摩擦が刺激となって伸びていった。仕事仲間からの適度なプレッシャーは、私たちが生んだ職場環境の新たな特徴となった。一人一人が相手に対して、全力を尽くす優れたチームプレーヤーとなるようプレッシャーをかける。私たちみんなが互いに責任を負っている関係だった。

かといって、お互いを復讐心や残酷なやり方で責めるようになったわけではない。まったく違う。むしろ、兄弟姉妹が心の中では愛していてもケンカし、鋭い言葉や口調で突っかかるのに似ている。時に息子や娘が不適切な親の決断を非難するように、同様のことが職場環境にもあるべきだ。

「愛のある厳しさ」という表現の中で、肝心な部分は「愛」である。辛辣な言葉のやりとりも互いに乗り越えられる強さの愛が求められる。

摩擦を含む対話をどう進めるか、勇気と技が得られる本を2冊紹介しよう。パトリック・レンシオーニの『あなたのチームは機能してますか?』は、組織内の権力の駆け引きによってチームが崩壊してしまう点を指摘する。もう1冊は、ダグラス・ストーン、ブルース・パットン、シーラ・ヒーンの『話す技術・聞く技術　交渉で最高の成果を引き出す「3つの会話」』だ。これは、敵対関係を乗り越えるための手引書であり、対立する状況への対処と難しい場面での対話について、具体的な方策を示している。

愛のある厳しさの実例を知りたければ、ユーチューブでジョー・ローガンがブレンダン・ショーブをこき下ろしたと話題になった動画を観るとよい。ブレンダ・ショーブは、元フットボール選手でトップクラスの総合格闘家だ。総合格闘技（UFC）のコメンテーターをやっているジョー・ローガンとは親しい友人である。番組では、先のショーブの負け試合での闘いぶりを振り返っている。あれこれ語り合いながら、格闘技のエキスパートである両者は、負け試合の根本的な面に迫っていく。ローガンは言う。「あの試合では、まずいところがたくさんあった……君の動きはすごく硬かった。流れるような動きがない……みたところ構えの姿勢ができていなかった……とてもじゃないが、トップファイターの動きとはいえない」

会話のこの部分は、私情を交えず客観的だ。勝ち負けの原理へのコメントといえる。だから、ローガンの次の言葉で、ショーブは不意をつかれた。「君が格闘技を続ける気なのか心配なんだ。どう思っているのか、気がかりだ」

ショーブは「なんでだよ?」と口をはさんだ。

ローガンは言葉を続け、引退を考えるときだと思うとショーブに伝えた。

「やめるつもりはないね」ショーブは反論した。

「現実として、今の君の技量では、トップの連中には勝てっこない」とローガン。

さらにローガンは友人に問いかける。「強豪のケイン・ヴェラスケスとレスリングしたとしたら、いったいどの程度戦えると思う?」

「みんなを驚かせてやるよ」

「驚くのはお前のほうじゃないか。マジで、ぼろ負けだぞ。世界の王者と君のあいだには、明らかに壁がある。君がそれを越えられるとは思えない。これが現実だ」

手厳しい評価だが、私にはローガンが心を込めて精一杯言っているように聞こえる。面と向かって友人に厳しい現実を突きつけるのは勇気がいる。2人のやりとりは続き、ローガンは言った。「他の選手はともかく、君のことが心配なんだ……、いいか、友だちだから言ってるんだ。100%、愛だよ。傷つけようとしてるんじゃない。断じて違う。愛がなかったらこんなこと、言おうと思わない。

言いたくないよ」

こうした対話は、辛いものだ。徹底してオープンな率直さは、誰にとっても難しい。直接的であることは誰にとっても楽ではない。しかし、真実を明らかにしなかったら、いったいどうなるか。愛する人が成すすべもなく自滅する姿を目にするならば、ローガンの場合、友がひどい怪我をする危険にさらされるならば、そうした展開が進むにつれて、真実を明かさなかった罪悪感をますます抱くのではないか。

引退勧告ともいえるローガンの言葉を、ブレンダン・ショーブがどう受けとめたか定かではない。みたところ、ショーブは、そうした批判を聞くよりも麻酔なしの歯医者に行くほうがまだましという表情だった。それでも、先述のように物事には「安易な選択」と「困難だが有意義な選択」がある中で、ローガンは後者を選んで率直に指摘した。ショーブがどう応じるかは、ローガンのコントロールの及ぶところではない。

相手に対して率直であるには、人生でもビジネスでも、勇気とスキルの両方が必要だ。それを人生で身につけていけるだろうか？　それとも、私生活は言うまでもなく、あなたの会社で業績トップの従業員が同僚を粗末に（モルガン・スタンレーのロブ・パーソンがしたように）扱っていたら、黙って見ているのか？　直接指摘せず、あなたの意向をテレパシーか何かで汲んでくれるよう願うだけなのか？

対立のない愛を求めるなら犬を飼うとよい。私もそれを欲するあまり、2匹のシーズー、ジンボとクッチを可愛がっている。しかし、原則に基づいて実りある文化を築きたいなら、摩擦を受け入れるのはもちろん、適切な摩擦を生むことを学ぶべきである。

陰で褒める戦術

子どもの頃、こう言われたはずだ。「友だちの陰口を言うのはよくない。悪いことだ」。そう教えた親は正しい。確かによくない。しかし、戦術として、本人に面と向かってではなく陰で話をするなら、好ましい結果が得られるだろう。

デール・カーネギーが著書『人を動かす』で述べたように、人は評価されるとそれに応えて行動する。これを、アイデンティティーの形成と呼ぶ場合もある。特定のスキルや性格の特性を常に誉めていると、相手はますますその部分をみせるようになる。誉められると、また次も繰り返すので、その人の人格の一部になっていくのだ。

ギャレットという社員がいるとしよう。「ギャレットは優秀で求めにきちんと応じ、取りこぼしなく、与えられた仕事に常に責任をもっている」と私が別の社員のロイスに言う。ロイスはきっと、私がギャレットについてこう言ったと誰かに話す。その誰かが他の社員に話し、やがてギャレットの耳に入る。

私がロイスに話した内容をギャレットが知ると、ギャレットは認められたと喜ぶ。こうした刺激も、好ましい摩擦の1つと考えたい。ギャレットのような人物を直接誉めてもよいが、好意的な評価を他の社員を通して聞くほうが、重みが増す。ギャレットが、自分の能力を誉めた上司の言葉を他の社員も知っていると意識すると、ギャレットと私の絆も、ギャレットと会社の結束も強くなる。ギャレットは、ますます自信と意欲をもって成長していく。

こうしたことを、自分の部下に当てはめて考えてみてほしい。才能があるのに、積極性や自信のない者がいるのではないか？　その人にもっと強気で交渉するよう勧めてもうまくいかなかったのでは？　その人物について何かポジティブなことを他の社員に話してみてはどうだろう？　何をどんな風に言うか？　そして数日待って何が起きるか、様子をみよう。考えるべきは、その社員の意欲をどのタイミングでどのように掻きたてると長期的に効果があるか。あなたが何をすべきかはわかっただろう。

チームメートについてポジティブなことを、本人のいないところで言うのを習慣にしてみよう。年1回では少なすぎる。この習慣を怠ると、好ましい摩擦のない職場となる。問題解決へのクリエイティブな取り組みと、仕事仲間同士の適度なプレッシャーが生まれない。摩擦をうまく活用し、社員に対する良い評価を蔓延させる文化を築こう。

本章の冒頭では企業文化を宗教に例えた。優れたアイデアや才能ある人材を備えていても会社は十分とはいえず、家族と同様に愛だけでも不十分で、理念に基づいた原則こそが必要だ。原則を書きだ

して、繰り返し確認し、それを尊重し実践するあなたの姿を具体的に示さねばならない。

マイクロソフトの事例を知れば、なぜ社内に文化を築くことが最優先か、それが「1兆ドル」の価値を生むからだとわかったと思う。企業文化の創出は、事業規模の拡大と、あなたへの依存度軽減のために不可欠だ。また、あなたが社員のみんなに好かれることを目指しているなら、それは間違った姿勢だ。むしろ、厳しい対話をする勇気をもたねばならない。理念に基づく原則を固く信じるなら、徹底的にオープンになる勇気が湧くだろう。その成果は非常に大きい。

8章

信用＝加速：信頼関係がもたらす力

お互いを理解し、相手の考えを知れば知るほど、フィールドに出たときも互いの信頼感が加速度的に高まる。

――トム・ブレイディ（アメリカンフットボール選手）

私が携わる生命保険の仕事は、将来を見越した予測のビジネスである。明日死ぬわけではなくても、死亡時に備えておかないと残された家族が困ると見込んで加入する。保険契約のすべては予測であり、将来への備えといえる。私は何度も損をしたり騙されたりした経験から、物事の予測の大切さと、不測の事態に備えて何ごとも文書化して対抗手段を講じておく重要性を学んだ。

私は人間の性分について悲観的なわけではないが、契約内容の交渉に関しては、細部にわたるまで用心深く現実主義だ。セキュリティーソフトウェアのマカフィーの創業者で、奇行も知られるジョン・マカフィーは、こう言った。兵士は捕えられると、保持する機密事項をすべて明かし、拷問を受けると、自分の母親でさえ見捨てるだろう。これはすべての人に当てはまらないとしても、経営者がチームの各メンバーを信用するにあたっては、十分な注意が必要だと強く思う。特に、流出するとビジネスに破壊的なダメージを与えかねない情報に関わる人物に対しては、慎重であるべきだ。

信用は、多面的である。一面的ではない。

例えば、営業においては信用できる人であっても、人事に関することにおいて信用できるとはかぎらない。信用した相手に進行中のプランについて情報を伝えても、将来的な戦略については明かさないかもしれない。信用する（ｔｒｕｓｔ）と言っても、さまざまな意味合いがある。例えば、敵として「信用」する（ｔｒｕｓｔ）と言う場合、敵が私のビジネスを廃業に追い込むために作り話をでっちあげると「確信」している（ｔｒｕｓｔ）という意味になる。

信用は、物事の速度を上げるために不可欠である。ならば、なぜ速度がそれほど重要かが問題になるが、その答えは明らかだ。迅速さがすべてと言っても過言ではない。製品販売であれサービス提供であれ、それを生みだし配送し売上が銀行口座に入るまで、迅速さが求められる。時は金なり。あらゆることをいかに速やかに行うかが、ビジネスのすべての面に影響を与える。

ボーイング７４７ジェット機が離陸するには、１６０ノット、すなわち時速１８４マイル［時速２９６キロメートル］のスピードに達する必要がある。機体が飛ぶには一定のスピードが欠かせない。これは起業する場合も同じである。飛行機が加速できず推進力を長時間保てなければ、墜落する。スピードが必要だ。燃料が必要だ。目的地へ正しく運航するパイロットも必要だ。これらと同等な要素がビジネスにもあり、次のような対比になる。

スピード＝モメンタム［勢い、推進力］
燃料＝金／資本
パイロット＝創業者、起業家、CEO

なぜ迅速さが必須かわかれば、そのために信用が重要な理由も理解できるだろう。例えばレストランでテーブルにつき注文をする前に、カードの信用取引申請を長々と記入しなくてはいけないとしたら、もしもセブン・イレブンでスラーピー［かき氷状の炭酸飲料］を買う前に顔写真と指紋をとらないといけないとしたら、どれほど時間がかかるか。現に今でも、給油するのにわざわざ店員のいるところに行ってやりとりする手間すら、面倒に思える。要するに、信頼関係の構築は、ビジネスのあらゆる要素を迅速に進めるために重要なのである。

愛してる、でも婚前契約を

これまで多くの人の結婚を目にしてきた。結婚した当初は、すべてが順調だ。このカップルの愛は永遠に違いないとみんなが思う。いつの日か互いに憎しみが芽生え、離婚を決意するとは思いもよらない。

いざ別れるとなったら、夫婦それぞれが弁護士に連絡し、悪い状況に拍車がかかる。少なくとも、憤り、ストレス、出費の面でさらなる悪化が避けられない。たいていの弁護士は、夫が妻と争うよう仕向けるからだ。徐々に夫婦間の対抗意識を高めれば、弁護士費用も高くなり、激しい法廷闘争は弁護士の儲けになる。しまいにカップルは精神的にも経済的にも消耗してしまう。

そうなってはいけない。結婚する前に、未来の配偶者にこう言う。「愛しているよ。でも、今から5年、10年、15年先にどうなっているかわからない。最悪の場合に備えて、最善を尽くそう。最悪のシナリオだとどうなるか、今のうちに考えておくんだ。つまり、離婚の場合の、お金、子ども、その他いろんなことについてね」

妻となるジェニファーと数回デートしたころ（ハワイ旅行のずっと前）、カリフォルニアのサンタモニカで、ショッピング街のサード・ストリート・プロムナードの書店に2人で行き、『101 Questions to Ask Before You Get Engaged［婚約前に問うべき101の質問］』という本を買った。子どもは何人欲しいと思いますか、という質問があった。私は5人、ジェニファーは3人と答えた。結局は私たちには子どもが3人いて、今ではその数がベストだと思っている。当時私たちはこの質問や他の課題への答えについて合意し、妻も私もそれぞれ、いくつかの点について妥協した。

私たちは結婚に関わる主要な課題をすべて事前に話し合い、時間をかけて合意が生まれた。婚前契約は、離婚の調停に役立つだけでなく、結婚そのもののためにも価値がある。前もって重要な課題について話しておけば、長い夫婦関係の中で生じる困難のときを乗り越えられる。

経営者によっては誇らしげにこう言う。「契約書は必要ない。握手して取引は決まりだ。私は約束を必ず守る」。取引相手も等しく誠実で正直ならよいだろう。だが残念ながら、必ずしもそうではない。ロマンチストは、契約へのサインは、失敗にむけて計画を立てることに等しいと言うかもしれない。一方、現実主義者は、賢明なビジネスオーナーなら理解しているとおり、契約を緊急時対応計画（コンティンジェンシー・プラン）とみなす。ビジネスでは、従業員、パートナー、出資者、サプライヤーなどさまざまな取引先、アドバイザーらと関係を結ぶ。それぞれの人に愛を注ぐとしても、正式な契約を結ばないと、もつれた離婚の争いに等しいストレスと金銭的な損失が避けられない。

採用時には、行動規範、給与、試用期間、社員持ち株制度、株の譲渡制限期間などすべてを文書化するように。明文化を怠ると、争いに備える適切な方策が何もない。また、ビジネス上の大きな取引の場合は、契約前に必ず次の点を定めるといい。

1　債務の上限：損失の場合の最高額は？
2　免責：訴えられるのを避ける。
3　終了期限：物事には終わりがある。

結婚の例えに話を戻す。人間は感情で結婚して、理屈で離婚する。恋におちると、愛は表面下でくすぶるあらゆる問題に勝ると考え、論理的にみた結婚の利点と問題点を軽視する。離婚するときは、感情的になっているのは明らかだが、むしろ理屈で考える。自分の取り分と、相手に与える分を議論する。弁護士は、感情の問題に対して、論理的に認識できる枠組みを整えようとする。つまり数字にするしかない。子どもが週末を、あなたと何回、別れた相手と何回過ごすか？ 養育費などの支援額は？ 理にかなった財産の分け方は？

ビジネスも同様だ。採用候補者、出資者、サプライヤー、顧客らと、恋したかのような関係になり「永遠に続く」と思う。だが、雇ったときは期待したのに、数カ月後、数年後、失敗に気づいた経験が多々ある。どんな場合も、互いの関係についての合意を文書化していないかぎり、破局は厄介で緊張を強いられる。

わが社の出資者に、こう言われたことがある。「こっちは1000万ドル［約10・5億円］を提供した。だが、あんたが死んだらどうなる？ あんたの死亡保障を1000万ドル受け取れるようにしておきたいね」

自分は健康で死ぬ予定はない、と腹を立てて反論はせず、むしろ私はうれしかった。「愛してるよ、でも婚前契約を」という意味だとわかったからだ。

相手に問いかけて、心の奥を知る

私はみんなに、要求が多いと言われる。「愛のある厳しさ」は、みんなが私について話すときによく使う表現だ。愛情をもって相手を思いやるには、その人を知らねばならない。リーダーとして私が際立っている点は、社員を心から理解したいという願いの強さだと思う。適切な問いかけをし、その答えに責任を持ってもらうことで、相手を理解できるようになる。

先頃、かつての仕事仲間のダニーから電話があった。「電話するかどうかすごく迷った。どれほど迷ったか、きっと想像できないと思う。10年ぶりだから」。話がどこへ向かうのかと、興味が湧いた。営業所のマネジャーだった私は、ダニーに対して特に厳しかった。ダニーは、十分開花していないが才能を生まれもち、頭がよく魅力があり要領もいい。そのうえ人当たりがよいので何をやっても大目に見てもらえる。だが、そのせいで根性はなく、業績は振るわなかった。

みんなに訊くのと同じ質問を、ダニーに投げかけたことがある。「何者になりたいのか?」

ダニーには大きな抱負があった。両親を経済的に支えて「リタイア」させてやりたい、と常日頃言っていた。振る舞いはお調子者のようだが、互いに真剣に向き合ったときに、彼は素晴らしい人生を送りたいと抱負を語った。

ダニーは素晴らしい人生を望むだけではなく、それを実現させる能力を備えていると私はみていた。だから、彼に最善を尽くすことを求め、最高レベルに達していない仕事は認めなかった。彼の目には、私が一切妥協しない頑固者に見えたはずだが、構わない。

久しぶりの電話で近況を語り合った。ダニーは感傷的になったようで、こう切りだした。「よく言われた言葉を覚えてる。『一時的には君は私を憎むだろうが、長期的には君は私をありがたく思うはずだ。私ほど君に要求を突きつけている人間はいないのだから』」

「もちろん覚えているさ」と私は答えた。「君に言っただけじゃない。何千回も繰り返してるよ」

当時いかに私がダニーに厳しかったが、いかに彼が私を煙たがっていたか、思い出を振り返った。彼は、私の写真をプリントしてダーツボードの的にしたと白状した。

私は、自分のもとで仕事をした人のあらゆることを記憶している。気にかけていたから、彼らの話を覚えているのだ。

ダニーは言った。「パットに話したいことがある」。言葉が途切れ、泣いているようだった。「僕は今、銀行の課長になったんだ。結婚もしている。すごく幸せで、言葉にできないくらいだ。数十万ドルの収入がある。電話したのは、こうしてリーダーの地位に就いたのは、パットと仕事して身につけたことのおかげだと伝えたかったんだ」

こうした涙は、私にとって初めてではない。名状しがたい瞬間だ。私自身が子をもつ親の気持ちを知った今、こうした思いをより深く理解できるようになってきた。

後になって知る喜びとは、まさにこのことだ。私がダニーの尻を叩き最高レベルしか認めなかったことが、彼に良い結果をもたらしたと10年かけてわかったのだ。一時的には敢えて憎まれ役になる意義も再認識した。たとえ10年憎まれても、後で喜びがある。

よくできた報酬体系やインセンティブトリップ［報奨旅行］を用意しても、社員への効果は限定的だ。人々の心に触れてこそ、彼らは会社のために大きなことを成し遂げる。そして心に触れるためには、時間をかけて彼らを理解し、各自が胸の奥底に抱く思いと願いを把握しなくてはならない。

従業員のジョーは釣りが好き、顧客のベッキーは『ゲーム・オブ・スローンズ』にはまっているといった表面的な理解ではなく、その奥を知る必要がある。彼らのスイッチを作動させるのが何かを探るとよい。私はチームメンバーを知るために、できるかぎりのことをする。主な方法は、数々の問いかけであり、それによって彼らの姿の本質に近づく。そうすれば、早まって誤解せずに、何が彼らの原動力か、目標は何か、どのように働きたいか、理解できる。

質問を投げかけて相手を焚きつけると、その人の痛いところを突いてしまうかもしれない。それでも構わない。そうしながら理解は深まる。相手が感情的になったら、その人は自分自身の隠れた部分をさらけ出しているのだ。

知らない人々を相手にリーダーにはなれない。彼らがどのように生まれ育ち、成長過程で何の影響を受けたか知りたい。同時に、私のもとにいる社員は、私が何者か知る必要がある。イラン出身の人間で、地獄を味わい、今も耳に残る自分を罵った人々の声が原動力だという本当の話を知ってほしい。

要するに、相手を理解するために何より大切なのは、積極的に問いかけようとする姿勢である。「前の会社の仕事はどうでしたか？」などありきたりな質問ではなく、相手の心を掻きたてて探り、その人に心の奥を明かす勇気を与える質問だ。その人物の本当の姿を知るために、深く掘り下げた問いを投げかけねばならない。そうして得た理解は価値がある。あなたのゲームプランのどこがその人の適所となるか、今後の駒の進め方を考えられる。長期的に実りある関係を育むために役立つ。結果として、築いた確かな信頼関係により、ビジネスも加速する。

信用度は変動する

通常、経営者は、予測可能なパターンの中で、信用と不信の間を揺れ動いている。そのパターンがわかると、信用の度合いによって、どの程度の自由裁量を部下に与えるかが決まるので都合がよい。採用したての人を信用する気にはならず、彼らの仕事を細かく管理（マイクロマネージ）しようとする。採用後しばらくして、よくやっているなら、彼らに対する信用は高まり、マイクロマネージの程度は下がる。

このように揺れ動く変動パターンは、ある程度は理にかなっている。ただし、信用度が高い低いどちらの方向へ揺れているのか、自覚する必要がある。無自覚に低いままだと従業員は管理されるのを息苦しく感じ、「やっている仕事を信じてくれないなら、なんで自分を雇ったんだ?」と思うことになる。あるいは、勤続年数の長い従業員が、期日を守らないうえ、いつも売上目標に達していないのは、あなたが誤って信用しすぎていたからかもしれない。そうと気づき、その従業員に腹を立てるが、本当は自分に怒りを向けるべきである。あなたが雇ったのが間違いだったか、その人に責任をきちんと課さなかったことが原因だからだ。

信用度が高まってから信頼関係を築くことが肝心だ。時とともに社員は実績を積む。約束した内容を継続的に遂行できるという実績が確かめられたら、より多くを任せるとよい。そこに生まれるのが信頼関係である。

信用の4段階

誰かに裏切られると、経営者は自分を被害者だと感じるのが普通だ。信用できる相手だと思っていたのに、思わぬ事態が起きる。大口の注文をするとしきりに言っていた顧客から注文がない、ビジネスパートナーが約束を破るなどである。そういう人間を、嘘をついた、騙したと責め、「そのせいで、思ったように業績が伸びないんだ」「ジョーが言ったことを守らないから、会社が困ったことになる」などと言う。

それではだめだ。被害者を演じてはいけない。ビジネスの世界は厳しい。みんながフェアプレイをするとはかぎらない。明らかな詐欺師もいる。口ではあなたが望むことを言いながら、正反対の行動をとるのを、何とも思わない連中もいる。

責任は、騙される状況を許した自分自身にある。あなたは、もっと賢明なはずだ。現実的な策としては、顧客、従業員、ビジネスパートナー、サプライヤーなどの相手を、どの程度のレベルで信用するか、測れるようになるとよい。

その方法を説明しよう。まず、4段階の信用のレベルを認識し、このいずれかに相手を分類する。

- 未知の人
- 裏づけのある人
- 信用できる人
- ランニングメート（腹心）

「未知の人」のカテゴリーは、関わりが薄く何の情報もない相手である。感じがよく友好的で口がうまく、一見、信頼できそうな人物に思えるかもしれない。直感的に、好意を抱き信用したくなるだろう。しかし、殺人を犯すような反社会的な人間でも、人を信用させられるのを忘れてはいけない。その人物と直接関わる経験を経てから判断するのが一番だ。相手を個人的に知らない場合、あるいはその人物と仕事をした経験のある人が知人にいない場合、未知の人のカテゴリーに入れ、理解を深めるまで信用すべきではない。

「裏づけのある人」のカテゴリーに入るのは、実績を伴う相手だ。自分が信用する知人からの推薦がある、もしくは、約束遂行能力を示す経歴がある。それでも経歴は偽りかもしれないし、推薦はバイアスがかかっていたり必ずしも本心でなかったりするから、用心すべきだ。とはいえ、このカテゴリーの人物については、信用に値する可能性が期待できる。

「信用できる人」は、既に個人的に関わった経験がある相手だ。彼らは忠誠心、誠実さ、信頼性を何らかの方法で示してきた。その人物の好ましい性質を、人伝てではなく自分の目で確かめたから、「裏づけのある人」よりも信用できる。

4つめのカテゴリー、「ランニングメート（腹心）」は、大統領にとっての副大統領のように、最も信用度が高い。該当する相手は1人しかいない可能性が高い。仕事上の一番の親友に相当する。良いことも困ったことも何かあれば呼び出せる。そして、すぐに「さあ、手伝うよ」と言ってくれる。あなたが窮地に陥って助けが必要なとき、大きな力となって支えてくれる人だ。

自分にはランニングメートがいないと落胆し誰か探そうとする前に、見つけるには時間がかかるし経験を要すると理解してほしい。私もランニングメートと出会うまでに、多くの苦闘があった。信用できそうな人、確実に信用できる人を見分けられるようになるまでに、ずいぶん苦い思いをした。信用度の4段階の測定法を確立する前だったので、信用してもたびたび裏切られたのだ。

また、成功すればするほど、信用できる相手が少なくなる点も認識してほしい。自己啓発書やモチベーションを高める講演には、信頼関係のネットワークを広げようとの主張があふれている。コンサルタントとして活動するなら、確かにそうかもしれない。だが、ビジネス経営の場合は、痛い目に遭いながら、誰でも信用できるわけではないし、信用しても、その程度は相手によって違う。経験豊富な経営者に尋ねれば、信用していた補佐役に裏切られたとか、家族のように思っていた従業員が他社から良い話をもちかけられた途端に辞めてしまった話を語ってくれるだろう。マフィアを信頼させた潜入捜査官ドニー・ブラスコを忘れないように。

信頼関係の大きな輪が生まれるなどと期待してはいけない。信用して自分の人生を預けて共に仕事ができる相手は限られている。しかし、相手を4段階のいずれかに置いて、信用度を見積もることはできる。そうすれば騙される確率は減り、誰をどの程度信用するか、適切に考えられるだろう。

一人一人のラブ・ランゲージを知る

ある男が、妻に愛と感謝を伝えたくてそわそわしている。結婚10周年なので、せっせと金を貯めてダイヤモンドのイヤリングを買った。きれいに包装した贈りものの箱を妻が開けるとき、彼女が顔を輝かせ夫の気前良さと思いやりに感謝するのを期待して、居ても立ってても居られない。ところが、ようやく包みを開けた妻からは、反応がないようだ。

男の期待は外れる。彼女の無反応には、感謝の気持ちがないばかりか軽蔑がうかがえる。ようやく男は、嬉しくないのかと尋ねる。妻は言う。「何度あなたに言わなくてはいけないのかしら、私はモノには興味がないって。これまで一緒にピクニックに出かけてくれたためしがないわよね?」

こうしたやりとりを理解するには、ゲーリー・チャップマンの著書『愛を伝える5つの方法』を読むとよい。驚くべき内容だ。ラブ・ランゲージ［愛情言語］、すなわち、愛を表現したり愛を受けとめたりする方法は5つあるという。クオリティ・タイム［充実した質の高い時間］、肯定の言葉、プレゼント、尽くす行為、身体的な触れ合いの5つだ。前述の夫婦の場合、夫はプレゼントという言語で愛を表現したが、妻はクオリティ・タイムが彼女にとってのラブ・ランゲージだとずっと伝えていたのだ。

対人関係において、「自分がしてほしいと思うことを、他の人にせよ」という黄金律は忘れよう。「相手がしてほしいと思うことを、その人にせよ」に置き換えるのだ。これはビジネスにも、家族や友人関係にも当てはまる。本書の共同執筆者にグレッグ・ディンキンを選んだ理由の1つは、インタビュー時にラブ・ランゲージの話が尽きなかったためだ。彼は、銀行の幹部向けのワークショップで、ラブ・ランゲージを判定する質問リストへの回答を義務づけているという。是非、あなたもオンラインに無料の質問リストがあるからやってみてほしい。周囲の親しい人にも勧めよう。

何が人々のモチベーションになるか、と問うのは止めて、一人一人のモチベーションが何かを問題にしよう。相手の願望を探って動機づけるホットボタンでも、愛を伝えるラブ・ランゲージでも、どの視点からであれ、何が個人個人に効きめがあるのか時間をかけて理解するしかない。モチベーションとなるものは人それぞれ違う。

何が相手の心に響くのかを理解することは大切だ。注意を向けていればわかってくる。知り合いのCEOの会社で、トップセールスマンが年82・5万ドル［約8660万円］を売り上げた。彼は売上実績が最高額に達した月に、「電話の1つもくれないじゃありませんか」とCEOに言ったそうだ。この言葉は明らかに、評価してほしいという気持ちを表している。どのような方法で評価されたいかもわかる。このセールスマンのラブ・ランゲージは、肯定の言葉だ。「ランチに誘ってもくれない」と言ったとしたらラブ・ランゲージはクオリティ・タイムで、時間を共にしたいと思っている。ロレックスの時計を所望するなら、プレゼントで伝えてほしいという意味になる。

優れたリーダーになりたければ、部下の望みを知るために時間と労力を費やそう。よくある間違いは、愛と感謝を伝えるとき、自分ならこうして欲しいという方法で表現することだ。言葉で誉められたいタイプなら、おそらく人を誉めるのは得意だろう。「金にものをいわせる」タイプなら、魅力ある報酬制度を用意するだろう。だが実際には、チームの一人一人のモチベーションは、それぞれ違うという現実に突き当たる。

「誰だって認められたい」とか「正当な評価は人間にとって大切だ」などの一般的な表現は、そのとおりだが大雑把すぎる。次の段階として、評価や承認の伝え方を具体的に特定する必要がある。私はCEOとして、1対1で向き合う時間を求める人は誰か、人前での賞賛を望む人は誰か、把握している。父親としては、愛情を感じて育つ子、誉められて伸びる子、クオリティ・タイムが大切な子を、それぞれ理解している。

適切な方法で伝えるのがよいとわかっていても、常に欠かさずそうできるわけではない。愛する人すべてに、それぞれのラブ・ランゲージで語りかけ、気持ちを満たすのは容易ではない。既にかなりの規模のビジネスを営み、家族も養っていれば、なおさらだ。とても全部は無理だという気もする。所詮、人間なのだ。

この点について『Thank God It's Monday: How to Prevent Success from Ruining Your Marriage [やれやれ月曜だ：仕事の成功が結婚を台無しにするのを防ぐ方法]』という本は、読んで納得できる部分が多かった。著者のピエール・モーネルは結婚カウンセラーだ。25年かけて、自分にもカウンセリングに来ている家族にも効果的だった、最良の解決策に辿りついた。それは、親しい人それぞれと、毎日5～15分間ずつ、じっくり意識を集中させて向き合うという方法である。誰とでもそうするよう勧めるつもりはない。社内の主要なチームリーダーや、成長の目覚ましい人材は、あなたが思う以上に1対1の個別の時間を必要としている。電話会議やズームミーティングだけでリーダーを育成しようとするのは手っ取り早いが、個別にじっくり意識を集中させて向き合うほうが、はるかに効果的だ。

一人一人の心に触れるための確認事項

1 その人の心に響くスイッチは何か？
2 どのような愛情表現を、その人は求めているか？
3 何によって、その人は感謝されていると感じるか？
4 その人を気にかける思いを、最も効果的に伝える方法は？
5 どうすると、その人の「ツボ」にはまるか？

ビジネスで愛を伝える9つの方法（ラブ・ランゲージ）

信頼関係によってビジネスが加速することを思いだしてほしい。信用度が高まると速度は増す。ラブ・ランゲージを用いて社員を気にかけている思いを伝え、彼らの才能を最大限に引き出す。すると、ますます信頼して仕事を任せられる社員になるので、ビジネスのあらゆる要素が迅速になる。

愛情関係において5つのラブ・ランゲージがあるように、優れた経営者がチームメートに語りかける方法として、次の9種類のラブ・ランゲージがある。

1　君が必要だと伝える

社員に責任を与えるのは、あなたが彼らを必要としていると示す方法の1つだ。人は必要とされていると感じたい。スポーツでは、調子の出ない選手にコーチが声をかけるだろう。「君がいないと選手権で勝利できない。勝ち抜くためには君が頼りだ。君が必要なんだ」と言う。

ただし、必要だという言葉を求めない人もいる。必要とされていると感じると、「俺がいないとだめなんだろ。俺なしには、何もできないんだ」などと言い、かえって互いの関係を損ねかねない。

バスケットボールのゴールデン・ステート・ウォリアーズのコーチにスティーブ・カーが就任した時点で、アンドレ・イグダーラは758試合連続で先発出場していた。だが、スティーブ・カーは、オールスターの名プレーヤーであるイグダーラを、ベンチスタートさせようと考えた。たいていの選手は降格と受けとめる。しかし、スティーブ・カーは、イグダーラがいかに必要か伝えて納得させた。ベンチから攻撃に火をつける必要がある、スタメンではないセカンドユニットを率いるために君が必要だ、相手チームの最強選手の攻撃に備えるため、途中出場選手の勢いのあるフットワークが必要だと力説した。その結果、スティーブ・カーがコーチとなった最初のシーズンでゴールデン・ステート・ウォリアーズは優勝した。そのうえイグダーラは、先発出場ではない選手としてNBA史上初となる、NBAファイナル最優秀選手賞［MVP］を受賞した。7章で述べたように、良い評価を与えると、期待に応えて力を発揮する。

2 評価して認める

伸び悩む会社をみて気づくのは、適切な業績評価が文化として根づいていない点だ。そういう会社では、プレッシャーが重なるばかりだ。デューク大学［ノースカロライナ州］の行動経済学と心理学の教授、ダン・アリエリーが行った調査は、モチベーションを高める材料として会社は金銭を重視しすぎると示しており、意義深い。ボーナスの現金支給でモチベーションを高めるだけだと、社員は賄賂のように金に操られて仕事させられるように感じる。ダン・アリエリーによると「まるで社員に『よくやっているが、会社に興味はなく金のためだろう』と言っているみたいだ」。ボーナス支給は、各社員の心のスイッチに個別に働きかけるのとは正反対の方法である。

チームメンバーを、もっと喜ばせる方法があるはずだ。特に、社内で起業し評価されて伸びるイントラプレナーに、喜んでもらえる方法が必要である。誰かの業績を認めるなら、あなた自身の気持ちを添えて表現するべきだ。例えば、私はある部署の事業本部長に、1984年のロサンゼルス・オリンピックの聖火リレートーチを贈った。会社でアイルトン・セナの思考法を学んでいたときの事業本部長には、アイルトン・セナのヘルメットを贈った。贈りものは、マイケル・ジョーダンのサイン入りのバスケットシューズでもいいし、ルイ・ヴィトンの特注のバッグでもいい。時には、壁に飾る銘板もよい。肯定の言葉を好む相手なら、その銘文に何と記すかは極めて重要だ。

「業績評価なんていらない」と言う人もいるだろう。実はそういう者ほど、評価の必要性は倍増する。いらないとの拒絶は、見せかけにすぎない。期待する評価は得られないだろうと、努力をためっているのだ。私が思うに、自信ありげな人も含め、誰もが評価を必要としている。

3 誉める：3つのタイプ

誉め方には3種類ある。どれを選ぶかは、個々人への理解と密接に関わっている。一人一人、動機につながるホットボタンは異なる。

1 **個人的に誉める**：個人的に賞賛を伝える方法である。食事を共にする場面や、気軽なやりとりの中で伝える。メールやメッセージ、スラック［ビジネスコミュニケーション・アプリ］を使ってもいい。「あなたの成長は素晴らしく、業績を讃えたい。仕事に打ちこんでいること、向上してきたことがよくわかる。目に見える成果を上げてくれた。感謝している」

2 **人前で誉める**：みんなの前での賞賛である。承認要求に応えるもので、注目を浴びたい人に特に効果的だ。ミーティング時に、そうしたタイプの社員の貢献を取り上げ、関心を集めるようにしよう。

3　**陰で誉める**：本人のいないところで賞賛する方法である。本人が聞いてないときに他の人に賞賛の言葉を伝えると、評価が人伝てに本人へ伝わることになる。陰で褒める戦術の効果は7章で述べた。有効活用するには、やはり相手をよく知る必要がある。

4　明確に指示する

チームは明確な指示を求めている。「できるだろう。やってみて」といった言葉は意味がない。「これと、それと、あれを、いついつまでにやってほしい。できるね？」と言ってほしい。通常、やるべきことを一度に3点以上列挙すると、多すぎると思われるので好ましくない。大切なのは、多くの社員が、何をすべきかはっきり伝えてほしいと思っている点である。

そうした働き手には、提出内容とスケジュールを、具体的に伝えるべきだ。口頭の約束でこう言う。「今日の午後4時45分までに、販売代理店を3件探して、名称と電話番号を私にメール送信するように。わかったね、ジョン」。このほうが「調べてみて、報告してくれ」と言うよりずっと効果的だ。

5　ビジョンを示す

明確なビジョンを誰もがもっているわけではない。目先のことに追われる社員から、先読みの思考が生まれないのも無理はない。だが、そうした人々もリーダーが語るビジョンと未来に耳を傾ける必要がある。偉大なリーダーは、チームがどこへ向かって進み、何が起きるのか、将来について常に説得力をもって語る。次を見据えているのだ。優れたリーダーは、例えば「わが社の最高の日が、目前に迫っている」と言う。社員にとって、正しい方向に導いてくれるグランドマスターのようだと思えるリーダーが望ましい。

社員のために将来像を描く必要がある。特に社員が身を粉にして頑張っているときは、彼らの心に訴えるよう、何を目指して仕事をしているのか描いてみせねばならない。

6 夢への道筋を伝える

みんな、どうやったら自分の夢が叶うのか知りたい。今の仕事が、いかに夢の実現につながるのか、理解したい。それに応えるドリーム・ランゲージを、社員を勇気づけるために発信すべきである。

以上6つの項目をみてきたが、残りの3つは個々に向けたラブ・ランゲージというより、相互関係についての提言である。それでも、ビジネスで愛を伝える方法のリストに加えるべき理由がある。相手を理解することであるとともに、社員の力を最大限に引き出し最終的には信頼関係を築くための語りかけだからだ。

7 深く関わってもらう

常に社員の意見を尋ね、彼らからのフィードバックを求めよう。会社にとって次に何が必要か、彼らの考えを必ず尋ねる。みんなも会社の経営に関わりたいし、自分の声を聞いてほしいと思っている。ただし、アイデアを聞きとるだけで実行しなければ、彼らは「意見を言ったってしょうがないじゃないか？　どのみち実践しやしない。だったらお互いに時間の無駄だ」と言うだろう（おそらく、独り言で）。本気で聞く気もないのに意見を求めるのは、かえって危険だ。

8 チャレンジを促す

優れたリーダーは、絶え間なく社員の意欲を喚起する。個人的に声をかけたり、人前で賞賛したり、本人のいないところで褒めたりする。誰かが失敗の後に進歩したら、個別に呼んでこう言う。「君の仕事ぶりは、よくわかっているよ。ずいぶんと成長して、喜ばしく思う。だが、二度としくじるんじゃない。今の集中力を保ってほしい」

自己満足ではなく向上を促すためには、公然と次のように畳みかける。「あなたはもっと大きな夢をもっていると思っていたよ。もっと野心的なことを望んでいたはずだ。月2万ドル稼げるなら、なぜ4万ドル稼がないんだ？　満足してしまっているのか？　満腹なのかい？　経済的に自由になればそれでいいのか？　ここはいつから、そんな会社になったんだ？　私たちはこれで十分なのか？　今やっていることだけでいいのか？　何のためにやっているんだ？」

9　耳を傾ける

9つめのラブ・ランゲージは、言葉ではない。9つめの方法は、黙って傾聴することである。誰もが自分のことや自分の経験を語りたい。耳を傾けるのは容易ではなく、特に短気なCEOにとっては楽ではない。だが、傾聴は重要なスキルである。時には、ただ座って人の話を聞くだけの場合もある。私が指導している何人かのリーダーは、とにかく電話してきて40分間喋りたい。彼らに好きなだけ語らせて、私は耳を傾ける。ひたすら聞いて、メモを取り、フィードバックを与える。電話をとったままミュートにして他の仕事をしたりはしない。話を聞いて、例えばこう言う。「さっき15分前に君が話したことは、他のチームメンバーから聞きとった意見を考え合わせても、やはり再検討の余地はなく正しいと思えるのかね?」

耳を傾け、心から興味を示すことが大切である。事実、以上のビジネスにおけるラブ・ランゲージはどれも、偽りのなく心からのものであるべきだ。見せかけなら、そうとわかってしまう。うわべだけなら、そう見抜かれる。真に相手を思うラブ・ランゲージで語りかけるとき、彼らは自分が認められていると感じる。

よく言われるとおり、スポーツにおける身体能力としてのスピードは、個々の選手が生まれもったものであり、教えようにも教えられない。敏捷に動く能力のトレーニングはできるが、スピードとい

う身体能力に恵まれているか否かは生まれつきで、変えようがないからだ。速くなるとしても、ごくわずかずつの進歩でしかない。しかし、身体能力のスピードと違って、ビジネスでは、確実に速度向上できるので、これに取り組まない手はない。ビジネスにおける加速は徹底して行うといい。市場動向の把握も、顧客への対応も、製品の配送も、ビジネスのすべての面で迅速さが欠かせない。

また、ビジネスや取引を加速させるには、信頼関係の構築が大切である。相手の信用度を4レベルのフィルターにかけて判断し、対象となる人物や状況を注意深く把握するといい。その方法で社内の人々の信用度も判断すれば、ビジネスのあらゆる要素を速やかに進めることにつながる。

信じてよい相手は誰か、なぜ信じてよいか、じっくりしっかり検討するように。例えばあなたの会社で、ジョンは「未知の人」なのか「ランニングメート（腹心）」なのか？　その信用度に基づき、彼に業務上の大きな責任を担ってもらいたいのか、それとも、厳しい監督下に置いて何らかの仕事を割り当てるのか？　こうした各種の問いを熟慮すれば、信用できる相手か否か、高い精度で見極められるだろう。

信頼関係を築く真の意義は、信用できる社員に仕事を任せればビジネスを加速できることにある。つまり大切なのは人と人の信頼関係なのだが、物事をデータや数字だけで分析していると、この重要な点を見落としがちだ。信頼関係の鍵は相手の心をつかむことだという点も見過ごしやすい。単なる従業員ではなく人間とみなされていると社員が理解すれば、互いの信頼が育まれ、それにより業務が迅速に進む。だからあなたも、社員のラブ・ランゲージを理解し心のスイッチを把握して、彼らへの思いやりを的確に伝えよう。

3手目 優れたチームの結成

1 いかにチームをつくるか：ソロプレナー神話からの脱却

どのようなタイプの人材をチームに引きつけたいか見極める。好ましいチームメンバーを集めて定着させるために、価値の高い提案（報酬制度）を用意する。自分と密に深く関わる相手については、さらに厳選するように。

2 理念とする原則に基づき企業文化を育む

ビジネスにおいても私生活でも、価値観と原則を確立し、表明する。譲れない点については、一切妥協してはならない。さもないと、あなたの言葉は重みを失う。

3 信用＝加速：信頼関係がもたらす力

信頼関係に基づく適切なコミュニケーションがあれば、社内の各部署で必要なあらゆるスキルを後任に引き継げるよう精査して、将来のリーダーを育成することができる。チームメートやリーダーたちとのコミュニケーションでは、伝え方を吟味する。信頼を育むコミュニケーションとなっているかどうか考えよう。一人一人が何を大切に思っているのか確かめて理解し、相手の心に響く方法で伝えねばならない。チームの上位5名のメンバーの主要なモチベーションを見極めておこう。

4手目

事業規模の拡大戦略

9章

飛躍的な拡大成長

1頭の羊が率いるライオンの群れは恐ろしくない。恐れるべきは、1頭のライオンが率いる羊の群れだ。

——アレクサンドロス大王

米国では200ドルもかけずに会社を設立できる。そして自分はCEOだと名乗れる。堂々と太字で「CEO」と印刷した名刺もつくれる。自分を好きなように呼べばよい。ただし、本当にその肩書にふさわしいと言えるのは、社員他大勢があなたをCEOと呼ぶようになったときだ。

2009年10月、私は66人のエージェントとビジネスを立ち上げた。最初の丸1年、収益は200万ドル［約1・7億円］に満たなかった。理由は単純で、自分が何をやっているのか、CEOとしてまったく自覚がなかったせいである。当時はまだ、事業の拡大に何が必要かわかっていなかった。

それまでの仕事人生では、私はセールスパーソンか営業所のマネジャーだった。会社の最高経営責任者の経験はない。ビジョンや戦略について何1つ知らず、商売を契約として成り立たせるための段取りや事務手続きもわからなかった。最初は知ったかぶりをして、何とかしようと試みた。模索が始まり、CEOとしての成功のために打つべき手を考えるようになった。最初の手は、ヴィステージへの加入だった。起業した人向けの支援団体で、いわば理事会のような相談役として助言をしてくれる。また、ハーバード・ビジネス・スクールの「オーナー／プレジデント向けプログラム」にも参加した。他のCEOと交流し、経営について学ぶ機会となった。

役に立つ資料を片っ端から漁り、さまざまなケース・スタディも集めた。会社経営につきものの諸々を解き明かす書籍なら、何でも注文した。経営コンサルタントのパトリック・レンシオーニの全書籍を入手し、それに加えて次ページのような本を購入した。

当時私は、誓いを立てた。自分には、フォーチュン500のランキング企業を経営するCEOに必要な資質がある、と確信できないなら自分を解任すると固く誓った。

会社を率いる立場となってから、私はすっかり圧倒されていた。生き残るためには、知識も驚異的なスタミナも、とことん必要だった。徐々にCEOとしての日常業務を理解するようになると、さらに重要なこととして、将来に向けて自分が思い描く会社にするために必要な指し手がわかってきた。

おそらく読者のみなさんは、事業拡大についての章を待ち望んでいただろう。これまでの章で述べ

『スケーリング・アップ：成長できる企業とできない企業は何が違うのか』ヴァーン・ハーニッシュ著

『トラクション　ビジネスの手綱を握り直す中小企業のシンプルイノベーション』ジーノ・ウィックマン著

『Built to Sell: Creating a Business That Can Thrive Without You［起業して手放せ：あなたが辞めても繁栄するビジネスを生む］』ジョン・ワリロウ著

『リーン・スタートアップ　ムダのない起業プロセスでイノベーションを生みだす』エリック・リース著

『ゼロ・トゥ・ワン　君はゼロから何を生み出せるか』ピーター・ティール著

『会社が急成長するロックフェラー式「黄金の習慣」』ヴァーン・ハーニシュ著

『アントレプレナー・マネジメント・ブック　MBAで教える成長の戦略的マネジメント』エリック・G・フラムホルツ、イボンヌ・ランドル著

『ザ・トヨタウェイ』［原書副題：世界最強メーカーを支える14の原則］ジェフリー・F・ライカー著

てきたのは、すべての基盤となることだ。自分を知り、論理的な思考力を身につけ、チームづくりを学んでもらったのは、いずれも、会社経営の困難に立ち向かうための準備だった。今こそ、チェスのグランドマスター並みの作戦を展開するCEOとなって、あなたが躍進するときだ。後述するように、成長戦略には、CEOの誰もが重視すべき4領域がある。それを理解すると、ビジネスを飛躍的に成長させる方法が、はっきりとイメージできるだろう。CEOとして、いかに目標にむけて事業を拡大し成長を維持するか、という問いに答えていきたい。

スタートアップ企業が経る4段階

1　構築（創設）
2　存続（生き残り）
3　モメンタム（推進力、勢いのある成長）
4　安定（停滞）

この中で、今はどの段階か考えてほしい。構築の段階か、存続の段階か？　モメンタムの段階まで達していないなら、何が飛躍的成長をもたらすかを、まだ見いだしていないのかもしれない。後述するように、ビジネスに火をつけるのは、イノベイティブな新戦略とリーダーシップの育成の2点である。

ビジネスに資金を投じる

ビジネスがどの段階にあっても、資金調達のプランが必要だ。事業を始めるにあたって家族から金を借りるつもりか？　創業間もない会社に出資してくれるエンジェル投資家を見つけて、自分の持分比率が低下するとしても株式を買ってもらうべきか？　いずれ成功したら、株式売却などで利益を得るイグジットを目指すのか、それとも、さらなる成功を目指して資金を集めるレバレッジで成長を加速させるのか？

このトピックは、それだけで1冊の本になる。また業界によっても違いが大きい。テクノロジー企業の場合、ツイッターやインスタグラムなどのようにウェブ上で何千万もの閲覧回数を見込めるビジネスでも、収益を見積もる既存の手段がないならば、先行投資で可能なかぎり資金調達しておくのが賢明だ。その他の業界では、段階的に資金を増やして成長すればよい。

1999年4月、ジャック・マー〔馬雲〕は自宅で電子商取引サービスのアリババをスタートさせた。2000年1月には既に、アリババは2000万ドル〔約21億円〕の資金をソフトバンク傘下の投資家グループから得ていた。ジャック・マーがソフトバンクCEOの孫正義に会い、どのように投資を呼びかけたかについて、『ウォール・ストリート・ジャーナル』紙は異例の内容だったと伝えている。マーはこう語ったそうだ。「私たちは収益の話も、ビジネスモデルの話もしませんでした。ビジョンを共有する話し合いでした。双方とも即決です」

CBSの報道番組『60ミニッツ』では、チャーリー・ローズによるジェフ・ベゾスへのインタビューの番外編で、ベゾスがアマゾンの創業資金を調達した1995年を振り返っている。「その投資は、みんなにとって大成功だった（笑）。だが、彼らはリスクも引き受けたのだから、いい思いをしてしかるべきだ。とはいえ、当時私は100万ドル〔約1億円〕調達しようと60回も面談を重ねて、ようやく22人から平均5万ドルを出資してもらったのだ。資金調達が本当にうまくいくか五分五分だったから、事業を始めもしないうちに話が終わってしまう可能性すらあった。1995年の話だ。どの投資家もまず『インターネットとは何だね？』と質問した時代だ」

2018年にジョージ・W・ブッシュ大統領センターで行われたリーダーシップフォーラムのインタビューでも、ベゾスはアマゾン創業時の資金集めを振り返って、こう言った。「私の話は、1995年のことだ。だがその2年後には、まったくビジネスの経験がないスタンフォードのMBA［経営学修士］でも、インターネットビジネスの事業計画があれば電話1本で2500万ドル調達できるような時代になった」

十分な資本の会社を築く道はさまざまだ。資金調達を始める前に、次の10の質問を投げかけたい。読むだけでなく回答も考えよう。

資金調達する前に問うべき10の事項

1　資金調達が本当に必要か？

あなたの会社は、そもそも資金調達が必要なレベルか？　あなたが考えているのは、今日からでも自分の資金で始められる、自助努力の小規模なビジネスかもしれない。

2　資金調達が不可能だったとしても、ビジネスのアイデアを生かす方法があるか？

この問いに答えられるなら、エンジェル投資家やベンチャーキャピタルがあなたのビジネスに大いに興味をもつだろう。元手がなくてもやれると示し、資金調達に先立ってモメンタムを得られるなら、あなたは実に魅力的な投資先となる。

3 調達した資金をどう使うか？

資金調達の際は、投資家の身になって考える必要がある。投資家は、あなたが金をどう使うか知りたい。資金を成長に変換する方法を投資家に示さねばならない。集めた金で、要職を担う人材を起用するのか、生産量を増やすのか、知的財産権の保護に充てるのか、使途の計画を投資家は知りたがっている。

4 あなたのビジネスには、どのような投資家が望ましいか？

あなたのビジネスに積極的に介入してくる投資家がよいのか？　投資してもらおうとする相手がどんな人間かはもちろん、その人物とどのような関係を築きたいか、考えねばならない。販路を開拓できるよう紹介先につなげてくれる投資家が必要なのか？　それとも、あなたが未経験の分野に精通している投資家に、アドバイザーの役割を果たしてほしいのか？

5 自分でビジネス全体をコントロールしたいか？

資金を出してもらう以上、さまざまな期待を背負うことになる。何の要求もせずに小切手を切る人はいない。あなたがビジネスを完全に自分でコントロールしたいなら、投資家がつかず資金不足に悩むかもしれない。一方、投資家に支配権の一部を譲るなら、より多くの資金投入ができる。いずれかの場合に備えておくように。

6　投資家への説明責任をどう果たすか？

起業した者の多くは、何をすべきかについて他人から指図されたくない。しかし、ベンチャーキャピタリストは経営に口を出したがるもので、ビジネスへの示唆を快く受け入れる機転のきく起業家を求めている。それを助言とみるか、干渉と感じるか？　介入されたくない、示唆に従う責任を負いたくないと思うなら、銀行のように口出しせず受動的に融資してくれるところを探そう。

7　自分の業界について十分にリサーチしたか？

あなたが行うべき下調べを怠って、投資家に時間を浪費させてはいけない。資金を集め始める前に、自分の業界の全貌を知っておくべきだ。そうすれば、投資してくれそうな相手に、あなたが本気で、資金をうまく活用する心積もりがあると示せる。

8　あなたのビジネスモデルの特徴は何か？

投資家は、あなたのビジネスの際立っている点を知りたい。市場競争での傑出した優位性を示すために、自分の会社の位置づけを明らかにするべきだ。

9　数字で考えたか？　あなたの会社の価値は？

あなたのビジネスについて、まともな数字で示せないと、投資家は即座に背を向ける。投資家は、あなたが現実的な予測を示し、その見積もりを理にかなった数字で裏づけることを期待している。業界内の企業比較の手法を用いよう。同等規模《コンパラブル》の他社との「競合調査」により、収益、販売数、その他業界独自の指標の複合的な比較を示すとよい。

10　創業して売却するつもりか？

投資家は、5~7年後に株式を売って確かな利益を得られるかどうかを知りたい。あなたの戦略は、売却で投資資金を回収しさらに利益を得るイグジットを目指すものなのか否か？　ベンチャーキャピタリストは、創業しても売却されるビジネスへの投資を好まない場合もあれば、売却等による短期間でのリターンを求める場合もある。売却について判断するためにも、事前の下調べが必要だ。

ベンチャーへの資金を外部から獲得できれば、あなたとチームを大きく後押しする自信になる。資金を集めると、会社の寿命が長くなると考えてみよう。ちょうどビデオゲームで、あと2回死んでも大丈夫なスコアを獲得したみたいなものだ。手厳しく要求の多い投資家に金を投じさせると、彼らの要望に対して説明責任を果たす義務が生じる。だが利点としては、そうした投資家から、強力な販路を紹介してもらうことが期待できるし、賢明な助言を得られる可能性がある。ビジネスや人生では何ごとも、利点のためには代価を払うもので、理にかなっているといえるだろう。一方で、自己資本の

みの場合は、資金が底をつくリスクがつきものだ。自己資本の利点としては、会社と株式が自分のコントロール下にあるので、要するにあなたの自由が利き、選択肢が広い。

金を出してくれる人の探し方については、自分を指導してくれるメンターを通じて投資家を見つけるのがベストだ。紹介してもらったのだからと、正当な行いを自らに課す効果もある。

では、メンターの信用を得る最善の方法は？　先の10の質問について熟慮し詳細な答えを示すことである。そうすれば、あなたの真剣さと覚悟の証となる。

資金調達のタイミングや方法については、これが完璧といえるものはない。自分にとっての選択肢を見計らいながら、全力を尽くすしかない。投資してもらうには、金を請うよりも、あなたのビジネスの魅力で引きつけたほうがいい。以上、資金調達について述べてきた。続いて、事業の拡大に進もう。

成長戦略の座標における4領域

スポーツジムでいつも会うのに、なぜかまったく進歩がみられない。そんな人はいないだろうか？　どれほどトレーニングしてもかわり映えしないことが、あり得るのか？　十分あり得る。しかも往々にしてある。ジムでもオフィスでも、ただそこに来て形式的にやっているだけ、という人は多い。職場にいるが、仕事に取り組んではいない。あなたもそうなら、よくても何とか商売を続けられる程度で、悪くすれば、先読みの思考の欠如のせいで会社をたたむことになるだろう。

成長は極めて重要だ。成長について、単純に何か数値を代入したら結果が出る関数とみなす起業家

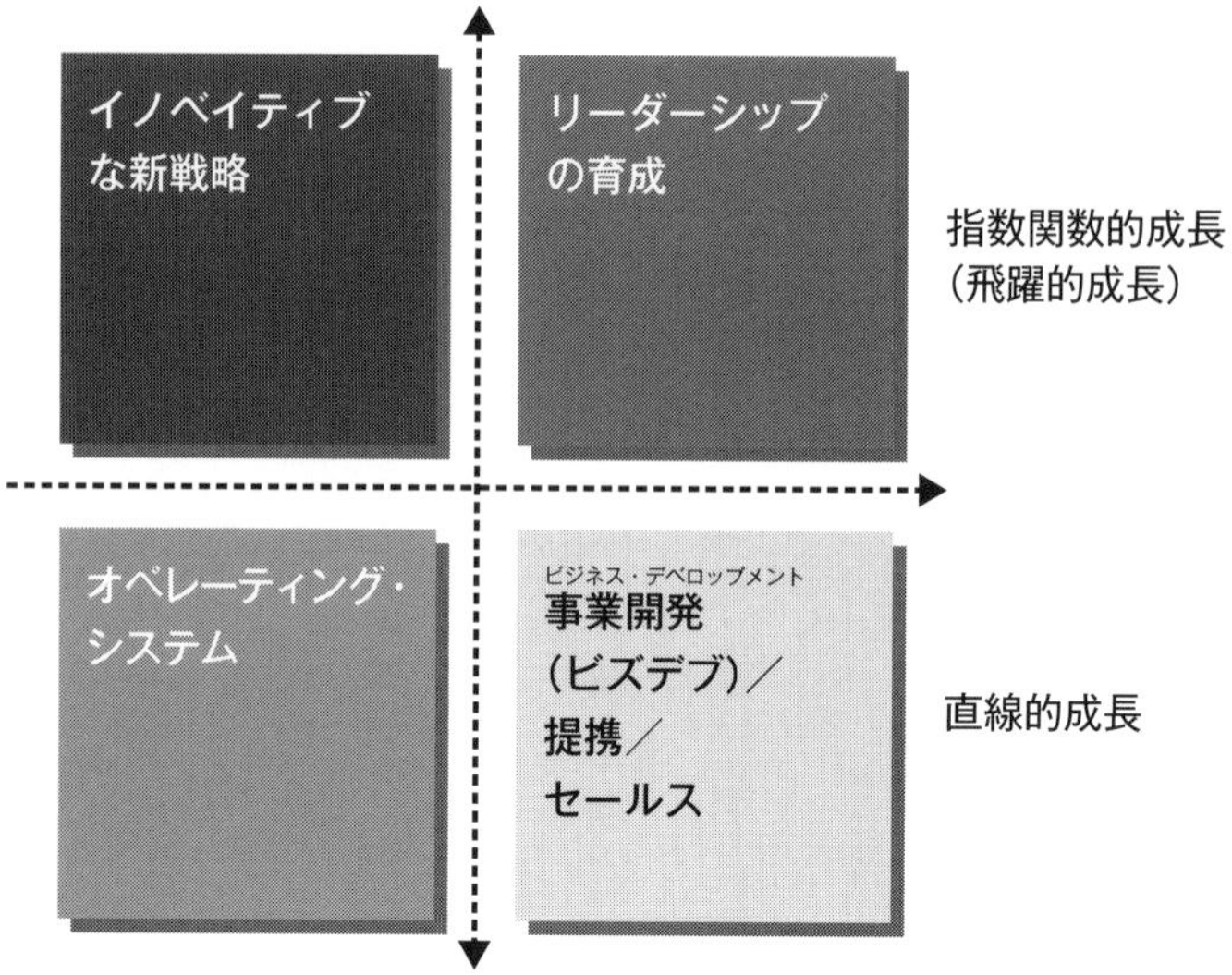

が多いが、それは間違いである。ビジネスの成長には2種類ある。「直線的成長」と「指数関数的成長」だ。直線的成長は安定していることを示すが、注目に値する進歩はない。納期を守って販売し、顧客を維持し、さらに顧客開拓のネットワークを拡大していく。一方、指数関数的成長は、飛躍的な勢いで急激な進歩を遂げる。経営者が通常業務の外に踏みだして特別な手を打つと、大躍進につながる。そうした経営者はビジョンをもち、その構想の実現のために、困難だが賢明な決断ができる。徐々に成長するだけでは満足せず、世界制覇を求めている。

ビジネスオーナーやCEOは、集約すると、上の座標に示す4領域の戦略において責務を担う。

オペレーティング・システムの構築、及び事業開発《ビジネス・デベロップメント》／セールスは、直線的成長の領域である。

1　オペレーティング・システム

会社のシステム、テクノロジー、業務プロセスを適切に機能させ、より効率的かつ効果的に運用することである。通常、経営者にとっては、ビジネスの中で面白味のない領域だ。飛躍的な成長はもたらさないが、オペレーティング・システムの改善で大きく前進できる。5章で述べたように、わが社ではインベストメント・タイム・リターンの手法で分析し、テクノロジーの導入で業務の流れを改善したところ、最終的に数百万ドルもコスト削減できた。

ビジネスが失敗する理由は、次の2つのどちらかだ。あまりに急激に成長したか、まったく成長しなかったかである。前者の場合、成長するなら急激でも構わないと思うかもしれないが、成長を支える適切なオペレーティング・システムがなければ、会社にとっては致命的である。

2　ビジネス・デベロップメント（事業開発）とセールス

2つめの領域は、ビジネス・デベロップメント（ビズデブ）すなわち事業開発と、セールスである。新たな取引先や提携先との関係を築き、セールス展開を推し進める。ネットワーク形成のことでもあり、業界のイベントへの参加も含まれる。とにもかくにも、関係づくりだ。

ビズデブは直線的成長の範疇である。あなたには、取引をまとめて収支残高を増やしていく責務がある。

次は、指数関数的成長をもたらす2つの領域である。

3 イノベイティブな新戦略

あなたはCEOとして、市場でのゲームの流れを一変させる、革新的なプログラムや販促プロモーションに着手するといい。バリー・トータル・フィットネスは、どの競合相手もジムの会員権に相当額の前払い金を求めていた時代に、頭金ゼロの導入という革新的な手を打った。また、1995年にコンチネンタル航空が導入したインセンティブ・プログラムも状況を一変させた。管理職以外の3万5000人の全従業員に、定時運航率の上位5位にコンチネンタルがランクインした月は65ドル［約6500円］支給するという画期的な戦略だ。リーダーのゴードン・ベスーンとグレッグ・ブレンマンの指揮によって、劇的な効果を上げ会社に転機をもたらした。ゴードン・ベスーンが著書『大逆転！コンチネンタル航空奇跡の復活』で詳述したとおりである。

2005年、ガソリンが1ガロン3ドル前後と高値だった年に、三菱自動車は米国で、車を買った客に1年分のガソリン代を支給するキャンペーンを展開した。要は割引の一種だが、魅力ある売り込み方である。また、韓国の自動車メーカー、ヒュンダイ［ヒョンデ］は米国でのマーケットシェアが伸び悩んでいたとき、業界で最長の10年保証もしくは10万マイル保証を打ちだした。いずれも、日常的なオペレーションに関する決断と違ってインパクトが大きく、指数関数的成長をもたらす選択だった。

2005年2月にアマゾンは、アマゾン・プライムのサービスを始めた。年79ドル［約8500円］

でアマゾン・プライム会員になると、すべての商品が送料無料で2日後に届くというものだった。その後アマゾンは、音楽配信、無料映画配信に加え、生鮮食品の無料配送も始めた。2019年9月時点で、プライム会員数は1億人以上である。その年会費119ドル［約1万2500円］により、119億ドル［約1・25兆円］の収入だ。まさに、イノベイティブな戦略である。

適切な手を打てば、ビジネスは大躍進を遂げられる。顧客の望みとニーズ、競争相手の弱み、あなた自身と自社の強みなどすべてを統合して、収益の急成長につながる戦略を展開しよう。

4 リーダーシップの育成

指数関数的成長は、社員を有力なリーダーに育てる手腕にかかっている。

将来のリーダーとして誰を責任ある人材に育てるか見極めよう。上位数人、もしくは何名でもよいので候補者をリスト化し、評価してみる。それぞれの長所と短所に注目し、さまざまな状況への反応の仕方を検討する。競争力のレベル、アイデア創出力、堅実さも考える。彼らに、会社を信じているか、リーダーの役割に就きたいか訊いてみるとよい。

次に、今後半年、1年、2年で彼らが行うべきことを、じっくり腰を据えて考える。意欲を喚起して彼らを成長させよう。例えていうなら、植物に水をやるようなものだ。

CEOとしてのあなたに対する評価は、どのようなタイプのリーダーを育成したかで決まる。他者に追随するのではなく自分自身でビジネスを構築できる人材が育つなら、会社の指数関数的成長につながる。そのためには、ふさわしい人材をリクルートし、リーダーシップの育成を重点領域として優先する必要がある。

CEOとしてのあなたの課題

会社経営が直線的成長のレベルに留まってしまう例は多い。起業したからといって、革新的なCEOやビジョナリーになれるわけではない。直線的成長の領域に時間を費やしているかぎり、それ以上のモメンタムは生まれない。一方、指数関数的成長の領域にすべての時間をつぎ込むと、急成長を支えきれなくなるリスクがある。

成長戦略の座標の4領域において、どのあたりでバランスを取るとうまくいって、どこに偏るとうまくいかないのか、検討する必要がある。方向転換をすべきときはいつなのか？　イノベイティブな新戦略を打ちだすべき時期か？　向こう3カ月ほどを視野に、これからの革新的戦略を練ってみよう。

ビジネス戦略を立案して成し遂げると、驚くほどの満足感を得るはずだ。ビジネスが成長し金になるのは、やりがいを感じる。そうなってくれば、ビジネスがますます面白くなるのは間違いない。

免疫ができるまでプレッシャーをかけ、社員のパフォーマンスを向上させる

社員の能力をそのピークまで最大限発揮させるには、どうしたらよいか？　年ごとに目覚ましい進歩を促す方法は？

これは起業した者にとって難題である。社員のよき友であろうとする試みもあれば、厳しくフィードバックしたり、支えとなって励ましたりする場合もある。このテーマに関する論は数多く出回っているが、私に言えるのは、私自身の経験で何が有益だったかである。私に役立った実践は、社員の誰からも快く思われる方法ではない。だが、あなたも社員のみんなに好かれたいと思うのを止めて実践すれば、私の勧める方法はきっと役に立つはずだ。

友人のクリス・ヘイズは、NFL［ナショナル・フットボール・リーグ］でニューヨーク・ジェッツなどに所属していたディフェンス・バックのプレーヤーだ。ハーマン・エドワーズやビル・パーセルズなど多くの有名なコーチのもとで7年間プレーした。あるとき、クリスに訊いてみた。「どのコーチとプレーするのが、一番大変だった?」

即答だった。「ビル・ベリチックだ」

1997年から1999年まで、ビル・ベリチックは、ビル・パーセルズがヘッドコーチを務めるニューヨーク・ジェッツで、アシスタントコーチをしていた。

「他のコーチとは比べものにならないね」とクリスはいった。「ベリチックの期待値はとてつもなく高い。腹が立つくらいだ。トレーニングも練習も、正気の沙汰じゃない。何から何まで限りなく完璧に近づくよう要求するんだ。ちょっとしたことも咎める。だけど、ベリチックが僕らの中で誰よりも勝ちたがっているとわかると、自分も勝てるって気になるんだ。だから、ベリチックに従おうと思える」

クリスがベリチックのもとで経験したことは、経営者にとって大いに参考になる。社員にプレッシャーを与えるとき、私はそれに対して彼らの免疫ができるくらいまでかけ続ける。彼らが私に耐えられるなら、顧客との面倒が生じても平気だ。私とやっていけるなら、誰にでも対処できるはずだ。彼らは動揺しなくなる。私という圧力釜を経れば、優れたリーダーとなってどんな対立関係もうまく収められる。

プレッシャーを与える方法として、私は問いを投げかけ、答えを待つ。社員にチャレンジを促す方法と、読者のみなさんの意欲を喚起する方法は同じだ。社員に何者になりたいのか明らかにするよう求め、今後の駒の進め方を詳述してもらう。こう進めたいと彼らが表明したら、その言葉を実行するよう、彼らに責任を課す。大声で怒鳴ったり、私が設定する目標を彼らに押しつけたりはしない。私は、彼らがこうしたいと述べた内容と同じことを言って、それを達成するよう促すだけである。彼らが目標に届かなかったら、なぜか、と質問を投げかけるだけで、それ以上は言わない。人から指図されるより彼ら自身で振り返るほうが、ずっと効果的だとわかっているからだ。要するに、彼らが自分で設定した高い期待値に責任をもつよう導くのだ。

往々にして、こうした責任を引き受けたがらない社員が多い。自己ベストの水準を維持するのは、生半可な気持ちではできない。だから、意図して私は一緒にプレーするのが大変なコーチであろうとする。私のチームの者は、プレッシャーへのアレルギー反応がなくなるまでに数年かかるが、抵抗がなくなれば、前途有望である。ビル・ベリチックのチームのプレーヤーのように、最初は不快でも、大きなプレッシャーを高い期待として受け入れるようになる。やがてプレッシャーが自分のパフォーマンスを向上させ、チームの勝利につながると気づく。いずれ、プレッシャーは苦ではなくなる。

加えて、ドミノ効果という、大きなおまけまでつく。私からポジティブなプレッシャーを受けた者が、他の社員にもそれを与える。チームに新たな人員を加えるとき、彼らにも同様のプレッシャーをチームから与えると、またそれが波及する。経営上の実践というより企業文化の一部となっているのだ。ただし、チームにうるさく口出しするという意味ではなく、ポジティブなプレッシャーを適切に与えるという意図だと理解してほしい。

ベリチックは、ニューイングランド・ペイトリオッツのヘッドコーチとして、スーパーボウル優勝を6回達成している。ペイトリオッツのクォーターバック、トム・ブレイディはスター選手だが、ベリチックのもとでのプレーを、楽な仕事として語れると思うだろうか？　もちろん語れるはずがない。事実、ベリチックはブレイディに実に厳しかった。だからこそ、何倍もの効果が生まれた。

チャレンジを促されるスター選手をみて、他の選手も奮いたつ。プレッシャーを受けながら期待感が高まり、その状態が標準になる。ブレイディはペイトリオッツでベリチックと20シーズンを共にした後、タンパベイ・バッカニアーズに移籍したが、それまでにベリチックとブレイディは史上最強のコーチとクォーターバックの関係を築いた。ベリチックはプレッシャーをかけた功績、ブレイディはそれに応えた功績により、史上最強の2人と呼ぶにふさわしい。

プレッシャーを与える方法には、各種の選択肢がある。建設的な批判をする、目標値を上げる、厳しい質問を投げかけるなどだ。問いかけて責任を課し、継続的にプレッシャーを与えるとよい。社員が奮起するのがわかるだろう。

こうしたことは手厳しく聞こえ、怖気づく人もいると思う。したがって万人に有効な方法ではないと念を押しておく。この方法はリーダーのあなたの人格と哲学に一致する必要があるうえ、効力は、チームと企業文化次第である。重ねて言うが、私にとって有意義な方法を伝えた。以上の点を考慮に入れ、あなた自身の方法でアプローチすることを期待する。

ビジョンあるリーダーの現実歪曲フィールド

ウォルター・アイザックソンによる評伝『スティーブ・ジョブズ』で取り上げられているとおり、ジョブズには「現実歪曲フィールド」がある。他者が現実とみなす「これでいいだろう」という一般的な考えを、ジョブズは受け入れない。彼は独自の世界観をもち、それを現実にしようと他者を動かす。自分の意向を他者に吹きこみ、相手の期待値を書き換えてしまう。人々が自らに課す限界を、ジョブズは現実として受け入れないので、結果として彼に動かされて何かを成し遂げた人々は自分が実現したことに驚く。

常に水準を引き上げる堅固なCEOと働くのは、楽ではない。いくら仕事をしても十分ではない気がする。社員はCEOに言うだろう。「ある水準まで達したのに、また指標が引き上げられる。いつになったら十分満足してくれるのか？」そうしたCEOだからこそ、成果が上がるのだ。そうした姿勢だからこそ、仮に納期を無理強いして嫌われたとしても、今ではジョブズが尊敬を集めているのだ。

ちょっと話が脇道にそれるが、解雇される人に関する、おかしな誤解がある。たいていの人は平社員が最も解雇されやすいと思っているが、現実には会社の創業者かCEOほどクビを切られている者はいない。従業員が離職するたびに、お払い箱とされたのはCEOのほうである。顧客が競合他社に流れるのも、一流のセールスパーソンが辞めるのも、会社が訴えられるのも、その都度ある意味でCEOがクビになっているのだ。誰よりもクビ切りに遭っているのは、CEOだと言いたい。

CEO／創業者は仕事を失うと倒産が避けられず、すべてを失うが、従業員が失うのは仕事だけで、ただ次の職を探せばよい。誰よりもプレッシャーを感じているのはCEOだとチームに伝えることは大切だ。彼らを不安にさせるつもりはなく、プレッシャーをみんなが共有していると理解してもらうためだ。

私が社員の意欲を喚起する方法を、例として挙げよう。ミーティングに集まってもらった従業員に、こう問いかける。「昇給を希望している人はどのくらいいるかな?」

みんなが給料を上げてほしいと言う。

「オーケー。では、みんなにやってほしいことがある。これまでの年収で最高だった額を書きだしてもらいたい。私にみせなくていい。自分で書いておいて」

それができたら、こう言う。「次に、希望している年収を書いてみよう」

書き終わるのを待って、問いかける。「その金額にまだ達していないのはなぜだろうか？　会社のせいだろうか？　では、答えを明かそう。ひとまず気が楽になる答えと、本当の答えと、どちらを聞きたい？」

彼らは本当の答えを知りたいと言う。

「理由は、マーケットが私たち一人一人の価値を決めるからだ。自分はもっと価値があると思うことはできる。だが、マーケットがそれに金を払おうとしないなら、自分の価値を高く見積もりすぎているかもしれない。それぞれが書いた金額を、仕事をして獲得してくる必要がある。運よく金が転がりこむわけではない。会社で役職に就きたいかな？　部署を運営するようになりたいかな？　ならば、業界での自分の価値を高めるには何をすべきか、自問することだ。社内で勤続年数が長い者は、常に自分を向上させている。会社は進化を奨励する。あなたが向上しないならば、より進歩した他人があなたの上司になる」

こうしたあらゆる言葉かけで、プレッシャーも期待値も徐々に高め、パフォーマンスを向上させる。

その次のステップは、社員が自分を省みて自らの進路を定める環境づくりだ。彼らに今後の5つの手をリスト化するよう指示する。責任をもってその駒を進めるよう全力を尽くすつもりなら、リストを私にメールするよう伝える。それにより、彼らは自らの目標を設定でき、私はその遂行責任を彼らに課すことができるのだ。

社内のライオンを放って力を発揮させる

哲学者のルートヴィヒ・ウィトゲンシュタインは、「もしもライオンが話せても、そのライオンを私たちは理解できないだろう」と相互理解の困難さについて述べた。あなたはライオン（傑出した人材）の扱いを習得せねばならない。ライオンは帝国を築き人々を指揮する。多くの収益とともに、多くの頭痛の種ももたらす。要求を突きつけてくるし、気が短い。薄情に見えることもある。組織を乱し、秩序を混乱させる者も多い。

先述のロブ・パーソンはライオンだ。モルガン・スタンレーで目覚ましい成果を上げたが、管理職が彼の扱いを知らなかったせいで、会社はロブ・パーソンを失いかねなかった。どこにでもいる羊は失ってもいい。だが、ライオンを失ってはならない。

有力な企業内では、数多くのライオンがそれぞれの帝国を築いている。私は自分の代理店を始める前、大企業で働くライオンだった。強気で生意気だった。先述のように16ページの提案書を経営者宛てに記し、変革を要求した。会社の首脳陣がライオンの扱いを知っていたら、私の強気をうまく生かして儲けただろう。私は社内で起業するイントラプレナーとして事業を担い、自分のために一財産築き、会社のために膨大な富をもたらす心積もりがあった。だが会社は扱いを心得ていなかったので、私は辞めた。

ライオンの扱いで肝心なのは、彼らにチャレンジを促すことだ。スター選手でも、腹が立つほど激しいプレッシャーをコーチから受ける。痛みを感じるほど刺激されるのは面白くない。それでも、その選手は最終的にコーチを賞賛する。なぜか？　スター選手はライオンだからだ。ライオンは痛みを認識するまで追い込まれると、やりがいを感じるからだ。

あなたが人に好かれたいなら、人を喜ばせることしかやりたくないなら、ライオンの扱いには不向きだし、そもそもCEOにふさわしくない。当面は憎まれるだろうが、社員に責任を課すことが、彼らを成長させながらビジネスを存続させる唯一の方法である。

責任を課す7つの方法

1　**躊躇せず責任を課し、約束を守らなかったときは指摘する。**個人的な文脈で指摘や批判を行っているのではないと、はっきりさせよう。好ましくないのは彼らのパフォーマンスであって、彼らの人格ではない。寛容さを忘れないように。

2　**理由を尋ね、黙って時間をかけて答えを聞く。**約束を守れなかったり期日に遅れたりした理由について、明確な説明がなかったら、なぜかと尋ねる。具体的な答えを引き出すように。実際に何が起きているのか深く探る必要がある。会話から探り当てるしかない。

3　**漠然とした言葉ではなく、具体的な数量で伝える。**単に頑張れとか上を目指せと言っても意味がない。数値で測れて期限の定められた目標に具体的に取り組んでもらう。

4　**わかりやすい指標（メトリクス）を設定し、具体的なインセンティブを提示する。**彼らが指標に達したら何を得るのか（あるいは達しなかったら何を得られないのか）、明らかにしよう。数字は嘘をつかない。ゴールを明確にすれば、後のトラブルを避けられる。

5　**業務の流れ（ワークフロー）を通じて指導する**。何に取り組むかを伝えるだけでは不十分だ。あなたはコーチとして、どのように取り組むか流れを示す必要がある。業務を達成する手段と能力を確実に身につけてもらおう。

6　**チームでの一人一人の役割を把握する**。ある社員に責任を課すと、チームの他のメンバーにどう影響するか？　その人が確実に成功するために、誰か他の人も責任を共に負う必要があるか？　などの理解も必要である。

7　**愛情と共感をもって締めくくる**。私たちはみんな、感情をもつ人間だと認識しよう。人生のさまざまなことを人知れず乗り越えて生きている。あなたは毅然としつつも思いやり深くあるべきだ。

　このリストは、誰があなた自身に責任を課していくかを網羅していない。あなたにとって、同レベルかそれ以下の相手は、あなたに対して厳しくなれない。そういう人があなたに責任を課すのは無理だ。尊敬できる相手で、あなたに週単位の責務を課す役割を担ってくれる人を見つけるといい。上司がいるなら、その人でもいいだろう。起業しているなら、投資家か幹部に役目を担ってもらおう。YPO［ヤング・プレジデンツ・オーガニゼーション］のような組織は、相談役となり助言を提供してくれる。

より高いレベルに進むために、あなたの大きな目標を共有する人、あなたに目標を達成させる役割を引き受けてくれる人を探すかどうか、あなた次第である。

自分に責任を課してくれる人々のリストをつくるとよい。その人たちの信用の度合いはどの程度か？　信用のレベルが低いなら、その人を選ぶ理由があるのか？

CEOとなる準備が、整ってきたと思う。となれば、ビジネスを営むために十分な元手が要る。先述したように、最適な資金調達方法を選ぼう。どの程度の支配権（株の持分）を投資家に差しだすのか、どの程度の責任を自分が負うつもりか、兼合いを図って選ぶ必要がある。

会社の資金がうまく調達できたら、今度は成長に焦点をあてる。モメンタムを生み、その勢いを維持するために、直線的成長と指数関数的成長の両方の戦略を用いるべきだ。イノベイティブな新戦略が、ビジネス拡大の大きな契機になるだろう。また、リーダーの育成も、飛躍的な成長を生むはずだ。ただし人材育成による会社の成長は、イノベイティブな戦略による拡大ほど急激な展開ではなく、計画に基づき予測可能なペースの伸びである。

そして、何よりも大切な資源は周囲の人材であることを忘れないように。CEOである自分を中心に世界が回っていると思うなら、とんでもない過ちだ。社員なくしては、あなたは仕事をしているとしても、ビジネスを営んでいるとはいえない。

会社の社員を心から気にかけねばならない。口先だけのことは、見透かされる。誠実で真正な姿勢には、応えてくれるはずだ。そうした姿勢を示す最適な方法は、相手を慮って問いを投げかけることだ。あなたは、彼らの夢、目標、目的意識について思いを巡らせているだろうか？　考えているなら、いつか必ず立派なCEOになるだろう。

人的資源は、何よりの宝である。この人が落ちこんでいるのはどうしたわけか、彼女はなぜ全力を出せないのか、彼が少々不注意なのはなぜか、知る必要がある。気になる社員をランチに連れ出し、話をして問いかける。「万事順調かい？　嫁さんはどうしてる？　子どもたちは元気かな？」ビジネスの成功は、人間関係にかかっている。

ここまで読んで「そんなに何もかもやりきれない！」と言うだろうが、こうしたあらゆる仕事に何年も要すると思っておいてほしい。一夜にしてできるようになると期待してはいけない。向上し続けたいという終わりなき願いによる、終わりなき取り組みなのだ。いつの日かあなたは、会社を登記し名刺を刷っただけの自称CEOではなくなる。確かにCEOだと自覚できるのは、他の人からそう認識されるようになったときである。

10章

モメンタムを味方につけカオスに備えよ

すべてがまとまりを失っていくような、パニックにも等しい感覚が、成長にはあるものだ。

その恐ろしさから一刻も早く脱したいと思う。わが身に危険が迫っていると感じる。だが、意識を集中させて、その危険を封じ込め、緊迫した事態を終わらせねばならない。

逃げたい……そう思ったときが、敗北の決定的瞬間なのだ。そう感じる自分を認識し、背を向けずにその瞬間に踏みこんでいくべきだ。

――セス・ゴーディン（ブロガー、起業家、ベストセラー作家）

富を築き、成功を積み重ね、勢力を拡大するには、10試合連勝中のバスケットボールチーム並みの勢いが必要だ。順調に勝ち進むと、勝利のたびにモメンタムが生まれ弾みがつく。辞書の定義によると「ｍｏｍｅｎｔｕｍ（推進力）」は、物体の質量と速度から生じる。ビジネス経営に関する用語として解釈するなら、自分という存在と、自分が前進するスピードから生じる力といえる。

モメンタムを得ると、単なる経営者ではなく力みなぎる存在となって疾走し、まともな者なら誰1

人立ちふさがろうとは思わないほど勢いづく。まっしぐらに突き進み、あなたは自信を増し能力を伸ばしながら収益を上げていく。

モメンタムを味方につけることについて、真剣に考えたい。ここで、モメンタムをデート相手として擬人化し、あなたの「恋人」としてみよう。デートのたびに関係が深くなり、会うたびに前よりも親しくなる。あなたとミス・モメンタムは、物理的な距離だけではなく心の距離が縮まり、2人のあいだに敬意も生まれる。

熱い「恋の炎」で、ミス・モメンタムは、あなたって最高ねと言ってくれる。それを鵜呑みにして自惚れるあなたは、自信過剰になって浮気を始める。愚かにも、あなたはミス・モメンタムがいつも変わらず自分のもとにいてくれると思っている。だが、ある日突然、一瞬にしてミス・モメンタムは消え去り、関係は崩壊する。恋人の好意につけこむと関係が台無しになるように、手にしたモメンタムを正しく用いないと、勢いは瞬く間に失われる。1人ぼっちになったあなたは、屈辱を感じながら、また一から出直さねばならない。自分の信用のなさを露呈してしまった今、成功への道は以前より険しい。

この恋愛のようなシナリオに相当するビジネスを数多く目にしてきた。そのためこの章では、モメンタムがもつ力と危険性を、共に取り上げる。適切でイノベイティブな戦略とリーダーの育成に取り組めば、モメンタムが生まれるはずだ。それを維持できるかが、課題となる。起業に成功する者は多いが、勢いのある状態を継続させる者は少ない。違いは、いかに自分を律するかにかかっている。モメンタムによって力は増すものの、自分自身の弱点が死角となり過ちを犯しかねないからだ。まずはモメンタムを得る方法について述べ、次にそのマネジメント方法へ移ろう。

モメンタムを維持できるよう自分を鼓舞するためには、次のように考えてみよう。モメンタムがあるときは、凡庸な起業家でも、まるで神風が吹いているような気になるものだ。モメンタムは大きな成長をもたらしてくれる。だから、モメンタムが失速しないように自分を律して正しく行動しよう。そう自分を励ましながらも、調子に乗ってエゴを膨らませないよう注意すべきだ。

何かに熱狂するなら、スピード狂になれ

共に仕事する人には、私が、スピード、出来ばえ（品質確保）、効率性の面で妥協しない、と理解してほしいと思っている。どれほど会社が大きくなっても欲しているものが、スピード、出来ばえ（品質確保）、効率性である。私は貪欲に、この3つすべてを求めている。

ビジネスリーダーにとっての難題がある。物事の遂行に要する時間を、いかに削減すればよいか？概して経営者は、速度を向上させる方法を知らない。理解不足のまま、次のようなことを口にするリーダーや経営者が少なくない。「なるべく速くやっている。これ以上、目に見えるスピードアップは無理だ」と言う人もいれば「確かに時間は削減できる。だがそれには、雇用を増やすか、もっとよいシステムを導入するために、大枚をはたくことになる」と言う人もいる。

そうした言い草は認められない。

速度向上のために品質について妥協する、などいうつもりは毛頭ない。その代わりに、品質を犠牲にせずに（むしろ改善しながら）加速させる方法を伝えたい。まずは、フェラーリについて考えてみる。１９７７年、１９９７年、２０１７年に製造された、異なる型の３種のスポーツカーがある。停止状態から時速60マイル［時速約96キロメートル］に何秒で達するか、それぞれ違う。

　この経緯から２０３７年のフェラーリの性能を予測すると、どうなるだろう？

　停止状態から時速60マイルに一瞬で達するのは、至難の業に思える。１９７７年には、４・９秒でそれができるフェラーリが登場するとは思いもしなかったに違いない。１９９７年には、２・９秒で達するフェラーリが生まれるとは思ってもいなかったはずだが、スピードアップできたのだ。

　ビジネス上のさまざまな業務——セールス、採用、顧客対応などすべて——についても、時間短縮のためにできることがあるのでは？　どんな業務であれ、難しそうでほぼ不可能に思えても、所要時間の削減方法はある。

やれることはすべてやって、もう削減できない、と反論する前に、もう1つ話を聞いてほしい。トヨタの成功のきっかけは、生産ラインで生じるあらゆる問題に59秒以内で対処するという決定にあったようだ。トヨタでは生産ラインの全従業員のために、連絡用のベルがある。問題を見つけてベルを鳴らすと、直ちにスーパーバイザーが駆けつけて解決するのだ。

これが、業界内でトヨタが優位に立った最たる理由といえる。マーケティングや価格の点で優れていたのではなく、時間削減法を習得したからなのだ。競合相手よりも速く製造を進められたのである。

ファストフード業界を考えてみよう。なぜ、マクドナルドは長年揺るぎない地位にあるのか？　メニューやサービスがよいからではなく、商品を提供する速さが秀でているためだ。あなたもこれに倣うべきである。意欲ある社員を集めて、業務のスピードアップの方法を検討してもらおう。ビジネス上の各業務に含まれるステップを一覧にしたリストをつくるとよい。省けるステップがあるか検証し、時間短縮できるステップを見極める。そして改定した部分について試験的運用を行い、その結果に基づいて調整を図る。可能なかぎりあらゆる時間削減の手段を講じよう。

加速をもたらす4つの方法

次の4つの要素を向上させると、ビジネスは加速する。

1 作業速度

作業速度は、社内チームに提供するサポートシステムによって向上する。社員がどのような人でどんな能力があるか、まず把握する。そして、トレーニングやその他の手段で彼らの成長をサポートすれば作業時間を短縮できるのか、あるいは、時間削減の手腕をもつ人材をサポートとしてつけるべきか、考えよう。業務における作業速度は、ビジネスの要である。

2 業務プロセスの速度

組織の事業を成りたたせるには、数多くの作業やプロセスがあるはずだ。最初のA段階から製品化の最終段階Zまで、どのくらい迅速にもっていけるか？ 先に勧めたとおり、業務を各ステップに分け、時短を念頭において分析しよう。例えば、あなたがオンラインストアをやっているとする。販売のプロセスでは次の一連の要素が速さに影響する。客がウェブサイトを検索、それからサイトの閲覧、特定の製品のページへ移動、値段や他の比較情報を確認、製品をカートに、クレジットカード情報の入力、配送方法の選択、注文内容の確認。以上、客が行うステップのうち、1つでも減らせば、有利になる。アマゾンの「1クリックで今すぐ買う」ボタンを思い出してほしい。販売に至る速度を重視したから、アマゾンはeコマースで支配的地位に立てたのである。

3　拡張速度

これは、新市場に乗りだす、買収を行う、新製品を発表する、といった動きを、いかに迅速に行えるかである。もし小売業者なら、通常新たな市場への参入までの時間はどの程度か？　ここでもまた、要す時間を検証して各ステップを分析するとよい。海外市場を展開している場合、特定のステップにいつも手間取っていないか？　流れを遅らせるボトルネックがどこか突きとめ、その解消法を見つけるべきだ。海外と契約をまとめるたびに役所の官僚主義のせいで行き詰まるなら、それによる時間と金と苛立ちがどれほどか見積もるといい。率直なところ解決策は、そうした契約業務を担う法律の専門家の中から、役立つ人脈とグローバルな経験をもった諸事情に通じている者を採用することだろう。

4　加速のタイミング

「いつやるか？」と考えると、劇的な効果がある。適切なタイミングで手を打てば、自分より資金のある競合相手を打ち負かせる。例えば、あるビタミンに、特定の病気の症状を緩和する効果が認められたとの大規模な調査報告を、政府が発表すると聞いたとする。あなたは、どのビタミンが推奨されるのかはわからない。しかし、あなたの会社が開発した効力の高いビタミン剤が該当することに賭けてみる。その商品の発表のタイミングを、政府の調査報告の公表日に合わせるのだ。

どんな動きをするにも、タイミングがある。インセンティブ報酬のプランをいつ発表するか？　競争相手に対する戦術をいつ開始するか？　採用、解雇、ボーナス支給、株式提供を、いつにするか？　適切なタイミングで行えば、効果は倍増するだろう。スピードは命取りだという言葉がある。加速できれば競合他社の命を奪える。

時間削減法の7段階

1　時短の対象を選択する

家を購入する、タクシーを呼ぶ、オンラインで友人と写真を共有するなど、何をするにも一定の流れがある。そのプロセスの中で欠点となる部分、時間のかかる部分を見いだし、改善法がわかれば、それがビジネスとして成りたつ可能性が大いにある。

2　プロセスの中の各ステップをリスト化する

3　ステップを省く

これによって、劇的な効果がもたらされる。省けるステップはどれか検討しよう。そのステップを抜かすと、処理の流れはどうなるか？　時間を要し障害となっていた部分は削るべきだ。もしまだステップ削減の効果に確信がもてないなら、5章に戻って、私の会社でなぜ処理速度の向上に100万ドル以上かけたか、振り返ってほしい。

4　各ステップを短縮する

残ったステップの所要時間を短縮する。不要なステップを削減したので、残りの必要なステップを集約すると、もとのプロセスよりも効率化されているはずだ。

5 **改定したプロセスを試験運用する**

新しいプロセスが機能するか、顧客の一部に試してもらって確かめる。市場はどう反応するか、改善点はあるか、検討する。

6 **プロセスの適用**

試験運用の結果に基づき、改定版のプロセスをさらに調整する。具体的なニーズに合わせてプロセスを適用できる段階となる。

7 **仕上げて磨きをかける**

試験運用と調整を終えたら、発売の準備は整った。速やかに市場の隅々まで、出来上がったものを販売しよう。そして、以上の7段階の取り組みを何度も繰り返すことを忘れなければ、飛躍的に成長できる。

楽観的かつ賢明な成長プラン

スティーブ・ジョブズはこう言った。「ウェイン・グレツキー［アイスホッケー選手］のよく知られた名言を胸に刻んでいる。『私が滑っていくのは、パック［円盤］がある場所ではなく、パックが向かう先である』。これはアップルで私たちがやってきたことだ」。あちこちで引用されて手垢のついた感があるが、この名言には叡知があふれている。グレツキーは、ホッケーにおける究極のグランドマスターだ。敵よりもはるかに先を読む力が、今なお「ザ・グレート・ワン」と呼ばれる史上最高のプレーヤーである所以だ。

あなたは常に将来に向けた決断を迫られるはずだ。現在という時間に存在しながら、意識と心は「未来という現実」を生きることになる。会社のオフィス空間を例に挙げよう。普通なら会社は段階的に伸びるものだが、特に大きな成功を収めた場合は急勾配で成長する。となると、社員が増え設備もスペースももっと必要になる。例えば、こんな会社がある。ハイテク関連のスタートアップ企業のオンライコミュニティ「ビルト・イン・シカゴ」の発表によると、2019年9月、プライマリ・ケア〔かかりつけ医による一次診療〕の医療サービスを提供するビレッジMDの資金が、投資ラウンドのシリーズB〔収益の安定成長段階、シリーズAとCの間のミドルステージ〕に入り、1億ドル〔約105億円〕に達したそうだ。「ビレッジMDへのこれまでの投資額は2・16億ドル〔約226億円〕に達した……、同社は2013年の起業以来、4カ所に拠点を構えて拡大してきた」と報じられた。

急成長は混乱を引き起こす。だが、ある程度の秩序を保てる方法を教えよう。資金があるなら、18カ月先の必要性を見込んでオフィス用の場所を借りる、という簡潔なルールに従うのだ。多くの会社にとって、仮に、という想定は思っている以上に重要だ。ビレッジMDは、2013年の起業以来6年間で、拠点を確保する手を4回打った。急成長した会社でありながら、バランスを崩さずうまくオフィスを確保できたようだ。

会社が成長しても十分なスペースがないと、人があふれて窮屈になる。社員同士の距離が近すぎると、人によっては好ましくない摩擦が生じる。何かと衝突して声高に争うようになる。会議室の取り合いになったり、電話の会話に聞き耳をたてるなと言い合ったりする。スペースが足りないと成長の勢いが鈍くなるのは明らかだ。


ロミオは75万ドル［約7870万円］の資金を調達し、カリフォルニアのロングビーチに金融サービスのマーケティング会社を設立した。多くの起業家と同様、ロミオも驚異的なセールスパーソンだった。成約率《クロージング》の高さはカリスマ的だ。映画『摩天楼を夢みて』でアレック・ボールドウィンが演じる辣腕幹部の言葉でいうなら、「何が何でも、正式な契約書に署名させる」力が際立っていた。しかし、超一流のセールスパーソンであっても、だめな経営者になりかねない。

私はロングビーチのワールド・トレード・センターに行き、ロミオの仕事を覗いてみた。ロミオは、そのビルの19階を丸ごと借りていた。3万平方フィート［約2787平方メートル］近い広さだ。1フィート当たり年30ドル［約3150円］なので、賃料だけで月額7万5000ドル［約780万円］もする。その他に、電話代、インターネット通信料、電気代などオフィス運営の費用が毎月かさむ。働いてくれるスタッフも必要だ。どうやらロミオは、目前の1手か2手しか考えていないらしい。

ロミオに資金を提供した投資家が、出資は正しい選択だったと思うかと訊いてきた。

「投資のリターンを、いつごろと見込んでますか?」私は尋ねた。

「向こう6カ月か、まあ1年だな。そんなもんだろ」その男はいった。

そこで考えてみたが、ロミオのビジネスは危うい方向へ向かっているのは明らかだ。計算すればわかる。彼の会社は、毎月の固定費だけで計10万ドル［約1050万円］かかる。さらに、会社設立の75万ドルを出資したこの男が1年間で資金回収するつもりなら、月額6・25万ドル［約656万円］を還元せねばならない。もちろんロミオ個人の衣食や車の費用もかかり、しかも彼は高級志向だ。

ロングビーチを発つ前にロミオと夕食をともにした。率直なフィードバックを求められたので、手遅れにならないうちに出費を最小限に抑えるべきだと伝えた。会社のエージェントはフルタイムが5人、パートが30人なのに、あんなに広いオフィスは無意味だと指摘した。オフィスや各ブースに空席のデスクが40もあり、フロアは閑散として陰気だった。察しがつくだろうが、ロミオは私の助言を苦々しく思ったようだ。

ロミオはビジネスをやっていく才能もスキルも備えていた。それなのに、財務上の健全な判断がビジネスの成功には必要だと、認めようとしなかったのだ。結局、多額の借金を抱えて会社は潰れた。グランドマスターだったら、ロミオのようなことをするだろうか? せめて3手先を読んでいたら、破滅の道を辿らずにすんだかもしれない。

現在と未来の双方を視野に入れた経営は、微妙なバランスを要するものだ。フルタイムの社員が5

会社名	創業時のオフィス
アップル	カリフォルニア州クパチーノのガレージ
マテル（玩具メーカー）	自宅の仕事部屋
グーグル	友人の機械工場の裏の狭い小屋
ディズニー	自宅のガレージ
イーベイ	叔父のガレージ
ハーレーダビッドソン	寮の一室
デル	レンタルのガレージ

人なら、定員15～20人の空間がオフィスとして最適なスイート・スポットだろう。抜け目なくやるなら、必要になったときに使える近隣のスペースをオプションとして探しておくことだ。

要は、成長を視野にいれたプランを立てればいい。賢く計画すれば、最重要の用途に資金を配分できる。オフィスは広いほうがいいと自分を言いくるめてしまいがちだが、スペースの獲得に躍起になる前に、考えて直してほしい。ちょっとゲームをやってみよう。会社の創業場所をあてるクイズだ。

アップルの発祥地は知っているだろう。その他の会社について、最初のオフィスだった場所を線で結んでみよう。

後悔を最小限に

アマゾンを創業したジェフ・ベゾスは、後悔最小化についてたびたび語っている。未来の自分の視点に立って、やらなかった場合に後悔するであろうことを考えるのだ。この方法をとると、仮に失敗しても、まったく試してみないよりは後悔が少ないわけで、行動した場合に想定されるリスクも引き受けることになる。

NHL［ナショナルホッケーリーグ］史上、最多ポイントを誇るウェイン・グレツキーの、時を超えた名言がもう1つある。「打たないシュートは、100％外れる」。打ち続けたほうが、後悔が少ないわけだ。

後悔最小化の意義を明らかにするために、次の問いも考えてみよう。ウォーレン・バフェットは89歳で、資産は900億ドル［約9・45兆円］（2020年1月時点）である。ではバフェットが47歳のときの資産はいくらだったか？ 50億ドル？ 200億ドル？ たいていの人は、それくらいは既にあっただろうと考える。42年前であっても、やはり今日の900億ドルにつながる、億単位の財産がありそうなものだ。

答えは、47歳で資産6700万ドルだ。

驚くべき躍進ではないか？ 6700万ドルから900億ドルに飛躍するために、どれほど多くのことを積み重ねたのだろう。いかにしてそれほどの成長ができたのか？

それはバフェットが、とにかく正しい手を打ち続けて後悔を最小限にした結果だと思う。私はバフェット氏を直接は知らない。彼にも、人知れず何か後悔があるかもしれない。しかし、彼について書かれたものから知るかぎり、バフェットは、私生活でも仕事人生でも一貫して人格者で公正な人物であり続け、後悔するような悪癖もなかった。

彼は薬物中毒ではないし、浮気をするわけでも、ギャンブルで散財するわけでもない。法律上の深刻な問題も抱えていない。こうしたことがうかがえる要素は、知られている範

【前ページの答え】 マテル：自宅のガレージ、グーグル：レンタルのガレージ、ディズニー：叔父のガレージ、イーベイ：自宅の仕事部屋、ハーレーダビッドソン：友人の機械工場の裏の狭い小屋、デル：寮の一室

囲では見当たらない。バフェットはやるべきことに打ちこんで後悔を最小限に抑えたようで、その結果、モメンタムを保ったのだ。これが、42年間で6700万ドルを900億ドルに膨らませた主な要因といえる。

バフェットとは対照的な道を辿ったのが、トーク番組のホスト、故モートン・ダウニー・ジュニアだ。

1980年代後半、各放送局で放映されたダウニーの番組は、伝説的なトークショー司会者フィル・ドナヒューの番組を上回る勢いだった。リアリティ番組の先駆けといえるショーであり、ダウニーは舞いあがっていた。

だが、自滅するまでの話だ。1989年4月24日、ダウニーが空港のトイレにいたところ、ネオ・ナチらしき白人の3人組みが襲いかかり、身体や頭髪に危害を加え、顔にマーカーで鉤十字を書いたと、ダウニー本人から訴えがあった。警察はダウニーを嘘発見器にかけたが、引っかからなかった。注目を浴びようとするでっちあげではないかと疑われ、ほどなくダウニーは、事件はすべて捏造だったと認めた。1989年7月19日、彼の番組は取りやめとなった。1990年2月、ダウニーは破産を申し立てた。

ダウニーについて、もう1つの出来事を取り上げておく。かつて番組で、ダウニーがベジタリアンのゲストを迎えたときのことだ。健康的なライフスタイルについて語る彼女に、ダウニーはこう切り返した。「ちょっと言わせてもらうよ。私は1日にタバコを4箱、アルコールを4杯やる。牛肉とかの赤肉も食べる。それで55歳だが、あなたと同じくらい元気そうに見えると思うがね」

ダウニーは、聴衆の前から長らく姿を消した後、68歳で肺ガンで死んだ。彼が人生を振り返れば、後悔する行動が少なからずあるのではないだろうか？

彼はいろいろな点で優位に立っていたのに、モメンタムを維持できなかった。あなたは後悔することがないように、彼を教訓としよう。

悪行をマネジメントする

聖人君子は滅多にいないし、悪癖のある経営者は多い。しかし、悪い部分のマネジメントを学べば、道を踏み外さずに仕事人生を歩める。ダドリー・ラザフォード牧師から、ビジネスを滅ぼし、人を滅ぼす4つのGがあると学んだ。

有害な4G

1 Greed 強欲
2 Gluttony 暴飲暴食
3 Girls／guys 色恋
4 Gambling ギャンブル

私たちは誘惑に負けやすい。どれほどの人がギャンブルのせいで仕事と人生を台無しにしただろう？　だが、悪癖は、ギャンブルや酒やドラッグなどのよくある話に限らない。金にまつわる悪癖もある。ひどくケチだったり、あまりに浪費家だったりする。ビジネスで適切な投資（テクノロジーや人件費など）ができないのも、湯水のように金を使って業務を維持できないのも、つまるところ悪である。

人によっては、傲慢さという悪がある。すべてを自分に結び付けてしまうのだ。他の人を認めようとせず、ビジネスでの注目も金も自分が独占する。周りの人がそう気づくのは時間の問題で、優れた人材は去っていく。

不正も悪であり、起業した者の中には、とりわけそうした誘惑に弱い者もいる。仕事で駆けだしのころ、私は顧客の獲得を巡ってラリーという男と競争していた。ラリーには惨敗で、彼のほうが3倍もの収益を上げていた。屈辱を感じた理由はそれだけではない。当時私は同じ業界にガールフレンドがいて、競争心が強い彼女もラリーに負けて半狂乱だったのだ。

彼女を落ち着かせるためにこう言った。「いいかい、これは長期戦なんだ。僕らの戦略が成果を上げるには時間がかかる。今やっていることを続けていこう。長期戦なんだから」

半年後、証券取引委員会がラリーを告発した。彼は抵当権を設定して顧客にローンを組ませ、その金を変額年金保険に投資させていたのだ。ラリーと、その手口をまねていた彼の代理店の9人は、証券外務員の資格を失った。

ラリーは有能だったが、自らの悪に負けてしまった。猛烈な勢いで売上げていたときのモメンタムは、永遠に失われた。

ビジネスにおける5つの大罪

悪を並べ上げるときりがないが、経営者が特に陥りやすい誘惑がある。罪というべきもので、ビジネスで生じたモメンタムがすべて台無しになるため、極力阻止せねばならない。

1 倹約しすぎ、散財しすぎ
2 好ましくない人物の影響を受ける
3 「王様」のメンタリティー
4 迅速な適応を拒む
5 過度に自分と他者を比較する

1　倹約しすぎ、散財しすぎ

もしスポーツファンなら、フットボールの試合で、リードしているチームのコーチの消極的なゲーム運びを観たことがあるだろう。リードを奪った攻撃的なプレーを指示するのを止めると、敵に反撃の機会を与えることになる。コーチは賢明にリードを守っているつもりだ。実際には、コーチがあまりに用心深いと、選手は反則をとられないようにと萎縮するので、相手チームの優勢を許してしまう。「行きすぎた守備」は、勝利を逃す結果になる。

こうしたコーチと同様に、経営者は守りを固めて倹約し、控えめにしておくべきだと引き締めを図る。十分に金を稼いだから（大きくリードしているから）、そこに居座り続ければいいと考える。だが、昔からある「金を稼ぐためには、金を使わねばならない」という言葉を忘れてはいけない。ソフトウェアをアップデートしない、必要とされる新製品を開発しないなど、金を適切に投じないでいると痛い目に遭う。

逆に、湯水のごとく金を使ってモメンタムを失う経営者もいる。自分だけは決して落ちぶれないと過信する。大金を次々と、たいていは間違ったことに使うので、重要なものに金が必要なときには残っていない。当然ながらモメンタムは失われる。

2　好ましくない人物の影響を受ける

コンサルタントが、事業規模を倍にするようにと勧める。配偶者が、会社のスタッフを5割削減すべきだと主張する。友人が、あなたの会社との合併をもちかける。こうした助言や提案が必ずしも間違っているわけではないが、その根拠を分析する必要がある。従うべき相手とそうでない相手を、見極めねばならない。好ましくない相手は、腹に一物ある者だ。また、あなたに気に入られようとイエスマンになり、客観的な助言をしない人物も望ましくない。あなたの成功を妬み、失敗するところをみたいと秘かに思っている人物もよくない。たとえ最愛の人でも、あなたが抱えるすべての情報やデータにアクセスできないことに不満を感じれば、好ましくない人物に転じるだろう。

こうした問題をよく検討してほしい。まずは何者か知る必要があり、どのような性格で、どんな動機があるのか、あらかじめ分析していない相手に惑わされてはいけない。また、付き合いが長いという理由だけでは、その人の提案が——同僚や友人、そのうえ配偶者であっても——妥当とはいえない。

3 「王様」のメンタリティー

自分は権威があり、無敵であり、絶対的だと思うメンタリティーだ。王か女王のような支配者として、自分のあらゆる主張に臣下の者が異を唱えず従うよう期待する。成功を収めてきたのは確かで、あたかも自分の王国を統治している気になる。しかし、王様のメンタリティーは捨てるべきだ。立ちどまって考えれば、権威的態度が次のような悪影響をもたらすとわかるだろう。

- 誰1人、あなたの決定に疑問を挟まない。
- 誰も、あなたと異なる意見を思いきって言わない。
- 誰もリスクをとろうとしない（斬首刑ならぬクビ切りを恐れて）

王様の振る舞いをするリーダーは、王座を追われる。臣下の農民が反乱を起こさないとしても、王様のメンタリティーをもたない別のリーダーが現れて、領地を奪うだろう。

4 迅速な適応を拒む

ビジネスにおけるアジリティ（柔軟に適応できる敏捷性）が今日の組織で重要視されるのは、理由がある。後の12章で取り上げるように、会社がフォーチュン500やS&P 500［上場企業の主要銘柄500社］のランキングから外れるのは容易いことだ。適応できないと瞬く間に失速する。「ピボット［事業転換、路線変更］」は、よく登場する業界用語である。状況の変化に合わせて機敏に方向転換する能力、という意味だ。

現状路線を維持せねばと思いこむ経営者が非常に多い。効果が既に薄れた戦略を強化してしまう。「戦略A」が昨年は有効でビジネスの成長に役立ったからといって、今年も通用するとは限らない。

5 過度に自分と他者を比較する

競争相手を妬むばかりだと、展望すべき全体像を見失ってしまう。競争心が強い私は、自分の業界で誰かが私よりうまくやっていると、反射的に打ち負かす方法を考える。それ自体は悪くない。よくないのは、他者を――競争相手であれ、義理の弟や、指導してくれるメンターであれ――過度に意識して、自分の戦略と目標への集中力を失うことだ。嫉妬の対象の打倒しか望んでいない。競うことばかりに終始すると、誤った方向に気を散らし、ビジネスで道を踏み外してしまうだろう。チェスのグランドマスターには驚くべき集中力がある。何かが意識に紛れこみ注意散漫になったら、即、威力が損なわれるとわかっているのだ。

成長速度重視の危険性：うまい話の誘惑

自分の会社を成長させようと躍起になるのは当然だろう。起業したら誰もが必死だ。野心を抱きながら有効な戦略を練り、新製品やサービスを追加して収益を増やし、勢力範囲を拡大して、あらゆる方法で前に進もうとする。

やがて、手っ取り早い近道を勧める誘いがかかるだろう。すぐに金になる方法や、成長への抜け道のうまい話が入ってくる。例えば、倫理違反の噂があるが強力なコネをもつ人物がいたら、一緒に仕事する誘惑に駆られるかもしれない。ことによると、政府の役人か、影響力をもつ人に「贈りもの」を提供して、違反の見逃しや、自分の提言の取り立てを期待する。儲かるビジネスに参入したら、自分の倫理規範に反することをして利益を上げている商売だったと気づく可能性もある。

必ずしもあなたが違法行為をすると言っているわけではない。しかし、会社の成長に懸命になるあまり、自分の価値観と原則に反することをしかねない。そうした行為にはしっぺ返しがある。

私の代理店が軌道に乗り始めたころ、大口の保険取引をしていた何人かの相手から、裏取引をもちかけられた。危うく話に乗りかねなかったほどで、いかに大きな誘惑か想像もつくまい。金に目がくらんだのではなく、モメンタムを得たいと欲が出たのである。もしも「裏取引」に応じて20万ドル［約

2100万円」の金が手に入るなら、リーダーの増員かイノベイティブな新戦略に使えると考えて、話に乗るのを正当化しそうになるものだ。

この手の取引が、あなたを誘惑するだろう。だが、5手先読みして、そこに含まれる害悪によってビジネスが難なく崩壊してしまうことを理解せねばならない。仮に私がこの手の裏取引に応じ、それを得意客たちが知ったなら一巻の終わりだ。

固定客を欺いてはならない。あなたが疑わしい取引をしていると彼らが気づいた場合、続いて2つのことが起きるだろう。まず、「自分も裏取引をしたい」と言いだす人が現れる。むろん、そんなことを誰とでもできるわけではない。次に、裏取引の相手となった1人と次第に関係が悪くなり、その男が誰彼となく言いふらし始める。最初は「とにかく取引だ。誰にも喋らないから」と言っていたが、やがてあなたに腹を立てると男は吹聴してまわり、誰もがあなた裏の商売を知ることになる。

徹底した誠実さこそ、勝利につながる戦略である。誠実さを損なう行いは、大きな成長目標を犠牲にして、目先のちっぽけな成長を追いかけることになる。継続的な目覚ましい成功の代わりに、わずかばかりの成果を選んでしまう。これが、道を誤って萎縮し動きがとれずビジネスが伸び悩む、お決まりのパターンだ。そうなってはならない。

質量×速度＝モメンタム

ビジネスで力を増しても、坂道を転がる巨礫のように制御不能だと先行きは危うい。スピードの管理が重要だ。モメンタムを足掛かりとして、会社の基盤をしっかり築くべきだ。そうすれば競争相手に勝てる。先走りしすぎて、負債が膨らむのはよくない。

サーフィンで危険な波に乗るように、アントレプレナーシップ（起業家精神）においてはカオスの波を乗りこなすべきだ。カオスは、危険な速い波として押し寄せる。それにうまく対処できないと、波に飲みこまれてしまう。荒れ狂う世界であっても、情報を適切に処理しないといけない。さらには、カオスから引き出したエネルギーを使って、倍の努力で事業をマネジメントすべきだ。そのような理由で、次章ではビジネスでシステムのマネジメントのために打つ手を取り上げたい。スピードに潜む危険性に不安を覚えるなら、スピードを把握し管理するシステムを備えることで、懸念を払拭できるだろう。

11章

「マネーボール」：ビジネス動向を把握するシステムの開発

データがないのに理屈をつけて説明しようとするのは、大間違いだ。

――シャーロック・ホームズ

ビジネスを考えるにあたり、常に問題になるのは、追跡し把握すべき対象は何か、ということだ。経営者は「（測定器の）針が振れる変化」という表現を好んで使い、つまり目に見える変化を望む。しかし、まずはその針が何を測定しているのか、はっきりさせよう。

朝起きたら一番に確認する測定可能な数値をもたずして、効率的なマネジメントはあり得ない。ビジネスの現場であらゆる実務に細かく携わる（マイクロマネージする）リーダーは、データの有用性を十分理解しているとはいえず、効率化のためにもっとデータを活用すべきだ。データによりシステムと手順（プロトコル）を確立すれば、マイクロマネージの必要性は低くなるからである。ビジネスに欠かせない指標を追跡できるようになれば、あなたのエネルギーと専門技能をどの部分へ投入すべきか明確になる。

ＣＥＯは業務を遂行する責任があり、一昔前なら、自ら現場を歩き回り業務用システムを構築しながら、多方面でマネジメントに関わってきた。だが今日では、すべてはデータが頼りである。往々にしてＣＥＯは、個性が強く才能豊かだ。大胆で向こう見ずで、そうした攻めの積極性を取引の成立に生かす者もいる。有能でクリエイティブなＣＥＯは、ビジネスの存続のために、自分自身のイノベイティブなアイデアを重視する。結果として、データに基づく各種システムよりも、自分の個性に頼りがちだ。

何とか経営していく程度なら、自分が頼りのアプローチでも構わない。しかし、大規模な長続きする事業を目指すなら、頼れるシステムも必要である。

私はシステムの信奉者だ。データシステム、作業システム、処理システムなど、システムは、業務の遂行とそのフォローアップ（追跡調査）を助けてくれる。そのうえ、あらゆることを可視化できるので、不透明な部分が一切ない企業文化を生むにも役立つ。ビジネスで次段階の成長に向けた手を打つとき、ベストな選択に迷ったら、各種の市場動向のデータが適切な判断の助けになる。また、例えばカスタマーサービスで難題がもちあがり解決策を見いだそうとする場合、データを活用すれば、より多くの顧客の満足につながるシステムを確立できる。

データの検証方法の理解と、ビジネスの指標となるデータの追跡は、ＣＥＯにとってゲームの流れを変える切り札になる。おそらく、一流のセールスパーソンでありカリスマ的な力でネットワークを築いてきたＣＥＯは、パーティの花形となる人柄だろう。しかし、ビジネスの発展の過程では、そうした魅力的な個性以上に必要とされるものがある。

データ駆動型の実効性

ティーンエイジャーだった頃、よく『ロサンゼルス・デイリーニューズ』紙を買い、スポーツ欄に夢中になった。当時、英語を読むのは大変だったが、飽くことなく数字を追っていた。選手の成績データのボックススコアを何時間も食い入るように見て、気のふれた科学者《マッドサイエンティスト》みたいに没頭した。あらゆるスポーツ、少なくとも新聞に載る競技の中では、特に野球のデータが難解パズル並みに複雑だった。

ノンフィクション作家のマイケル・ルイスの著書『マネー・ボール　奇跡のチームをつくった男』を読んだ２０１１年、かつてボックススコアを貪り読んだ年月の経験をビジネスに応用できると気がついた。私はそれまで有能なセールスマンであり営業所のマネジャーとしても着実に進歩してきたが、自分の技能のツールボックスに、新たに分析的思考が加わったのだ。これによって私は、事業拡大できる本物のＣＥＯとなるべく、急発進できた。

『マネーボール』という映画にもなったこの書籍は、球団オークランド・アスレチックスのジェネラル・マネジャー、ビリー・ビーン（映画ではブラッド・ピットが演じる）の話だ。彼は、統計に基づく予測分析を野球に活用した。ビリー・ビーンは目から鱗といえる発見をした。勝利の要因として、打率よりも出塁率のほうが重要、と気づいたのだ。かつては選手も監督もスポーツ記者も、統計値の中で打率に重きを置いていた。今考えると、出塁率は、アウトを取られず攻撃を続けることで得点と勝利をもたらす、明らかに重要な要素だが、ビリー・ビーンが注目するまでの数十年間、指標としてあまり重視されていなかった。今はリトル・リーグでコーチが少年に、「四球での出塁は、ヒットに匹敵する」と教える。しかし、かつては野球の第一人者たちが、従来からそうだったというだけの理由で、打率ばかりに注目する誤った分析をしていたのである。

経営を担う者は、今後業界に転換をもたらす駒の進め方を考えるにあたり、慣例的な思考法を打破する責務がある。ビリー・ビーン（私は2019年に彼にインタビューした）に触発されて私が実践したように、あなたのビジネスにも分析的思考を生かしてほしい。例えば、あなたの場合、何がビリー・ビーンの出塁率に相当する指標か？　売上を重視するあまり、マージン［粗利益］に十分注意を払っていないのでは？　会社の報酬制度が、新しい取引先の開拓を促すインセンティブを導入しているため、既存の顧客との取引増加を怠っているのは？

こうしたボックススコア、すなわちあらゆる数値を、分析的に読み解くことが、私のビジネスの拡大成長につながる大躍進の基盤となったのである。

未来予測のための、データ活用と推論（または専門家の採用）

優れた経営者は常に、少なくとも5手先読みをする。今ここにあることを注視しつつ、未来に起こり得ることも予見せねばならない。ピボット（事業転換、路線変更）に備えて、あらゆる変化が押し寄せる速度に、遅れずついていく必要がある。

新たな競争相手が現れる兆しがあるとしよう。その相手に対抗するために、今打てる手は何か？自分たちの業界は細分化が進み、各種のニッチ市場が展開すると考えたとしよう。その場合、どんな戦略を現時点で実施すると、来年以降、あなたのニッチ市場を有利に支配できるだろうか？

予想される未来に備えておけば、まだ準備の整わない競合他社が慌てているうちに、相手のマーケットシェアも奪えるだろう。他社のリーダーが動揺しているあいだに、あなたは冷静に、状況の変化とトレンドをつかめるはずだ。

未来を知っている者はいない。だが、データを集めシナリオを予測すれば、今後のトレンドを論理的に推理できる。このことを見事に描きだしたのが、先述のマイケル・ルイスの別の著書『世紀の空売り　世界経済の破綻に賭けた男たち』であり、『マネー・ショート　華麗なる大逆転』として映画化されている。これは、ヘッジファンド・マネジャーのマイケル・バーリの実話だ（映画ではクリスチャン・ベールがバーリ役を演じる）。２００５年にマイケル・バーリは、住宅不動産バブルが金融業界全体の破綻を引き起こすと既に予想していた。バーリに言わせれば、迫りくる危機の兆候はよくみれば誰の目にも明らかだが、仲間たちは大儲けに熱中するあまり、その先の手について懸念を抱いていないようだった。少なくとも当面は、投資のアマチュアであっても短期的には好調なので、賢い手を打っているように見える。一方で、グランドマスターであるバーリは、先読みの手を計画した。チェスボードの全体を見渡せば、マーケットがやがてどこへ向かうか予測できる。

バーリは、ベアー・スターンズ、ドイツ銀行、メリルリンチなどあらゆる大手銀行に話をもちかけ、金融業界が破綻するほうに賭けたい、崩壊した際のリスクを軽減する保険として新たな金融商品を提供してほしいと求めた。バーリのチームメートも彼のヘッジファンドの投資家も、何てバカなことをと考えた。業界内で、不動産バブル崩壊の懸念を抱くものは、バーリの他にいなかったようだ。だが、彼の先読み力は定評があったから、ファンドの投資家もバーリが大胆な手を打つのを認めた。

こうしてバーリは、不動産担保証券にかける「クレジット・デフォルト・スワップ（CDS）」（債務不履行保険）を何億ドル分も購入し、債務不履行に備えた。当初はバーリの打った手が不利に見えたため投資家は反対したが、バーリは屈することなく態度を変えなかった。結局、サブプライムローン市場が破綻したとき、クレジット・デフォルト・スワップは500％もの利益をもたらした。

他の投資家たちもマイケル・バーリと同じデータにアクセスしていた。だが、彼らはその時々のことに忙しく、その先数年で何が起きるか考えなかった。バーリは、徹底してデータを解析し、グランドマスターとしての先見の明があったから、未来を予測して利益を生みだせたのである。あなたのビジネスでも、バーリのような計画性と粘り強さで先を見通せば、イノベイティブな新戦略につながるはずだ。

きっとあなたは「マイケル・バーリほどの数学的なセンスはないし、分析の時間もない」と言うだろう。私は「ビジネスの拡大成長へのベストな投資は何か?」と長年繰り返し考えてきた。答えは、私自身の進化につれて変化してきたが、今では答えが定まった。「数十万ドル［数千万円］払って、予測分析の専門家を採用する」のが一番だ。

先述の映画『マネーボール』を観たなら、ジョナ・ヒルが演じたピーター・ブラントという人物を覚えているだろう。そのモデルとなったのがポール・デポデスタだ（現在はNFLのクリーブランド・ブラウンズの最高戦略責任者）。デポデスタは、ビリー・ビーンにとっての切り札だった。統計データに没頭する数字人間であるうえ、新たな枠組みでデータを考察して分析できる。ハーバードで経済学の学位をとったデポデスタは、球団の統計屋だった。ビリー・ビーン自身が、デポデスタのような予測分析スキルを磨いたわけではない。デポデスタを雇っていたから、その必要はなかったのだ。

自分にとってのデポデスタを探そう。起業して成功するためのスキルとして、自分より有能な人材を採用して自分の弱みを補ってもらう手腕は重要である。今現在ゲームが行われている方法を踏まえたうえで、将来の予測分析の領域で抜きんでる力を備えねばならない。

成長のために、知識を文書化し伝授する

レオナルド・ダ・ヴィンチ、ミケランジェロ、パブロ・ピカソに、絵の描き方を教えてほしいと頼

んだとしよう。画家たちは自分のメソッドを説明するのに苦慮するだろう。伝えてくれたとしても、そのとおり描けるとは思えない。芸術家の才能は――あらゆる天才の才能は――伝授できない。では、経営者やリーダーやコーチの才能についてはどうだろう?

先述のように、ビル・ベリチックは、スーパーボウルでチームを6回の優勝に導いた実力者である。いくつかのNFLのチームが、ベリチックの天才的技能は伝授可能に違いないと考え、ベリチックのアシスタントをヘッドコーチに起用した。チーム側の理屈は単純だ。天才ベリチックの采配を間近で知る者は、チームを率いるコーチにふさわしいはずだ、というのである。素晴らしい考えだ。ただし、実際には違った。ヘッドコーチとなったロメオ・クレネル、エリック・マンジーニ、ジョシュ・マクダニエルズが成功しなかったのが、その証拠である。

NFLのオーナーたちは、なおもベリチックの奥義を求めて躍起になり、彼の弟子をたびたび起用した。マット・パトリシアもその1人だが、デトロイト・ライオンズのヘッドコーチとして、最初の2シーズンに32試合中9勝しただけだ。こうしてみると、どうやらスーパーボウルの優勝コーチのスキルは伝授できないらしい(ただし、この流れを覆す可能性はあり、ベリチックの弟子のマイク・ブラベル、ビル・オブライエン、ブライアン・フローレスは有望である)。

では、やはりNFLのヘッドコーチだったビル・ウォルシュはどうだろう。サンフランシスコ・フォーティナイナーズを指揮した彼は、1979年の就任時に2勝14敗だったチームを、3年後の1982年にはスーパーボウル優勝に導いた(以来、計3回スーパーボウルを制した)。ヘッドコーチとなったウォルシュの最初のスタッフのうち、7人のアシスタントが、後に自らもヘッドコーチとなった。その中にはスーパーボウルで優勝したジョージ・シーファートとマイク・ホルムグレンもいる。さらに、そのホルムグレンのアシスタントで、後にヘッドコーチになった者が5人いる。ウォルシュは1988年にサンフランシスコ・フォーティーナイナーズを引退し、19年後に亡くなったが、その2007年時点でNFLの32名のヘッドコーチのうち14名が、ウォルシュの直接の弟子か、孫弟子、さらにその弟子という系譜にある。

弟子たちが成功したウォルシュと、そうではないベリチックの違いは、何によるものか？　ベリチックは秘密主義で知られていたが、ウォルシュは試合時の作戦リストの文書化で知られていた。そう、リストだ。ウォルシュの天賦の才が他者に伝授できたのは、彼が知恵を文書化し共有したからである。

ビル・ベリチックは、辞めたアシスタントが自分に勝てないようにした点でも天才だ、という見方もあるかもしれない。師に勝つ方法を、弟子に簡単に習得させたいと思うはずがないのでは？　ベリチックは、知識を分け与えても得るところがない。だが、あなたの場合は逆で、自分がもつものを誰もが活用できるようにしたほうが、あらゆる面で利点がある。あなたが関わらなくても運営できるシステムを構築しない限り、ビジネスの拡大成長はあり得ない。

必要なのは、文書化したリストである。マニュアルの作成は必須だ（印刷物よりも映像のマニュアルでビデオライブラリーにすると、より効果的だろう）。あなたの知恵を成文化すべきである。あなたの頭にしか入っていないなら、自分で仕事をせざるを得ない。ビジネスの存続を望むなら、自分の知見を文書にし、組織のみんなに確実に伝えよう。

数値を可視化し、リークとトレンドを察知する

わが社のオフィスに来れば、至るところでスクリーンにさまざまなデータが時々刻々と映しだされているのがわかるだろう。オフィスでデータをモニター表示すると、各自の業績が明白で責任感が増すうえ、「徹底してオープンにする姿勢」も強調できる。

誰にとってもすべてがわかる可視化は、手出し口出しせずとも飴と鞭を同時に使える素晴らしい方法だ。数字は一目瞭然なので、業績のよい者は評価されていると感じ、業績の振るわない者はばつが悪くなる。さらに都合のよいことに、業績不振の者が、これ以上の恥さらしは嫌だと居たたまれなくなって奮起するはずであり、さもなければ会社を辞めるだろう。オープンな可視化が、営業成績向上に有効な一番のクスリだ。それでもモチベーションが上がらず業績が低迷している者は、自分から去っていく。

残酷だという人もいるだろうが、私は効果的だと思う。

分析的思考の話に戻ろう。すべてのデータを映しだして、私は2つのことを観察している。「隠れた損失（リーク）」と「業績の動向（トレンド）」だ。何らかの非効率が生じているとの警告を発するのが、リークである。例えば、保険契約の申込書数が急上昇しているのに、私たち代理店本部から取引先保険会社への手続き業務時間が減少していたら、申込件数の増加に作業が追いつかない非効率が生

じているので、隠れた損失（リーク）が疑われる。

数値を手がかりとすると、着目し検討すべき材料がわかる。申込書の処理手続きを行う人員が足りないのか、その業務を行う者の能力不足か？　それとも処理手続き自体に問題があるのか？　翌日も非効率が改善しないなら、やはり何か問題だという懸念が強くなる。現時点では、適切な人材を雇用し技術面への投資も十分だと感じているが、それならなぜ、業務の進み具合が遅いのか？　データ自体が答えてくれるわけではないが、対処すべき問題があるという事実を伝え、警告してくれる。

業績の動向（トレンド）も注視する。私は証券アナリストのように、折れ線グラフをみて、状況が刻々と動く様子を追っている。年初の3カ月に業績が不調なのはなぜか？　5月に売上が増大したのはなぜか？　何がやるべきことで、何がそうでないか？　数値を深く探求すると、我々のアプローチを軌道修正して有効性を高められる。

たいていのビジネスには、季節による変動がいくらかある。小売業者は、クリスマス商戦の幕開けとなるブラックフライデーの稼ぎを当てにし、映画スタジオはホリデーシーズンの作品で儲けようとする。小売業者が新学期セールなどのイベントを行い、オンラインショッピング業者が感謝祭後にサイバーマンデーと銘打つセールを展開するのも、季節性を意識したものだ。よくあるのは、季節的要因に左右されるトレンドの、盲目的な受容という問題である。私たちの業界では、12～2月、6～8月の不振は当たり前と長く受けとめられてきた。私はデータ分析を始めてから、この低迷期以外の6カ月（3～5月、9～11月）の販売が、保険売上全体の75％を占めていると知った。その理由を掘り下げてみたが、正当な根拠はなかった。保険販売は、スキー場の経営などと違い、売上が季節によって変わる必然はないはずだ。

状況から、低迷の月にエージェントたちが気を抜いているとわかった。思い込みによる、いわば右へ倣えの発想だ。同僚も業界全体もペースを落とす時期だからと、みんなが慣例に従っていたのだ。競合他社もそれを当たり前と受けとめているので――結果として、低迷期の業績低下を容認しているのだから――私はこれを好機とみた。

この軽視されているデータに、私がどう反応したか？

私は、低迷月間の売上を重点的に伸ばす、革新的な戦略を展開した。社内で最も価値あるインセンティブ・イベントの開催日程も変更して、その最重要要素が低迷する夏の営業成績となるようにした。

さらに、既述のレイ・ダリオの著書を手本にして、「野球カード」を作成した。プロ野球の各選手の成績を掲載した野球カードのように、各エージェントのカードに年間の統計値を記録するのだ。エージェントたちが、カードの公表が1月15日であり、カードによって自分の業績が社内に知れ渡るとわかると、12月の業績は飛躍的に伸びた。こうして、データを拾い上げ分析することを開始して2年経たないうちに、好調な6カ月と低迷の6カ月の販売比率は、75%対25%から、55%対45%になった。要するに、会社のビジネスの季節変動をほぼ抑えられたのだ。データそのものが課題を解決するわけではないが、問題を提起したうえで、解決に至るまでの進捗具合も把握しやすくしてくれる。

年間の季節変動の改善を経て、今度は月間のトレンド分析を行い、上旬、中旬、下旬と詳しく動向を探った。それにより自分たちの弱点がわかり、月末に成約が集中して慌ただしくなる傾向を、インセンティブの導入で解消できた。このようなトレンドの追跡を始めてから、毎月の売上は安定した。

ＣＥＯはみな、数値に着目し、隠れた損失（リーク）と業績の動向（トレンド）を注意深く観察すべきである。そこで知り得た事実に基づき、行動を起こすとよい。

信用すべきは、言葉よりも数字

会社経営では、周囲の関係者が必ずしも真実を語っているとは限らない。実のところ、自分自身を常に信用できるのかも疑わしい。他者には人それぞれの思惑がある。彼らは意図したとおり順調に事が進むのを期待し、その見通しは楽観的すぎるきらいがある。時には、自分が現実を歪めていることすら気づいていない。

起業したら、あなたも同じ過ちを犯しかねない。新製品はうまくいくと確信しても、1人よがりで、論理的な思考ではないかもしれない。また、好感がもてる人物だというだけで、昇進に値する実績がないのに取り立てることもあるだろう。

数値は、主観的になりがちな人間が、誠実さを保つために有益なのだ。

収益を上げる人材の多くは共通した性質がある。ここで一括りにタイプAと呼ぼう。積極果敢で自信家で決断力のあるタイプであり、こうした特質はビジネスの多方面で役に立つ。だが、タイプAの社員は自分をよくみせるのもうまいので、CEOとしては、彼らが示す自己評価を実際の業績と識別する必要がある。

その方法は例えば、社員がいかに頑張って大きな成果を上げたかを語るとき、質問をしてみる。

「君の成約率は？」

話の相手はポールとする。「50％です」とポールは答える。

「結構だ。それで、顧客1人当たりの売上の平均は？」

「2000ドルです」

「とすると、例えば10件売り込んで、50％の5件が成約に至ったとすると、1件2000ドルで、合計1万ドルになるね？」

「そのとおりです」

「では聞かせてほしいのだが、この四半期で、君の売上は最多の月でも6000ドルにすぎないのは、どういうわけだろう？」

彼の偽りがわかったはずだ。ここで理解してほしいのは、こうした場面では沈黙が切り札になるという点だ。『摩天楼を夢見て』ではアレック・ボールドウィン演じる幹部が「コーヒー飲んでる場合か！　契約をとりもしないで！　……『見込み客数が低調だから』だと？　低調なのはお前らだ！」と怒鳴りつけるが、そうすべきときではない。

憶測を述べたり、ポールの職業倫理を問い正したりするよりも、沈黙を保つ。彼に答えさせる。いずれ、ポールは話し始める。不満げに、自分は怠慢ではないと主張するに違いない。

「なんで腹を立てるんだい？　君が示したとおりの数字を振り返っただけなのに」と問いかける。

こうしてポールは自分を省みるようになる。怠けていないと躍起になるのは、数値データがその逆を示しているからだ。ポールを責める必要はない。ただ沈黙を保つ対応を続けるのだ。

能力のない管理職は、数値化（定量化）できない質的（定性的）なものをデータとして扱おうとする。ポールのような事例を、数字ではなく言葉で分析しようとするのだ。社員について、怠惰だ、誠実でない、やる気がないなどと表現する。こうした言葉は、何の問題解決にもならない。一方、数値によるデータは解決策を示してくれる。

データを活用するなら、ポールとのやりとりに感情をもちこむ余地はない。数値に焦点をあてると、相手に現実を認識させるのに役立つ。向上心を刺激できるうえ、互いの関係を損ねないですむ。

この状況をわかりやすくするために、問題の根源を探る「Xの解明」の手法を用いよう。ポールの稼ぎの算出において、変数は、売り込み件数、成約率、顧客1人当たりの平均売上額だ。1人当たりの売上額を2000ドルに固定したとすると、さらに稼ぐには、売り込みを増やすか成約率を上げるかだ。数値を確かめると、ポールの成約率は本人の言うとおり50％となっている。彼の月6000ドルの売上、つまり3件の成約は、月にわずか6件の売り込みによるものなのだ。これが問題だとわかる。

インベスト・タイム・リターンの分析時に数字を精査したように、ここでもさらに掘り下げる必要がある。データから、ポールが十分売り込みをしていないとわかった。売り込み件数は、まずは見込み客を開拓する段階を経て、数が決まる。すなわち、売り込み件数は、潜在的な見込み客の創出（プロスペクティング）の手腕次第である。問題の元凶は、ポールが契約してくれそうな見込み客（セールスリード）を開拓していないことだ。ポールの上司なら、これが解決すべき問題の根源Xとなる。

売り込み先を開拓できないのは、ポールのソーシャルメディア・マーケティングが不調なのか？　所属していたネットワークから脱落してしまったのか？　それとも既存の顧客への電話、あるいは新規の勧誘電話を止めたのか？　以上、売り込み件数と成約率の数字を追跡してきた方向性は、正しかった。さらに掘り下げる次の手として、ポールのプロスペクティング戦略を再検討し、それを数値で把握するとよい。そのヒントとして、大手企業が営業部門を管理する目安としてきたデータを紹介する。

データ分析でXの解明を究める

レニエワールドワイド（現在はリコーの子会社）は、アトランタに本社を構えるオフィス機器の会社で、セールス部門の研修が評価されている。コピー機の営業担当者向けの指標は（本書の共同執筆者グレッグ・ディンキンが1994年に勤めていた時点で）次のようにシンプルだ。

- 1日20件（週に100件）の勧誘電話
- 1日2件（週に10件）の製品デモンストレーション（デモ）
- 成約率10％（週10件のデモのうち、1件は成約させねばならない）
- 週に1件成約し販売すると、1件につき1200ドル［約12万円］のコミッションが入る。
- したがって（週10件のデモのうち1件販売すれば）、週に1200ドルのコミッションとなる。

昨今の大学新卒者の目には、ずいぶん魅力的な条件だ。週にコピー機1台売るだけで、1年間［50週］で6万ドル［約600万円］の収入になる。おまけに週10件の製品デモの10％を成約につなげれば、週に1件は販売でき、ノルマを果たせる。レニエが長年にわたるデータをもとに算出した、販売の基本原則だそうだ。もちろん、週1件の販売に至るためにまず必要な、週に100件の勧誘電話はきつい。

ここでクリスという社員が、成約率50％で抜きんでているとしよう。週ごとの実績をみると、平均で週2400ドルのコミッションを得ている。実に優秀である。オフィス内の営業成績は1位。精力的な男だ。

だが、ここで問題がある。質的な評価は避けるべき、という点だ。「精力的」という言葉は無意味である。

クリスの月間実績の数値を調べてみると、次のとおりだ。不明な数字があるのに成約率が50％となっていて、どういうことかと疑問が生じる、何か真の問題が隠れているようで、X解明の出番である。

●1日?件の勧誘電話
●1日?件の製品デモ
●成約率50%
●週に2件の販売、販売1件につき1200ドルのコミッション
●したがって、週に2400ドルのコミッション

製品デモの件数は簡単にわかる。成約率50%で週2件販売しているのだから、デモは週4件だ。だが勧誘電話は何件なのか?　どこを調べてもわからない。

ここまできて、先のポールが見込み客を創出していなかった話を思いだしたのではないか?　こうした、一見優秀なタイプの社員に共通する傾向をつかんでほしい。有能な社員は、努力せずに才能だけでうまく立ち回っている例が多いのだ。人の性質として、恵まれた能力があると努力せず惰性で進みがちだ。だがリーダーとしての務めは、優秀な人材の意欲を喚起し、才能にふさわしい仕事をさせることである。リーダーが数値を解読して務めを果たさないかぎり、クリスやポールのような社員は、よい暮らしができる程度の収入を得るだけで、本来の力にふさわしい成果を上げることがない。力があるのに発揮しない人間であってはならない。スティーブ・ジョブズや、NFLのビル・ベリチックの監督下ではそんなことは認められない。あなたの監督下でもそうあってほしい。

クリスの状況を、数字で考えてみよう。仮に週に10件のデモをしていたら、成約に至る販売件数は

2件ではなく5件のはずだ。週に2400ドルではなく6000ドルのコミッションとなる可能性がある。クリスが職場で既にトップだったから、そして彼の上司に、データを生かす『マネーボール』メンタリティーがないから、クリスの仕事の実態を誰も追跡しようとしなかった。結果として、クリスはわずかしか製品デモをせず、潜在的な見込み客の創出（プロスペクティング）を止めてしまったのだ。さらに追及すると、クリスの勧誘電話件数がゼロだったと判明する。製品デモの相手は、誰かの紹介か既存の客に限られていた。

問題の解決策は単純ではないか？　クリスがもっと勧誘電話をすればいいのでは？

いや、違う、この問いは引っかけ問題だ。ビジネスに単純な解決策などない。データから、クリスが力を発揮しきれていないのは、見込み客を創出できないためだとわかった。だが、データそのものが解決策を示すわけではない。先述のビリー・ビーンとポール・デポデスタが他と一線を画した際立つ要素は、データそのものではなかった。データに分析的思考を組み合わせることが重要なのだ。そこで私ならまず、クリスの成約率は高いのだから、もっと見込み客をつけてやればいいと考える。具体的には、社内にプロスペクティングは得意だがクロージング（成約）が低調な者がいれば、その社員とクリスの才能を組み合わせる方法を探る。

そして実行に移す前に、クリスにこう尋ねる。（お決まりの）「君は何者になりたいのか？」

優れたリーダーは、データと人間性の双方が重なり交わる領域を探って問題を解決する。有能な医者が、血液検査を行って得たデータを病気の診断に用い、さらに自らの専門知識を生かして治療法を探るのと同じだ。

一部の経営者は、データなどビジネスの中の退屈な部分だと感じ、数値に興味を示さない。しかし、私がデータにこだわる理由を理解してほしい。とりわけ、競争で優位に立つためにはデータが有用である。

繰り返しになるが、本書のように問題解決法を説く書籍は、読むだけでなく、その内容を自分のビジネスに生かしてこそ意味がある。先述のように、売上実績を追跡し把握するという明快な基本原則を提案した。仮にあなたが運送業などに携わっている場合は、追跡すべき基本事項は、だいぶ違うはずだ。次のページに進む前に、自分のビジネスの把握に必要な、基本原則となる指標を3つ考えてみよう。その3つが、毎朝始業前にまず、あなたが確認する数値となるのが望ましい。

システムなくして、飛躍的成長の機会はない

ビジネスで実際に何が起きているか、数値ぬきで言葉だけで語るのは限界がある。データやシステムがない場合、次の4つの言い回しをよく耳にする。


「大まかにいうと……」

「たぶん……していると思う」

「おおよそ……」

「確か……だったんじゃないか」

着実に拡大成長していく会社は、効果的なシステムを構築している。個人的な手腕だけで会社を成長させられると信じているなら、ビジネスの先行きは不透明である。マイクロマネージする部分を減らすよう、システムと手順（プロトコル）を確立しよう。

データを活用したシステムを確立すべき、5つの理由

1　データとして数値化できる要素が、拡大成長と進歩を示す指標となるから。
2　経営者のエネルギーと専門技能を、どこに、誰に、向けるべきかわかるから。
3　マイクロマネージをやめれば、社員が自ら業務を担うエンパワメントにつながるから。
4　社員、特に業績トップの者が、自身を過剰評価するのを防止できるから。
5　経営者にとって、効率的かつ自由な動きが可能になるから。

システム構築を論じるのと実際に行うのは、大違いである。販売を重視したいのに、収益業務を脇に置いて、マニュアルやシステムの確立に取り組むのは容易ではない。私にとっても楽ではなかった。金を生む仕事のほうが取り組みやすく、金をかけて行う仕事のほうがむしろ大変である。システムの構築は、そのためのテクノロジーも人材採用も、金がかかるものなのだ。とはいえ、システムに投資

する必要がないのは、自分1人で小さな店を営み成長を求めない場合だけである。

ビジネスの価値を高める

ビジネス経営の最中に、敢えてペースを落としてシステムの構築を行うのは、言うは易く行うは難しである。営業畑を渡り歩いてきたなら「今はまず取引、心配は後回し」という考え方が染みついていると思う。そのメンタリティーでも、ソロプレナーとして単独でやっていくつもりなら構わないだろう。しかし、単なる利益ではなく、ビジネスとしての価値を生むことに関心があるなら、焦らず十分に時間をとってシステムを確立するべきだ。

ビジネスは、経営者個人の手腕ではなくシステムに基づく経営によって、価値が高まる。システムフローとして、業務の流れを文書化しておくことは欠かせない。例えば、新しい従業員が入れば、その流れのいずれかのステップに彼らを配置する。そのためにも、各業務を文書化する必要がある。同様のことが、ビジネスのあらゆる面に当てはまる。例えば、商品購入した客への対応や、取引後のフォローアップが必要なときの段取りを記しておく。システムと手順書に則ったビジネスは価値が高い。なぜなら、それ自体で存続が可能で、特定の人間に依存していないからだ。もちろん、ビジネスには牽引役が必要である。しかし、適切なシステムを備えれば、ビジネスの価値は、まったく新しい次元まで高まる。

利益 短期的目標	価値 長期的目標
当座の収入のために会社で働く	将来的な価値を高めるよう 会社を発展させる
すぐに得られる満足感	後から得られる満足感
営業畑のメンタリティー	CEOのメンタリティー
独立業務請負人のメンタリティー	ビジネスオーナーのメンタリティー

データは、測定するだけではなく、その分析も客観的に行う必要がある。ウォール街では「市場のトレンドに逆らう取引をするな」とデータを重視する。とはいえ、会社の数値が好ましくないと、自分の主観であれこれ考えてエゴが頭をもたげるものだ。数値の下落に、自分なりのもっともらしい理屈をつけようとするだろう。こうした主観的な分析をしやすいと予測がついていれば、それを避けて客観的なデータ分析ができる。データは嘘をつかない。

追跡すべき指標となるデータを特定し、それを把握していく段階に至るには、多くの労力を要する。その過程は面白味がなく骨が折れると、私の経験からも言える。あなたがビジョナリーだとしてもこうした忍耐を要する仕事は苦痛だし、あなたがセールスパーソンなら、すぐに利益が出ない仕事に取り組む我慢強さがないと辛いだろう。私自身にとっても、長い闘いだった。『マネーボール』を読んだりパニック発作に襲われたりして、ようやく、ビジネスを成長させる唯一の経営手法は、データを追跡するシステムの運用だと理解したのである。

12章

パラノイアであれ　グランドマスターは決して油断しない

インテルが成功を続けられるのは、テクノロジーの面でも競争力の面でも、常に脅威に対して警戒態勢を敷いているからだ。それは「パラノイア（病的な心配症）」と呼ぶにふさわしい。すなわち、成功が脅かされる兆候を、絶え間なく探る姿勢である。

――アンディ・グローブ（元インテル会長兼ＣＥＯ）

ビジネスは戦争だ。言いかえれば、ビジネスにおいて平和は存在しない。市場の牽引役として記録的な利益を生みだしたら、もう緊張を解いてモメンタムに乗っていればよいと過信するだろう。ところが、世にはあなたを攻撃しようと狙っている者が常にいる。物事が順調なときは、平和という幻想を抱くはずだ。しかし錯覚にすぎない。一瞬でも油断すれば、攻撃に対して無防備になる。

歴史は多くの教訓を与えてくれる。「フォーチュン５００」はよく話題にあがり、この言葉の由来を忘れかけているほどだ。1955年に『フォーチュン』誌の編集者エドガー・P・スミスが、年間総収入が多い米国企業500社のリストを発行したのが始まりである。リストは今日、公開会社と、株式を非公開の会社（ただし収入が公表されている会社）の双方を対象とする。最初の1955年の500社のうち、今もリストにあるのは何社か、考えてみてほしい。半分の250社？　200社？

残っているのが20％だけだとしても、100社はある計算だ。

何と、52社なのだ。

生き残りは容易ではない。1955年と2019年の両方に掲載されている企業は、代表的なところでボーイング、キャンベル・スープ・カンパニー、コルゲート・パーモリーブ、ディア・アンド・カンパニー〔農業機械、建設機械メーカー〕、ゼネラルモーターズ、IBM、ケロッグ・カンパニー、プロクター・アンド・ギャンブル（P&G）、ワールプール・コーポレーション〔家電機器メーカー〕などであり、数は限られている。もし業界最大手の企業なら、他社との競争で破滅するようなことはないと思うかもしれない。実際には、1955年当初の500社のうち89％は、倒産したかリストのランキングから外れた（一部は買収された）。ビジネスの世界は血の海だ。安全地帯にいると思った瞬間に、攻撃に対して無防備になる。

ビジネスがどの発展段階にあるかによって、次の一連のデータは興味深くもあり恐ろしくもある。シンクタンクFEE（経済教育財団）のウェブサイトから引用しよう。

経営コンサルタント「イノサイト」の2016年のレポート（「企業の存続期間：大組織を待ち受ける乱気流」）によると、1965年に「S&P500」銘柄にランクインしていた会社が、このリスト上に存続した期間の平均は33年間だった。1990年時点では掲載された会社がS&P500にランクインし続ける期間は、平均20年間と短くなった。さらに2026年までにリスト上の存続は14年間に縮まると、今日予測されている。現状の確率でリストから外れていけば、**今現在のS&P500銘柄の会社のうち、約半分が今後10年で入れ替わるだろう**。「向こう10年が現代史上最大の乱気流となる可能性に備え、さまざまな業界で主要企業が激動の時代に入る」と指摘されているからだ。

今日、テクノロジーとソーシャルメディアが、競合相手に追いつく同点ゴールの決め手になる。そのような時代、現在リストに入っている側は追い落とされる可能性が高く、生き残りが難しい。追いかける側にとっては、テクノロジーとソーシャルメディアを駆使すれば、大企業を打倒しやすい時代といえる。現状維持では生き残れない。いっときの自己満足が、破滅につながる。

毎日が緊急事態：警戒を怠らず、生き残れ

危機意識の高さは、成功している多くの経営者に共通の性質だ。彼らにとって、毎日が戦争であり、まさに死活問題として闘いに臨んでいる。そうすると火事場の馬鹿力といえるエネルギーがビジネス

にもたらされる。そのような相手とは競争したくない、と思うだろう。彼らのほうが賢く技能があるからという以上に、自分より優れた仕事をするのが明らかだからだ。相手は勝利にこだわっている。

著述家のロバート・グリーンは『The 33 Strategies of War [闘いに勝つ30の戦略]』でこう述べた。


最大の敵は自分自身だ。あなたは、今やるべきことをせず漠然と未来を夢見て貴重な時間を無駄にしている。緊迫感がないから、何ごとにも中途半端にしか関わっていない。……過去にひきずられるのも止めて、未知の領域に踏みこむべきだ。そこで自分の機転と活力を頼りに、ひたすら生き延びるのだ。自らを「死の淵」に置くがいい。壁を背にして逃げ場はなく、生き残りを賭けて死に物狂いで闘うしかない。


極度のパラノイアになれとは言わないが、用心深いパラノイアになるべきだ。そうすれば、極端に病的にならずに、まずい事態の発生を警戒できる。潜在的な危険や落とし穴を察知し、悪化の兆しを捉えるアンテナを張っていればよいのだ。

戦争映画によくある場面を思いだしてみよう。部隊が戦闘を繰り広げて勝利する。敵の悪党を捕え、一段落して夜を迎える。勝利を祝い、酒を酌み交わして現地の娘と楽しむ。酔いつぶれ、そして真夜中に何が起きるか？　奇襲だ。油断すると、すきを狙って敵が反撃してくるのだ。

私が軍に所属していたとき、「警戒を怠らず、生き残れ（Stay alert; stay alive.）」という言葉があった。

　これは、ビジネスにも当てはまる。まずい事態の発生を警戒すべきだ。部下がみな忠実で勤勉で、監督しなくても完璧な仕事をすると、気安く考えてはいけない。競争相手をすべて制覇したので自分の地位を脅かす手腕をもつ者はいない、との油断も禁物だ。そして、あなたを成功へと導いたイノベーションが、将来もあなたの進む道を用意してくれると過信しないように。

　名将軍といわれる人物は、パラノイアだ。強い警戒心に突き動かされて、次々と優れた戦略を打ちだした。あなたが競争を勝ち抜いてきたなら、下降線を辿らないよう自社の存続を図ることもできるはずだ。その場しのぎはだめだ。同じ戦略を使い古すまで繰り返すのもよくない。状況の変化に応じた新たなプランを展開し続けよう。トレンドを予測して、そこに資金を投じる適切な戦略を立てるべきである。

　こうしたテクニックを、ナポレオンから米陸軍のジョージ・パットンまで、将軍はみな、習得してきた。ビジネスリーダーもその必要がある。なぜあなたの会社の実績数値は、毎年2月に落ちこむのか？　なぜいつも締め切り前に大慌てするのか？　なぜミーティングが罵り合いや責任の押しつけ合いになりがちなのか？　この半年で主要な顧客を3件失ったのはなぜか？　いずれも、立ちどまって考えるべき問いである。真の原因を探るのだ。表面下に潜む問題を特定してみよう。このように、用心深くパラノイアである姿勢は、なぜだろうという好奇心を生み、それが問題解決につながる。これこそパラノイアが果たす役割である。

成功するほど無防備になる

成功すると、パラノイアは軽減する。と言ってても実感としてわかりにくいかもしれない。まず、すべてが好調だと何が起こるか想像してみよう。次々と勝利を上げていたが、突如として、知らぬ間に暗礁に乗り上げるという経験をする。何が起きたのか見当もつかない。

そこで起きているのは、実は自分の自己満足である。業界随一のハングリー精神の喪失である。パラノイアであるべき時代はもう卒業したと思ってしまった結果なのだ。

友人のリックの経験を話そう。リックはロサンゼルスで刑事事件の弁護士だった。単なる刑事被告人の弁護人ではなく、腕のいい弁護士といえる。リックは1970〜80年代に有力な金持ちドラッグディーラーの弁護を引き受ける羽目になり、密売人たちのパーティに誘われるようになった。コカインにはじまり他の薬物にも手を出し、ほどなく常習になる。リックはディーラーから、『プレイボーイ』誌のプレイメイトを紹介され、すぐにそのグラビアモデルの女性と付き合い始めた。1人ならず2人の女性と、それも同時に！　過った判断を重ね、コカインがらみの違法行為に関わった挙げ句、リックは20年間服役した。弁護士資格を失った彼は、服役を終えると、プロモーション用にペンやシャツに企業名等を入れた商品の販売で、月3000ドルほど［30数万円］収入を得て暮らした。

私は、60代後半になっていたリックに、高校時代はどんな男子生徒だったかと尋ねた。

「ごく普通で目立たなかったよ。高校で一緒だった女の子と結婚したんだ」

話すうちに、リックが自分の成功の大きさに押しつぶされた様子がわかってきた。法律の専門家としてのキャリアが始まると、スポーツチームのキャプテンのように大事にされ、女性たちが寄ってくる人気者になった。奥手の若者がようやく開花したら、ドラッグの世界の魅力が待っていた。リックは誘惑に抗えなかった。成功の最中にいる多くの人がそうだが、リックも自分のキャリアを捨てる結果になるとは思いもよらなかった（先述のモートン・ダウニー・ジュニアを覚えているだろう）。こうしてリックは、無防備で警戒態勢も敷かないまま成功したため、結局は破滅してしまった。リックを思うと胸が痛む。彼は2019年に亡くなった。心の広い、よい友人だった。誤った1手（コカイン）が、彼の人生もキャリアもチェックメイトに追い込む一連の駒の展開につながったのだ。

ヒューストン大学の研究教授でベストセラーの著者、ブレネー・ブラウンが、TEDトークで語った「傷つく心の力」は、動画再生回数4600万回を超えた。ブレネー・ブラウンは、仲間からのプレッシャーが私たちに及ぼす悪影響を見抜いている。「きちんと自分の周りに境界を設ければ、他者を失望させるリスクを恐れず自分を大切にする勇気をもつことにつながります」。自分を大切にするためには、他者にノーと言わねばならない場合もある。この忠告に従う賢明さが、リックにあればよかったのにと思う。

O・J・シンプソンを助けた弁護士、ロバート・シャピロ［1994年に元フットボール選手のシンプソンが、元妻らの殺害容疑で起訴された裁判の、弁護団の1人］を知っていると思う。ロバート・シャピロは当時も今も業績を上げている弁護士で、成功を収めてからもモメンタムを維持してきた。その後、刑事事件から民事に転じた彼に、私はインタビューしたことがある。刑事被告人の弁護の仕事について話を聞き、依頼人にドラッグや美女で誘惑されたことがあるかと質問した。

シャピロはこう答えた。「私は一切、依頼人と付き合ったり親しくしたりしない。常に一定の距離をおいている」

リックとは対照的だ。シャピロは境界を設けることで、シンプソンの大事件を扱った名声と成功の後もモメンタムを保った。

ビジネスでも経営者は、思いがけず脚光を浴びておだてられ驕りが生じる状況を、警戒しなければならない。注目されることに不慣れな場合は、なおさらである。自分に対する過大評価を信じてしまったら、途端に急ブレーキをかけたかのように失速する。

この点について、先述のロバート・グリーンや、心理学者ジョーダン・ピーターソン［『生き抜くための12のルール　人生というカオスのための解毒剤』著者］の言葉が参考になった。両者とも、良いニュースも悪いニュースも、誰と共有するか気をつけるよう説いている。人間性の深い理解に基づくこれらの書籍は、あなたの成功を喜ぶ人ばかりではないと教えてくれる。何かを人と共有する前に、心からあなたの成功を望む者は誰で、本心ではあなたが失敗するとよいと思っている者は誰か、よく考えないといけない。友人だと思っている相手でも、その忠告がベストとはかぎらない。競争相手なら、なおさらである。

見通しの悪いときも冷静に

ここで、周囲が動揺しているときも冷静さを保つ方法を3つ紹介しよう。

1　マーフィーの法則を意識する

賢明な経営者は、マーフィーの法則［「失敗する可能性があるなら、いずれはきっと失敗する」など］を考慮に入れる。新製品を売りだす、投資を行う、買収に着手する、など大きな手を打つ前に、自問するのだ。行動した結果、想定される最悪の事態は何か？

そして、その最悪の可能性の軽減に向けて準備する。

前向き思考はよいことだ。だが、甘い考えはだめだ。これはごく些細な出来事や判断についても、一大事についても当てはまる。例えば大事なプレゼンテーションが控えているなら、プロジェクターを確認し、さらに再確認する。これまで幾度も問題なく動いていた機器でも、パワーポイントで投資家たちを説得せねばならないまさにそのときに限って、作動しないことがあるものだ。映らなかったら、その失態に対処しないといけない。全面的にビジネスが崩壊するようなカオスではないが、プレゼンもあなたの1日も台無しになるような混乱だ。社員を叱りつければ人間関係も損なわれる。あなたのゲームプランは狂い、出資してくれそうな投資家は疑念を抱き始める。

私は日頃から、マーフィーの法則に対抗して失敗を避ける技を用いている。私のチームの、特に頭脳明晰な数人と会合を行う。人数は5人以下だ。どう予測すべきか、どうすれば失敗を避けられるか、膝を突き合わせて話し合う。率直なところ、マーフィーの法則に抗うミーティングの結果、予定していた企画の延期を決めることもある。開始の準備が不十分と気づいたため、あるいは大きな失敗を招く確率がかなり高いとわかったためだ。時には、当初の発案時は最高と思えたアイデアさえも捨て去る。信用できる頭脳の持ち主にチェックしてもらい、バランスをとるのは、有意義な方法だ。

2　多少の損失を受け入れ、負けを認める

以前、eコマースサイトのグルーポンとリビングソーシャルの人気が出てきたころ、私はそれと競合するサービスを始めるチャンスだと思いついた。グルーポンとイェルプ［店舗等のレビューサイト］に、ゲーム感覚の要素（ゲーミフィケーション）を組み合わせたサイトを立ち上げようとイメージしていた。最初のバージョン開発と試行に10万ドルを投じた。この話に何人かの投資家が乗り気になった。だが、実際に稼働させる前に、信用する友人たちに私のアイデアを披露してみた。集まった顔ぶれには、大手の生命保険会社のCEOも、米国屈指の運送会社の社長もいた。

ビジネスプランと見通しを提示すると、私が見逃している落とし穴を指摘された。彼らの質疑に答えてから、このプロジェクトによって、私が本業である順調な保険のビジネスに集中できなくなる、という彼らの懸念はもっともだと思った。このプロジェクトのアイデア自体が失敗するという意味ではなく、私の保険代理店に悪影響を及ぼす混乱が生じる可能性が高かったのだ。マーフィーの法則を

見込んで、私は理にかなった決断をした。このビジネスプランを断念したのである。

まともな経営者は、損失を受け入れる。間違ったことに金をつぎ込むよりも、負けを認めて次の投機《ベンチャー》に資金をとっておく。カジノで負けたギャンブラーは、損失を取り戻そうと必死になるものだが、あと何回か賭けるとすべて失ってしまうはずだから、負けを認めたほうがいい。

3　今やるべき3ステップを見極める

混乱に陥ると、決断を下せず麻痺状態となる危険がある。異変が起きているなら、身を潜めて安全策で行こうと思うかもしれない。だが現実には、経営者は何もせずにいる余裕などない。躊躇してはいられないという事実を、カオスの中ですっかり忘れてしまう。

そうならないための混乱時の鉄則は、今すぐやるべき3ステップ（またはそれ以上）の決断である。先読みの5手について繰り返し述べてきたが、それとは別に、異変時に速やかに動く必要があるときは、何であれ目前の問題に対処する3つの行動に集中する。それによって解決を図り、傷口から出血を防ぐ応急処置ができる。

例えば、主要な顧客から、取引の終了を告げられたとしよう。次の行動をとる。

- その顧客を招き入れた営業担当者に電話して、状況の全貌を知る。
- あなたが自分でその顧客に電話して、不満を吐きだしてもらう。

- 問題となった製品を改めて出荷し、無償提供とする。

この3つは、何ら画期的な策でも複雑な作戦でもない。しかし、何も行動せずに「唯一の完璧な解決策」（そんなものは存在すらしないはず）を探し求める状態を脱することができる。動けずに麻痺する落とし穴に陥ってはいけない。今やるべきことを決めて、行動するのだ。活動を再開すれば、物事はおのずと解決の方向へ進み始めるだろう。

エゴをコントロールして、連携を図る

大企業のCEOになる人間で、エゴの強くない者はいない。1人としていない。大きなエゴ自体は悪くないが、それを常にチェックし続ける仕組みを整えておく必要がある。エゴをコントロールできないと、破滅の道へと進む。成功して儲けが増え、認知度が高まって名声を得ると、みんなが取り巻きになりたがり、あなたを金づるにしようとするだろう。そうなると、誉め言葉ばかり聞かされる。賞賛を浴びるのは、あなたが行う意思決定を周囲が恐れているからだ。例えば、チームのメンバーは、クビにならないかと怯えて、あなたの素晴らしさしか口にしない。言っておくが、そうした言葉の9割は嘘だ。本当に耳を傾けるべきことを言う者は限られる。

真実を語ってくれる一握りの人が、周りに必要だ。これが、あなたのエゴをチェックする唯一の方法である（また、子どもが3人いるのも同様の効果がある）。臆せずにあなたに苦言を呈す理事や叱

ってくれるメンターが、少人数でも必要なのだ。そうでないと問題が生じ、業績にも悪影響が現れる例を数多くみてきた。儲かり始めて周囲を驚かせると、もはや指導を受けて学ぶ姿勢はなくなる。助言にも耳を傾けない。これはエゴのマネジメントを忘れている証拠である。

用心深くパラノイアであり続ける姿勢は、謙虚さを失わないことでもある。謙虚さがなければ、組織をまとめられない。謙虚でないと、意見の異なる相手が、あなたと一緒にビジネスをしようとは思わない。異議を唱える声や多様性のない会議室で、どうやって新たなアイデアを生み、先駆的な視点を得るのだろうか？　あなたに賛同する声しか周囲にない場合、自己満足してしまうのが自然な流れだ。用心深いパラノイアとは正反対である。

エゴを絶えずチェックする姿勢は、何もかも自分1人でできるわけではないと理解することでもある。極端に病的なパラノイアは他者を信用しようとしないが、適度に用心深いパラノイアは、強い同盟関係を結べる。共に市場競争に目を光らせるパートナーは、大切な存在だ。知恵を結集させる術と考えればよい。

ロバート・グリーンの『権力に翻弄されないための48の法則』で、18番目の法則は次のとおりだ。「世界は危険に満ち、あらゆるところに敵がいる。誰でも自衛が必要だ。要塞の中が最も安全に思える。しかし、孤立は、わが身を守るよりむしろ危険にさらす。孤立すると有益な情報から切り離されるうえ、居場所を特定され標的となりやすい」

人を信用するのは難しいが、かといって孤立はかえって事態を悪化させる、とロバート・グリーンは指摘する。

パートナーとして、驚くようなところに協力相手を見つけることもある。1997年8月、アップルは業績不振で、スティーブ・ジョブズを助けようとするものはほとんどいなかった。そのときジョブズはエゴを手放すことを厭わなかったので、思いもよらない行動が可能になった。敵に助けを求めたのである。ジョブズは苦渋の決断で、宿敵ビル・ゲイツに近づいた。とある頼み事のためだ。1・5億ドル投資してほしいとマイクロソフトにもちかけた。

ジャーナリストのステファン・シルバーのサイト「アップルインサイダー」によると、ジョブズはこう語ったそうだ。「アップルでもそのエコシステム〔多様な連携機関〕でも、自分たちがやっているゲームは、アップルが勝ってマイクロソフトが負けるべきだと思っている人が多かった。はっきり言って、そんなゲームはするべきじゃない。アップルはマイクロソフトを負かすつもりはなかったし、その必要もなかった。アップルとは何なのかを、思いだす必要があった。みんなアップルとは何かを忘れてしまっていたから」

実際には、マイクロソフトが「好意」でアップルの頼み事を聞き入れたというより、双方のビジネス上の取引だった。マイクロソフトがアップルの株に1・5億ドル相当投資し、それによって両社は争っていた訴訟を終わらせ、双方が時間と金の浪費を防いだ。

加えてアップルは、マイクロソフトがOfficeのMac版を開発することに合意した。つまり、ライバル同士がパートナーになったのである。

ジョブズがこうした協力関係を築かなかったら、どうなっていただろうか。これは、単にエゴを抑えた男の話ではない。ジョブズという男は、ここぞというときに、自分にこだわる頑なさと、すべて自分でできるという執着を捨てた。私たちが今日、iPhoneやアップルの機器を使えるのは、強いエゴをコントロールした用心深いパラノイア男が、賢明にも妥当な同盟を結んだからである。

もう1つ、同盟とパラノイアの両立の必要性を浮き彫りにする例を挙げる。アマゾンとトイザらスの2000年8月の合意について、『ウォール・ストリート・ジャーナル』紙はこう記した。「10年間、アマゾンのサイトを、トイザらスの玩具とベビー用品に提供するという『画期的な契約』だ。これにより、この玩具量販店は、人気商品を把握して実店舗に並べられるうえ、アマゾンのウェブ上にも商品のラインナップを示すことが可能になったのだ」。2000年3月11日に崩壊したドットコム・バブル（ITバブル）で多くの企業が破綻した当時を思いだしてほしい。アマゾンも生き残りをかけて闘っていた時期だ。トイザらスとの連携がなかったら、アマゾンは続かなかったのではないかと私は思う。この契約がもたらす収益に加え、トイザらスとの提携は、アマゾンのサイトへのアクセス数を促進する効果がある。したがって、サイトの他の製品の販売につながる。こうしてアマゾンはさらに他社とも提携を結んでいった。

5年後、アマゾンとトイザらスはニュージャージー州の上級裁判所で争った。同盟関係として始まったのに戦争になったのだ。最たる犠牲は、２０１８年のトイザらスの破産だ［アマゾンは他の玩具量販店をサイトに招き入れ、トイザらスとの提携は解消された。その後トイザらスは自社サイトで販売するが不振だった］。

この話の教訓は、提携関係を築いてからも、油断せずパラノイアであれ！

賢者の助言を求める

困難に見舞われると、助けが必要になる。あなたのチームが優秀なら、厳しい状況下であなたを救ってくれるはずだから、メンバーは厳選し大切にしよう。提携先との同盟関係も欠かせない。ビジネスが行き詰まってきたとき、障害を乗り越え、立ち直って成長する力を、提携相手が提供してくれるだろう。

起業家が、頭がよくてもビジネスに失敗するのを幾度もみてきた。だが、起業家が思慮深ければ、必ず立ち直れることも目の当たりにした。頭のよさと思慮深さは違う。頭がよい人は自分が答えをすべて知っていると考えるが、思慮深い人はそう思わず、わからないことがあると心得ている。思慮深さは、混沌とした状況下でとりわけ重要である。

そのことを私自身も学んできた。私は22歳までにクレジットカードの負債が4万9０００ドルに膨らみ、クレジットスコア（信用スコア）は５００を切った。当時のガールフレンドとの関係が悪化の一途を辿ったのは、主に私の経済状況のせいだった。ふと、ある考えが湧きおこった。自分にとって既知の範囲だけで生きていくなら、人生は同じことの繰り返しになってしまうと。

思慮深い知恵を獲得しようと決心した。学校でガリ勉をからかっていた私が、一番のガリ勉になった。とにかく学びたい、それがすべてだった。本を貪り読んだ。メンターたちからスポンジのように知恵を吸収した。人生とビジネスを教えてくれる思慮に富んだ人々が周りにいたことは、何よりも貴重でありがたかった。そのメンターの1人からもらった質問リストが、2章で取り上げ、巻末の付表に掲載した「パーソナル・アイデンティティー調査票」となった。

思慮深いメンターを探すにはどうするか？　多くのコーチやコンサルタントとの関わりを通じてわかったが、自らの経験よりも書籍の知識に基づいて助言する人のほうが多い。私からみて、メンターやアドバイザーの専門性は、次の3つのレベルに分けられる。理論型（Theory）、観察型（Witness）、実際的教訓型（Application）、すなわち頭文字で「TWA」の3種類のメンターがいる。

●理論型　Theory

理論型は、名門大学の学位をもつ博識の人物である。コンサルタントや教授のほとんどは、このカテゴリーにあたる。頭はよいが、思慮深いかはわからない。実際の経験から得た知恵というより、理論に基づいて示唆を与えてくれる。ビジネス経営について指導するが、彼らに会社経営の経験を尋ねると「自分で経営したことはないが、多くの会社のコンサルタントをしている。あらゆる書籍で学んできたので」ときっと答える。これが理論型レベルのメンターだ。それはそれで悪くない。彼らからもよい助言を得られる。しかし、他のメンターよりは低いレベルだ。

●観察型　Witness

観察型のアドバイザーは、成功した経営者の傍らで仕事をしてきた経験がある。その利点を生かし、優れたリーダーのビジネス構築法を如実に語ってくれる。例えば、ガイ・カワサキは、初のMacintoshの制作チームでスティーブ・ジョブズと仕事をして学んだことを、よく話してくれた。

観察型のアドバイザーは会社の経営経験はないが、経営者のすぐそばで仕事をしていた。不動産業のメンターを探しているなら「不動産会社をやっていたのですか？」と質問してみる。「経営者ではありません。でもビバリーヒルズでトップの不動産仲介エージェントに、10年間アシスタントとしてついていたので、いろいろ知っています」との答えなら、うってつけである。そのエージェントがやっていたこと、仕事の仕方、顧客との付き合い方、廃業の危機への対処法などを語ってくれるはずだ。

●実際的教訓型　Application

実際的教訓とは、実体験に基づく根拠のある情報である。このカテゴリーのメンターは、自分でやってみて実際に役立ったことを教えてくれる。言葉どおり行動してきた言動一致のメンターは、最も有益だ。起業家として、ビジネスでの失敗の経験も話してくれるだろう。これは、理論と観察からの助言では得られないものだ。

理論、観察、実際的教訓（TWA）の3つの特性をすべて備えたメンターは、バスケットボールなら「スリーポイントシュート」といえるくらい偉大だが、滅多にいない。

例えばユーチューブのビジネス教育系の動画は、理論型か観察型の制作者によるものばかりだ。実際的教訓型はほとんどない。そのため、メンターの選択においても事前調査が必要で、TWAのどのレベルに位置するのか知っておくべきである。3つのいずれのレベルも有益ではあるが、実際的教訓がベストなのは言うまでもない。あなたが困難な時期を乗り越えようとしているなら、なおさらだ。実際的教訓を重視するからこそ、チェスのグランドマスターのマグヌス・カールセンは、もとは対戦相手でやはりワールドチャンピオンのガルリ・ガスパロフを、コーチとして起用したのである。

ビジネスというゲームは時に醜いほど熾烈だ。あなたが好戦的なメンタリティーの持ち主なら、むきにならないほうがいい。競争相手のせいで、苛立ち、腹を立て、困惑する。彼らが汚い手を使ってくると決めつけかねない。また、あなたの会社の稼ぎ頭が、急に辞めることもあるだろう。あなたが育て、成長を助け、困難のときには支えてきた社員なのに、恩をあだで返された気がする。あるいは、

消費者団体か政府関連機関と訴訟になるかもしれない。自分を標的に試練を課す相手は、自分に対して恨みがあるとしか思えないと感じる。

だが、いずれの場合も、自分への個人的な攻撃と受けとめるのは逆効果だと認識すべきだ。あなたのエゴこそ、敵なのである。ビジネスの構築は、熾烈で醜いゲームであり、かつ混沌と困惑の中にある。だから、頭で思考する努力だけでなく、胸中の私的感情をコントロールする努力が求められるのだ。物事を個人的に捉えてしまうと、カオスに陥って明晰な思考ができない。怒りに駆られ復讐心に燃えてしまう。

また、やはり難しいだろうが、一歩引いて、状況を分析的に俯瞰するといい。決断が、怒りや屈辱に左右されてはいけない。あらゆる感情を排除しろといっているのではない。どのように感じるのも自由だ。ただし、そうした感情で判断力を鈍らせてはならないのだ。優れた経営者は、カオスの最中でも感情的な反応を抑えて、客観的な決定を下せる。

何十年も成功を持続できるＣＥＯは滅多にいないとしても、パラノイアであり続けるＣＥＯが生き残るのは確かである。ＣＥＯとは、全体像を展望してビジョンをもち、前例のないイノベイティブなことを大胆に行うものだが、用心深さも失ってはならない。警戒を怠らず、生き残れ。

4手目 事業規模の拡大戦略

1 飛躍的な拡大成長

ビジネス資金の調達方法を決めよう。直線的成長と指数関数的成長、双方の戦略を展開するべきだ。ベストを尽くし自分の定めた目標に責任をもつよう、社員を導くとよい。

2 モメンタムを味方につけカオスに備えよ

加速しても事故を起こさない方法で成長できるよう、ビジネス戦略を立てる。また、時間削減の方法を探る。自分のエゴもチェックし、誘惑を退け、自分自身が最大の敵になるのを防ごう。

3 「マネーボール」：ビジネス動向を把握するシステムの開発

自分のビジネスで最重要要素となる基本事項を見極め、徹底して追跡しよう。頭の中にある知識を伝えるために、文書化してマニュアルを作成しよう。知識共有のためのシステム構築を担う人材を、新たに採用すべきかの判断も必要だ。

4 パラノイアであれ　グランドマスターは決して油断しない

会社が成長するほど無防備になる。どこが攻撃されやすいか把握し、警戒を続けるべきだ。常に敵の立場に立ってみて、自分が敵対相手だったらどうやって他社をビジネスから撤退させようとするか、考えよう。実際に敵がそうした行動をとっても、個人的攻撃と受け取り感情的になってはいけない。

5手目

パワープレイ

13章

ゴリアテの倒し方
ナラティブをコントロールする戦略

俺はビジネスマンてわけじゃない。俺が、ビジネス、ってことさ。
——ジェイ・Z（ラッパー、起業家）

ビジネスに、巨人ゴリアテ〔旧約聖書に出てくる戦士〕はつきものだ。ゴリアテは、業界最大手の巨大企業とはかぎらない。ある地域のマーケットシェアを独占する企業もゴリアテだろう。さらには、例えばあなたと同じ営業部の、金になる大口の顧客を抱える経験豊富なセールスパーソンも、そうかもしれない。ゴリアテに立ち向かうと決心する前に、相手のほうがあなたより巨大で、豊富な資金、経験、資源（特に弁護士という人的資源）をもつと認識しておくべきだ。そのうえゴリアテは、評判も上々でブランド価値も高い。したがって、あなたに比べ余裕があり何の不自由もない。

こうしたすべてを承知で、なおもゴリアテとの闘いに全力を注ぐつもりなら、目の前に壁が立ちはだかると覚悟すべきだ。とはいえ幸いにも、あなたに有利な点も期待できるだろう。余裕の構えのゴリアテは、パラノイアではなく警戒が緩い。となれば、(いくつか)手を打つチャンスがある。

ゴリアテとの闘いは、誰にでも勧められるものではない。実際のところ、ゴリアテを倒すには不利な状況で、成功する確率は低い。当初は小さかったウォルマートが、よりによってKマートを破産に追い込むと誰が想像できただろう? アマゾン、マイクロソフト、グーグルの成功の影にはそれぞれ、その分野で闘いに挑みながら惨敗した会社や個人事業者が何万とあるのだ。ゴリアテ打倒は不可能ではないが、痛みに耐えられる者でなければ闘えない。それでも挑戦する意欲があれば、読み進めてほしい。

ビジネスでゴリアテに対抗する前に知るべきこと

1 **恐怖が待っている**。金銭的な損失を思うと怖くなるが、それにも増して、本気で身を投じたのに失敗すると、あなたのエゴが深く傷つく恐れがある。

2 **パニック発作か不安神経症になるだろう**。ならなければ、本気で身を投じていない証だ。身を投ずるとは、成果を上げるために、すべてを捧げるという意味だ。とてつもないストレスを伴う。

3 **いじめや嘲笑の的になる**。ゴリアテを倒そうとする行動のみならず、倒せる可能性を想定しただけでも、標的にされるだろう。訝しげな視線を浴びるだろうから、悪目立ちする覚悟をしておいたほうがよい。

4 **妄想を抱いてよい**。ゴリアテ打倒では、実のところ、正気とはいえない妄想家のほうが、事が都合よく運ぶだろう。ゴリアテを引きずりおろせると思うなら、ちょっと「ズレてる」くらいがちょうどよい。

5 **想定の10倍仕事をせねばならない**。もう限界だと思っても、さらに10倍の労力がゴリアテ打倒に必要になる。家族との時間は少なくなり、趣味を楽しむ余裕もなくなる。だから、誰にでも勧められるわけではない。

6 **競争力を保つために健康であるべきだ**。私は働きすぎて、極度の疲労と入院を何度も経験した。回復するたびに、さらに活力が増して頑張れるようになり、激務への耐性がついた。この経験を話したのは、バーンアウトする不安を煽る意図ではなく、ゴリアテとの苦闘の只中でも、健全さを保つよう備えてもらいたいからだ。

本書の「2手目」で「Xの解明」メソッドについて述べたとき、ビジネスを始めたばかりの私を相手にイーゴンが訴訟を起こし、廃業に追い込まれそうになった話をした。ゴリアテに喉元を締め付けられ、ノックダウン寸前だった。だが、助かってから、私はゴリアテを打ち負かせると確信できた。特に重要なのは、打倒できる理由の発見だった。

なぜゴリアテを倒せるか

実は、闘いは準備をすれば勝てるのである。なぜか。勝利を重ねると、ゴリアテは気が緩みがちになる。やがて、かつてのように懸命に仕事するのを止めてしまう。ゴリアテは顧客の意を汲むコミュニケーションも怠るようになり、最新のマーケティングメソッドに乗り遅れるのが常である。ゴリアテには、時流を追う敏捷さがない。既に巨大なゴリアテにとっては、以前のように成長のためにリスクを冒して新しいものに次々と手を出しても、もはや利点がないからだ。

ゴリアテである巨大企業は、ハングリーで向こう見ずな者を採用できない。そういう人間は、ゴリアテ打倒を目指す劣勢側に魅力を感じるからだ。勝者ゴリアテの仲間になるより、対抗して挑む側を好む。こうした判官贔屓のため、バスケットボール選手のケヴィン・デュラントが、優勝候補チーム、ゴールデン・ステート・ウォリアーズに加わったときに批判の声が大きかった。ゴールデン・ステート・ウォリアーズは２０１５年のシーズンでＮＢＡ新記録の73勝達成の成果を上げ、その翌年に移籍したケヴィン・デュラントが、強いほうについたように見えた。一方、デュラントからみれば、移籍の決断は、やはり判官贔屓のためともいえる。移籍前に彼が3シーズンで2タイトル獲得の貢献をした古巣のチームは、一時代を築いた「ゴリアテ」だったから、退団したのである［移籍前のデュラントは、優勝歴もあるオクラホマシティ・サンダーに所属し、２０１３年と２０１４年にＭＶＰを獲得した。移籍先のゴールデン・ステート・ウォリアーズは、低迷期が長く劣勢だったが新記録を達成し躍進中であった」。

意気込んで対抗するにしても、ゴリアテには常に敬意を払うべきだ。一瞬でも気を抜くとノックアウトされてしまう。ゴリアテが今の地位を得たのは、単なる運ではない。その恐るべき力には理由がある。だからこそゴリアテを倒せれば、その勝利の意義は大きい。では、どんな方法があるか。

ゴリアテ打倒の12の方法

1 **自分の弱点を知る**。自分の強みはわかりやすい。だが、自分の弱点も把握してこそ、機敏に身を守り方向転換しながら、ゴリアテと闘える。

2 **ゴリアテの弱点を知る**。ゴリアテが強く優勢なところでは闘えない。ゴリアテにとってのアキレス腱を見つけ、その致命的な弱点を利用する。

3 **得意技を3つマスターする**。市場競争の闘い方のルールを定めよう。自分の強みを用いて、ゴリアテができないことを3つ習得し、その部分でゴリアテに勝つと決めるといい。

4 **ゴリアテになろうとしない**。ゴリアテの戦略や知識は学んでおくべきだが、それをそのまま手本として、相手を打倒できるだろうか？　他者の強みではなく、自分自身の強みをうまく生かす。

5 **領域を絞りこむ**。ゴリアテは、影響力と勢力範囲の拡大のために、広範に市場を展開する。例えばマーケットシェアを奪うには、領域を特化するほうがいい。

6　**小さい自分を大きくみせる**。堂々と振る舞おう。ゴリアテの強大さに怖気づいてはいけない。「未来という現実」を体現して、あたかも自分が優勢であるかのように闘おう。

7　**最初は低姿勢を保つ**。ビジネスが軌道に乗るまでは多くの助けが必要で、成長には時間がかかる。だから、起業して最初の何年かは、摩擦を起こしたり物議を醸したりしないように。まずは自分のビジネスに時間を費やし、その後で挑むべきゴリアテを探そう。

8　**迅速に動く**。持ち前の強みと敏捷さを生かしてゴリアテに対抗しよう。巨人はあなたほど機敏に動けない。

9　**他社と連携して、共通の敵と闘う**。ゴリアテは、敵対する会社が多い。そうした会社とあなたの相互協力関係を築き、連携して戦略を繰り広げよう。

10　**歴史に学ぶ**。ゴリアテとの闘いについて、歴史は思いもしなかった展開や戦術を教えてくれる。学べることは多々あり、習得した知識は大きな助けとなるに違いない。

11　**他社に闘ってもらい、ゴリアテを疲弊させる**。ゴリアテが攻撃をかわさねばならない競争相手は多く、あなたが常に最前線で闘う必要はない。一歩引いて、ゴリアテと他社の闘いに注目が集まっている間を利用して、あなたの資源を拡充すれば、ゴリアテに対して優位に立てる。

12　**自分の手の内をすべて明かさない**。グランドマスターなら当然だ。

ソーシャルメディアを活用し、ナラティブをコントロールする

ここでメディアへの発信の仕方について述べたい。世に向けて何をいかに発信するべきだろうか。多くの人が閲覧し、あなたへの注目を集める媒体は重要である。あなたは自らの信念、見解、そして自分という人間が何者かを語らねばならない。さもないと、世間の側が、あなたはこういう人物だと決めつける。自分が何に取り組んでいるかという発信と、ナラティブ〔物語、言説〕のコントロールは、いずれも自分の責務である。自分でやらないと、誰かが勝手にやってしまう。

ソーシャルメディアの活用は、劣勢を巻き返す切り札になる。

私が代理店を立ち上げたとき、ゴリアテはあらゆる手を使って、いじめを仕掛けてきた。競合他社は、私の悪口を言い、評判を台無しにしかねないひどい噂を流した。そのとき身に染みてわかったのが、こうした私に関するナラティブをコントロールするには、ソーシャルメディアを適切に活用すべきという事実だ。

私についてとんでもない話を聞いた人は、その疑惑をグーグルで確かめるだろう。検索結果は？噂の悪人とは大違いの男をインターネット上で目にする。このように私は、自分についてのナラティブをコントロールできたので、悪い噂を聞いた人の多くが、結果的に私と仕事するようになった。

インターネット以前の世界を考えてみてほしい。今とは大きく違う。スティーブ・ジョブズが自らのナラティブを発信するには、『プレイボーイ』誌に連絡して記事にしてもらわねばならなかった〔『プ

レイボーイ』誌がジョブズにインタビューした1985年の記事が知られている」。しかもジョブズがインタビューを受けても、それが刊行されて読者が目にするのは2カ月後だ！　今日では、オンラインに投稿した内容が閲覧されるまでの時間は、2ミリ秒（1000分の2秒）である。

ゴリアテは何百万ドルもの広告費を払えるが、あなたはそんなことをしなくても、スマホで動画を撮って視聴数を伸ばせば、そのほうが効果は大きい。


投稿するときは、率直に自分を表現しよう。できるだけ良い印象を与えてこそプロだという考えは、間違った思いこみにすぎない。ロボットのように完璧な相手とはつながりを感じられない、という問題がある。あなたが何者か、ありのままを表現すれば、双方向の結びつきが生まれる。失敗を隠さず、弱さも見せるべきだ。立派なことを行った話だけでは、興味を引きつけられない。トップに上り詰めるまでに、失敗を経験していない者などあり得ない。しくじった経験を伝えたほうが、視聴者は自分を重ねて共感できる。

また視聴者には、あなたの考えの問題点を指摘するよう促すと、共感を得やすい。「視聴者のみなさんの意見を寄せてほしい」と呼びかけるのだ。課題を解決するための具体的な提案を求めよう。そうすると一石二鳥だ。寄せられた見解を参考にでき、加えて、視聴者や読者と双方向の関わりを増やせる。

もう1つ、視聴者と結びつく秘訣は、一定の頻度で更新を続けることだ。視聴者は次の投稿予定を知りたいし、コンテンツが決まったスケジュールで配信されるのを期待する。ベストセラーの著述家、セス・ゴーディンとダニエル・ピンクは、それぞれ異なるアプローチをとる。セス・ゴーディンは、示唆に富んだ短いブログを毎日更新し、フォロワーもそれを期待している。一方、ダニエル・ピンクの「ピンクキャスト」は、1週間おきに動画を配信する。両者に共通する戦略は、視聴者が次の更新を予測でき、そのとおり期待に応えている点だ。

一定の更新頻度とともに大切なのは、一貫して自分の価値観を保つ誠実さである。注意してほしいのだが、フォロワーやチャンネル登録者数が増えると、他社の広告の掲載を勧められるようになる。しかし、**自分のブランドを、金儲けの道具にしてはいけない**。スポンサーをつけるなら、自分の価値観と一致したブランドを選ぶべきだ。収益目的でない確かなメッセージを発信し続ければ、フォロワーは喜んでついてくるだろう。つまり、誠実な姿勢を保ち長期戦を闘うためには、手取り早い稼ぎを断り、その場しのぎの満足感ではなく将来的な豊かさを求めていくべきである。

大胆なセルフプロモーション

自分を売り込むセルフプロモーションの基本ルールは、羞恥心を捨てることである。恥ずかしがって遠慮するのは、他者からの評価にさらされるのが怖いからだ。ビジョナリーは臆せずそれを乗り越えてきた。自分を売り込む場合、他者の評価を恐れてはいけない。自分を知ってもらうことに積極的になるべきだ。ナイキの創業者フィル・ナイトは、臆せず売り込んだ。NFLのダラス・カウボーイズのオーナー、ジェリー・ジョーンズも、「ザ・ロック」の名で知られる元プロボクサー、ドウェイン・ジョンソンも、コメディアンのケヴィン・ハートも然りだ。ケヴィン・ハートが恥ずかしがっていたら、インスタグラムのフォロワーが1億人近くに達するだろうか？　臆せず羞恥心を捨て堂々としなければ、誰もあなたが何者かわかってくれない。

羞恥心によって尻込みしてしまうのは、他者の批評による屈辱感を恐れるからだ。だが、屈辱を感じても構わないではないか？　屈辱を味わったことのない人に、何ができるか？　屈辱を知らない人間は、人目を避けている者だ。会社の中で安全に守られ、自分をさらけ出さずにいるにすぎない。ここで私が自分を「臆せず」売り込めというのは、自画自賛の自慢話をするという意味ではない。できることは（ナラティブやブランドの構築において）何でもやって、確実に閲覧者数を増やすべきだと伝えたいのだ。セルフプロモーションは妙技を要するアートである。

自画自賛は気が引けるとしても、話の中でそれとなく言及するのは、良い売り込みになる。弁護士事務所を訪れたとしよう。壁には、その弁護士の業績を示す表彰盾が掲げられている。こんな風に言えば、相手を立てながら自分も売り込める。「素晴らしい表彰盾ですね。超一流の弁護士と評価されるには、さぞかし大変だったことでしょう。心から敬意を表します。そのご苦労はよくわかります。私自身、社内でトップの成績で表彰されるまで大変な努力を要したからです。成功に至るまで道のりを、私は胸に刻んでいます。目に見えない努力を見過ごす人が多いのは、不思議ですよね。優れた業績を重ねられたあなたを、心から讃えます」

セルフプロモーションのもう1つの技は、予測の提示である。自分の直感とリサーチをもとに、予測した内容を表明する。なぜそれが重要か？　予想の一部でも当たれば、あなたの信用は高まり賢者に見えるからだ。

ここできっと、「つまらないアドバイスだな、パット。予測なんてリスクに身を投じろと？　予測が外れて、恥をかいたらどうするんだ？」と言う人がいるだろう。だが、逆を考えてみよう。予測しないなら外れはないが、誰かがあなたを知ることもないのだ。

UFC（総合格闘技）の王者だったコナー・マクレガーは、こう述べた。「勝負の予測には自信があるんだ。試合前の準備も万全さ。だが結果は、勝利も敗北も、いつも謙虚に受けとめる」。彼は臆せず自分をさらけ出し、大胆な予測をしたうえで、勝っても負けても受け入れて、ナラティブをコントロールしている。

優れた不動産デベロッパーは予測を立てる。優秀な株式ブローカーも同様だ。自分たちの予測をニュースとして流す。投資家のジム・クレイマーが危険を冒さず臆病だったら、テレビ番組の司会を担当するまでになっただろうか？　番組のタイトルは「マッド・マネー〔狂気の投資〕」であり、「シャイ・マネー〔弱気の投資〕」ではない。彼は自分のことが取り沙汰されるよう意図している。ジム・クレイマーはバカだという反応もあれば、彼のアドバイスを信じる人もいる。ジム・クレイマーに直接会ったことはないが、注目されれば視聴率も上がり儲かって大喜びに違いない。

自分の業界について、ためらわず予測を立てよう。予測を効果的に提示する方法も考えるといい。投資アドバイザーでメディアにも出演しているピーター・シフは、自分の予測を次のようなタイトル記事で提示する。

「ピーター・シフ：利下げは愚策だ」
「ピーター・シフ：金と銀を購入した者だけが勝利をつかむ」
「ピーター・シフ：Ｆｅｄ［連邦準備銀行］がどう動いても事態は悪化する」

ピーター・シフは同じような見解を数十年に渡って繰り返し、時には正しく、時には外れた。いずれにしても、常に話題になり、自分の売り込みに成功している。彼の予測は大胆だ。結果として、ピーター・シフという人物が、金への投資の代名詞になっているのだ。金融関係のテレビ番組は、金の専門家が必要なときピーター・シフを呼ぶ。

さまざまな例に話が飛んだが、整理したい。ソーシャルメディア上の発信の決まりごととして、次の点が重要だ。

- 独自性をもつ。
- 勇気をもって大胆に。

- 自信過剰でもよい（あなたが何者であるかを表しているならば）。
- 視聴者と双方向の関わりをもつ。
- 良いことは自画自賛する。
- 間違いは笑いのネタにする。
- 間違ったときは負けを認める。

自分の売り込みは、いつでも続けるべきだ。もう1つテクニックがある。自分の見解を印象づけるには、著名人の言葉などを引き合いに出すよりも、書籍を引用するとよい。例えば会議の席で、論点に対してこう発言する。「私が読んだ本では、これこれこういうふうに述べられており、今会社が直面している問題に当てはまると思います。そのため、私はこの本に基づく見解を提案します」。会議の相手が意欲的なら、その書籍の名を書き留めるだろう。ビジネスのやりとりの中で、参照すべき2、3冊の本を紹介できると、独学の徒で読書家だと思われるはずだ。大学の学位の有無は関係ない。

さらにもう1つの売り込み方法は、自分の専門領域の論題について、はっきりと大胆な見解をもつことだ。例えば、市場の方向性に賛成できない、あるいは、自分の業界の誤りを指摘したい、という状況だとしよう。その見解の表明に最適な場は、自分のブログやビデオブログ、ポッドキャストだ。誰かとそのテーマの議論になったら、こう言う。「この問題について、先日ブログを書いたところ、大きな論争になりました。私がこれこれこういう見解をはっきり示したからです。内容をお送りしますので、読んでみてください」

大胆な見解として、私は、持ち家はアメリカンドリームではない、という論を書いたことがある。激しい議論を呼んだ。FOXニュースとCNNから問い合わせがあった。『デンバー・ポスト』紙は特集を組んだ。起業家が持ち家信仰を否定している、という内容で、私の見解が取り上げられたのだ。本当のアメリカンドリームは持ち家ではなくて起業（アントレプレナーシップ）だという私の投稿が、これだけの反響を呼んだのである。そんなわけで、自分の考えや意見を記しオンラインに掲載したうえで、その記事を売り込むとよい。

自分が述べる内容については十分な確信をもたねばならない。記事が確かなものか不確かかの違いは、読めばわかる。判別は難しくない。自分が語っている論に確信がある人は見分けがつく。確信がないかぎり、セルフプロモーションは効果がない。

ただし、過度な決めつけは良くないし、でっちあげもだめだ。証拠に基づいた意見をもち、その見解を、確信をもって述べよう。

自分を売り込む意欲をもってほしい。他者の評価にさらされる恐れを捨てて、思いきって身を投じてほしい。大胆な言葉を発信し、勇気をもって行動しよう。あなたが何者で何を拠りどころとしているか、知ってもらうのだ。

主要なビジョンに沿ったブランド化

私が最初にユーチューブのコンテンツ制作を始めたとき、チャンネル名はパトリック・ベトーデイヴィッドで、番組は「パットとの2分間」という名称だった。どのようなコンテンツにするかビジョンを膨らませていくと、教育的なチャンネルという方向性が明らかになった。世界中の起業家にひらめきを与えられる価値観（ヴァリュー）を、楽しい番組（エンターテインメント）として提供しようと思った。

コンテンツ制作の動機となった利他的な理由は、知識の還元だった。セールスパーソンだった私が起業家となり後にCEOになる過程で、知っていたらよかったのにと思うすべてを提供したかった。仕事人生の各段階で無力感を覚え途方にくれたことがあり、そのとき抱えていた疑問をリスト化して、それに答える内容にしようと思った。加えて、こうした取り組みを、興味をそそる面白い方法でやろうと力を尽くした。学校を辛く感じる人が多いのは、教育方法が退屈でつまらないからだ。私は喜んで観てもらえるコンテンツをつくりたかった。学びと同時に楽しめる番組だ。

コンテンツ制作には、利己的な理由も2つある。1つめは、私が人生をどう考えていたかについて、私の子どもと（将来の）孫がアクセスできるようにしたかった。いつの日か子どもたちが私のコンテンツを次々と見る姿を思い描いた。子どもたちはきっと、父親にあまり喜んでもらえていないと感じ、なぜだろうと動画を観て、最終的には父の愛を知るだろう。

利己的な理由の2つめは、ナラティブのコントロールのためだ。

ビジネスの話に戻ると、私がヴァリューテインメントというチャンネルをつくった理由は、事業の規模を拡大しブランド化するには、自分自身ではなく、ビジョンに焦点を当てる必要があると考えたからだ。

ここで、すぐ問題に気づいただろう。毎週の番組のタイトル「パットとの2分間」は、要するに私についてであり、ビジョンに関してではない。

私がチェスのグランドマスターのような思考法について熱く語ってきたのは、承知のとおりである。壮大なビジョンで新たなアイデアを実行に移すとなれば、まさにグランドマスターのマインドセットで、15手先まで戦略を練るべきときだ。どんな手が思い浮かぶだろうか？　当時の私の身になって、1人苦労して動画を撮るソロプレナーから、教育系の動画の第一人者になる戦略を立ててみてほしい。私が気づかなかったことを、あなたは思いつくかもしれない。そして私の戦略のリストをみて、きっと難癖をつけるだろう。ぜひ批判してほしい。

では、私が実行した、毎週のビデオシリーズを今日の姿に発展させるための計画を示そう。

アントレプレナーシップ（起業家精神）のチャンネルに番組を進化させる、15手の戦略

1　チャンネルのビジョンの明確化に、十分時間をとって専念する。

2　社内のクリエイティブなチームと協議し、チャンネルの新名称について意見交換する。

3　マーケティングとメディア活用に関する、既存のあらゆる書籍を購入して研究する。
4　何者になりたいかだけでなく、こうはなりたくないという反面教師も見極める。
5　私個人ではなく、アントレプレナーシップという使命に関するチャンネルにする。
6　教育系動画の第一人者の役割を体現すべく、ウェブサイト、名称、ロゴを刷新する。
7　ソーシャルメディアの業界会議に参加し、多様な戦略を学ぶ。
8　メディアで取り上げられる内容に精通し、その中の何に着目していくべきか把握する。
9　私たちの不得意な分野に通じている人材を採用する。90日以内に、SEO［サーチ・エンジン・オプティマイゼーション、検索エンジン最適化］の専門家を雇う。
10　配信したコンテンツの格付け評価を、段階的に上げていく。
11　30日以内に、フルタイムのコンテンツエディターを採用する。
12　インスタグラム、ツイッター、フェイスブック、ユーチューブのための戦略を綿密に作成するとともに、今後この4大勢力を上回るソーシャルメディアのアプリケーションが登場したら、速やかに対応できるよう準備しておく。
13　私自身を実業界におけるエキスパートとして売り込む。業界の専門家として記事を執筆し、複数のプラットフォームに投稿する。
14　新たな名称のブランド、ヴァリューテインメントに招くにふさわしいゲストの、選考基準を明確にする。

15　最後の手は、本書では伏せておく。いずれわかるだろう。

15の手を打った結果は？　新名称をヴァリューテインメントとし、その後の展開は周知のとおりだ。今日に至るまでに世界各地でヴァリューテイナーズが、膨大な時間数のコンテンツを視聴している。興味深いことに、私が新たなトピックを選んで話題にするたびに、その分野から新規の視聴者が現れ、ビジネス上の取引や関係が生まれる。その結果、視聴者のブランド構築のために貢献でき、副産物としてわが社もビジネスの機会が増える。２０２０年5月時点で、ユーチューブのチャンネル登録者数は２３０万人を超え［２０２１年６月時点で３０３万人］、アントレプレナーシップの主導的なチャンネルとなっている。

ノイズを遮断し、無駄を削る

米国国立科学財団（ＮＳＦ）が２００５年に刊行した論文によると、平均的な人間は1日に1万2０００回から6万回考えているのだそうだ。そのうち80％がネガティブな思考で、95％は前日とまったく同一の思考だという。

ネガティブな繰り返しの思考を脱し、有益な思考へ踏みだすための大技（パワームーブ）は、雑音の遮断である。自分のナラティブをコントロールできるようになったら、他者が発信する雑音に気を散らす、無駄な時間も削るべきだ。優れた思索家が、セレブのゴシップを気にかけるだろうか？　ニユースばかり追いかけているだろうか？　最新の動向を把握するために朝のニュースの見出しには目を通すが、陰謀論の不確かな記事やウェブページのバナー広告をクリックして、時間を無駄にしないはずだ。いずれもノイズ以外の何ものでもない。

同様に、ネガティブな考えの友人や、考えの狭い人からの雑音も遮断しよう。あなたのやりたいことに家族が賛成しない場合は、その雑音も遮る。否定的な反応しか返ってこないとわかっている相手の前では、自分のアイデアを持ちださなくてよい。ノイズを遮るのだ。雑念も悲観も捨てよう。批判を建設的に展開する人と、単に否定的なだけの人は大違いだ。

また、生活の中の無駄も削るべきである。ビデオゲームが自分の商売に関わるものでないなら、もう止める。ボーイフレンド、ガールフレンドが複数いるとか、週に3回ナイトクラブで騒ぐのも終了。1日に20回の自撮り画像の投稿も、ファンタジースポーツ［シミュレーションゲーム］のフットボールのスコアを30秒ごとにチェックするのも、一切無し。もし誰にも知られていない悪習悪癖があるなら、コントロールする術を探さないといけない。

野心的で大局的な思考を妨げるものは、すべて排除しよう。何がそれに該当するか、自分自身がわかっているはずだ。まさに今、頭をよぎったそれが、止めるべきことではないか？　今すぐ、きっぱり捨ててしまおう。足を引っぱるものに、時間を費やす価値はない。それをはるかに上回る充実感が、壮大な考え方でビジョンを実現することで得られる。

例を挙げよう。私は女性が大好きだ。あなたが一緒にクラブ通いして楽しむ仲間を探しているなら、若くて独身だったときの私が恰好の相手だ。私はかつてラジオのトーク番組でインタビューを受け、自分のプランや目標の話をしたことがある。番組の司会者がこう質問した。「人生を大きく変えた、一番の出来事は何ですか？」

私は答えた。「20代半ばの頃、人生初の100万ドル［約1億円］を稼ぐまでセックスしないと決心しましてね」

「それで、すぐにその額に達したわけですね」

残念ながら違う。私は17カ月ものあいだ「断《た》った」のである。辛かった。だがそれによって、同時に2つのことが成し遂げられた。1つめとして、この目標額達成に必要な、自制心と意欲が身についた。2つめは、否応なしに、肝心な仕事に時間を費やすようになった。この目標を定めるまでは、クラブで何時間も過ごし、当然ながら、女性との付き合いに精神的なエネルギーを注いでいた。こうしたことも、ノイズ以外の何ものでもない。ノイズにさらされていた時間が、収益を生む活動に取って代わると、生産性が急上昇した。やがて、妻に出会い身を固めた。

ゴリアテを倒したければ、些細な過ちも許されない。最高レベルの成功を求めるなら、時間を浪費している場合ではない。無為に過ごすあなたの姿は、ソーシャルメディア戦略にも影響してしまう。私がクラブ通いしていた頃は、幸いインスタグラムは無かったが、今ならソーシャルメディアの至るところに見苦しい写真が出回ってしまうところだ。

私は必ずしも標準的とはいえず、あなたには役立たないこともあるだろう。伝えたいのは、自分の弱みを――甘いものの食べ過ぎであれ、テレビの見過ぎや、中毒気味のスポーツ観戦であれ――自覚できれば、そうならないよう気をつけられるということだ。日曜日に1日中フットボールを観て過ごし、さらに月曜日にも3時間半番組の『マンデー・ナイト・フットボール』を観るのを何とも思わない人もいる。合計で13時間以上も費やしているのに。きっとファンタジースポーツのフットボールリーグ戦を止めないだろうし、贔屓のチームのスポーツ観戦を続けるだろう。だが、例えば週に1試合だけフットボールを観ることにすれば、無駄にしていた10時間を取り戻せる。1週間の仕事時間に、もう1日分の時間を追加できるとしたら、どれだけのことが可能になるだろう？

自制心を養う方法はさまざまである。無為にウェブサイトを閲覧して時間を浪費しないよう、制限を課せばいい。ビジネスの最重要業務に毎日5時間取り組む、1日に最低1回はビジネスの脅威となるリスク評価を行うなど、自分の律し方を決めるとよい。自制心を鍛えれば、卓越した力を継続的に発揮できる。

「未来という現実」と、肯定的な言葉

人間は1日に最大6万回も考えるという話だったが、問題は、脳裏をよぎるのは何か、という中身である。

各界の専門家へのインタビューで構成された映画『ザ・シークレット』と、同名の自己啓発書の大きな成功をみると、肯定感を高める言葉がもてはやされているようだ。言葉の力を信じ、「言葉にす

ると、実現できる」という考えが広まった。『ザ・シークレット』の主題である「引き寄せの法則」は、確かにそのとおりだが、同時に誤解も生んでいると私は思う。そのため、肯定感を高める言葉の使用と、「未来という現実」を生きることとの違いを述べたい。

モチベーションを高める言葉や肯定的な表現を否定しているわけではない。しかし、そうした物言いは、その背後に強い感情と信念がなければ無意味だと私は考える。肯定の言葉は、それがなぜ現実になり得るのか、妥当性を示す話を伴うべきだ。「私は素晴らしい、私は強い、私は豊かで恵まれている」と単に言うのではなく、「私は強い。なぜなら、家族に必要とされたときに期待に応える力があったからだ。なぜなら、自分を向上させ、状況にうまく対処してきたからだ」と根拠を加えるとよい。

映画監督が俳優に、強い感情のこもった演技を促しているところを想像してほしい。俳優の心中の思いをうまく引き出して、その気持ちを生かして演じてもらわねばならない。それと同じことを自分に対して行う。方法は次のとおりである。

自分を見つめ直す心の棚卸しをして、それを書き留めておく

1　自分にとって特に辛かった5つの出来事
2　自分が大成功を収めた5つの出来事
3　とても太刀打ちできないと感じた5つの出来事

肯定的な言葉と、それが妥当である根拠を述べる

1 まず「私は優秀なリーダーになれる」とか「世紀の大逆転を成し遂げる」と述べ、自己肯定感を高める。

2 次に、苦痛や勝利を経験の中から引き出して、付け加える。「なぜなら」といってから、裏づけを示す。「なぜなら、苦難を乗り越え期待に応えてきたから」「成功した実績があるから」「多くの相手を制覇してきたから」

肯定の言葉は自信を育むが、私の場合は「今日のあなたを生んだ自信は、何によってもたらされたのですか？」と質問されたら、次の4つだと答える。

1 運命、つまり野心的なことを行うべく生まれついたと信じていること。
2 信仰、つまり大いなる力が私を支えていると信じていること。
3 自分の望むものがはっきりしているので、ビジョンが明瞭なこと。自分が何者になりたいか表明したので、それにふさわしい人が集まってきたこと。
4 自分がこの上なく幸運な男だと信じていること。

この4つはいずれも、まさに今この瞬間に「未来という現実」を体現して生きることに他ならない。

「未来という現実」を思い描くとき、あなたは既に望むものを手にして、未来を現実にするにふさわしい人間として存在する。

その好例が、１９９６年の映画『スウィンガーズ』にある。ヴィンス・ヴォーン演じるトレントがコーチとなって、ジョン・ファヴロー演じるマイクに、女性との付き合い方を教える。マイクは臆病で弱気だ。自信のある男というには程遠い。だが、マイクは、何年もコーチしてもらうのではなく、まさに今この瞬間に、女の子の気を惹きたい。それをトレントもわかっている。振る舞いの「ハウツー」を友人に助言するのではなく、トレントはマイクの気持ちを掻きたて、マイクが今ここで「未来という現実」の姿になりきるよう暗示をかける、ちょうどスポーツ選手を鼓舞するコーチや、俳優をその気にさせる監督と同じだ。トレントはマイクに言う。

> 彼女に近づくときはな、お前はＰＧ－13指定の映画の、いかにも好感度抜群って役柄の男じゃない。いいか？　Ｒ指定映画の男でいけ。いい奴なのかワルなのか、わからない男さ。どこからやってきたのか、素性もわからない。怪しげな男だ。ワルだ。いいな？　お前は危ない男だ。ワルだ。

こうした作戦は、専門的な心理学によるものではないが、既存の枠から踏みだす大技（パワームーブ）として一般的だ。自分の価値を確信していなければ、他者が認めてくれるはずがない。自分の成果（あるいは自分自身）を確信しないかぎり、他者は信じてくれない。冴えない感じの奴は、実際に冴えない振る舞いをして、周りからも冴えない奴と思われてしまう。この映画の場面のように、折につけ「未来という現実」の体現を後押ししてくれるコーチが必要だ。

このように肯定感を高め「自分の思いを言葉にして実現する」場合は、それを裏づける経験談や強い気持ちが欠かせない。そして、世に向けて言葉を発信するときには、語っている未来を現実として生きて、発言の裏づけを示す必要がある。これが、自分の生き方を自ら発信し、そのナラティブをコントロールする方法である。

漸進的成長：筋トレ方式の戦略

頭の中が諸々の考えで活性化してきていると思う。勢いづいてゴリアテの頭を踏みつけ、助けを請われるくらいになってほしい。あなたが既にソーシャルメディアで大胆な予測を発信し、着実にナラティブをコントロールしていると期待する。同時に、やるべきことの多さに気が遠くなるだろうと察しがつく。ここで少々立ちどまって、時間を要す仕事なのだと再認識したい。膨大さに圧倒されるのではなく、目標に向けて一歩ずつ細分化する攻略法を紹介する。

私は14歳のとき、身長は6フィート〔約183センチメートル〕だが体重は135ポンド〔約61キログラム〕にすぎなかった。冒頭で述べたように、私の家族はYMCAの月13・5ドル〔約1500円〕の会費を払えなかったが、あまりに痩せている私に同情したようで、こっそり忍びこませてくれた人たちがいた。YMCAでは、みんなが私を「ソマリ人」と呼んだ。差別的で公正な表現ではないが、風に煽られたら倒れるような身体つきだったとわかるだろう。痩せこけて恥ずかしかったので、セーターを着て貧相な身体を隠していた。

そこのジムでトレーニングしていたフレッドという男が、私に声をかけてきた。ウェイトトレーニング室で、逞しい筋肉を鍛える男たちを見つめる私に、フレッドが気づいた。同じ人間とは思えないような体格を目にして、私が落胆しているのを感じたのだろう。私はベンチプレスで45ポンド〔約20キログラム〕上げるのがやっとだった。そう、バーだけの最低の重量だ。私は1回しか上げられなかった。それを見て、フレッドは言った。

「よし、こうしよう」。彼は2・5ポンド〔約1・1キログラム〕のプレート〔重り〕を指差した。「君にはこれが一番だ」

「どういうこと?」

「少しずつ力をつけるんだ。毎週5ポンドずつ(バーの両端に2・5ポンドずつ)増やして、どうなるか、やってみよう」

「何か、しょぼいよ」と答えたのは、増やす重量が少なすぎるのではと思ったからだ。

「そんなことないさ。とにかくやってみて、どうなるかだ」

フレッドのアドバイスに、渋々従った。上げられる重量が毎週少しずつ増えていった。徐々に筋肉がついて逞しくなってきた。粘り強く続けた。フレッドの助言を信じ徹底して従った。18週後には、フレッドの予想どおり、135ポンドでベンチプレスができた。数年後には385ポンドとなり、かつて羨んだ男たちのような体格になった。

この2・5ポンドの原則を、ビジネスと仕事人生に適用してみよう。自分と雲泥の差に見える人や企業と比べるのは止めて、達成可能な進歩を規則的に積み重ねることに、意識を集中させるのだ。

この筋トレ方式を続けていれば、いずれ間違いなく競争相手や他社が無防備になるときがくる。さすがのゴリアテも、気を抜くことがある。どこかの時点で成功に満足してしまう。それだから、ゴリアテを打倒できるのだ。1955年にフォーチュン500のリストにあった会社の多くが、2019年には掲載されていない事実を思いだしてほしい。

筋トレのように漸進的に成功を積み重ねれば、競争相手より着実に前に進めるだろう。そうすれば、他社に追いつき追い越せる。巨大に見える相手もいずれはペースを落とし、勝利の美酒に酔いしれる。そのすきに秘かに自己研鑽を積んできた者が、彗星のごとく現れた会社として、巨大な他社を驚かせる。これまでの自己ベストを打破し更新し続けることに専念する。それが、業界内のゲームでいずれ首位に立つための、最も簡潔かつ実証済みの鉄則である。

この章ではさまざまな話題に触れた。何がゴリアテの打倒に必要か、何がゴリアテを無防備にするかを取り上げ、業界の巨人に立ち向かう具体的な方法を示してきた。

評価にさらされる恐怖を捨て、自分を売り込むセルフプロモーションの重要性に気づいたと思う。ソーシャルメディアが同点巻き返しの切り札となると理解したあなたは、自分のスキルに最適の戦略を練っているところだろう。それによって、ナラティブもコントロールできるはずだ。

偉業を成し遂げるには、わずかな落ち度も認められない。ネガティブな人、考え、行動に気を取られている暇はない。あなたの妨げとなっている悪癖を率直に認め、人生から無駄な時間を切り捨てよう。

14章 マフィアに学ぶ売り込み、交渉術、影響力

私の提案を、嫌とは言わせない。
――『ゴッドファーザー』でマーロン・ブランド演じるヴィトー・コルレオーネ

この章のタイトルをみて、私の気が変になったと思ったのではないか。だが、聞いてほしい。ある意味で、マフィアは究極の経営手腕をもつ組織だ。大きな成果のために多大なリスクを厭わない。マフィアの中で際立った成功を収める者の交渉術は、卓越している。機転も必要で、多くの情報が入り乱れる中で正しい決断を迅速に下さないといけない。

もちろん、倫理に背く犯罪の手口によるビジネスを勧めてはいない。当たり前だが、殺人も強盗も

麻薬取引も反対だ。法律を破るのも反対だ。ただし、既存のルールを破るのは賛成で、慣例に縛られる必要はない。法律違反と慣例破りは、明らかに違う。ビジネスにおいて創業者は、市場を揺るがしたり競争の激しい市場に進出したりするために、気にせず慣例を破るべきだ。この章は、悪党の是認ではなく、彼らのうまい手口を知ろうとするものである。

2012年9月、社内のみんなにロバート・グリーンの『権力《パワー》に翻弄されないための48の法則』〔原題『48 Laws of Power〔権力の48法則〕』）を読んでもらった。市場の操作や競争の攻略法を学ぶ目的ではなく、この本の法則を知れば、他社の力に屈しないよう対抗できるからだ。この本に書いてあるような汚い手で、わが社は成長するたびに他社から攻撃を受けた。相手の戦術に対抗するには、彼らの思考法について習熟する必要があった。

CEOやリーダーの多くが『ゴッドファーザー』『ゴッドファーザー PART2』を娯楽ではなく教材とみなすのは、理由がある。CEOや創業者が経験するあらゆる苦難を描いた映画だからだ。裏切り、損失、人材起用、交渉、組織での仕事、金の強奪、口を滑らせた者の始末、成功による驕りといったマフィアの諸相は、いずれビジネスに関わると経験することだ。

そのため私のユーチューブチャンネルでは、数多くのマフィアにインタビューを行ってきた。サルヴァトーレ〝サミー・ザ・ブル〟グラヴァーノ、フランク・クロッタ、ラルフ・ナターレ〔3名とも証人保護プログラムが適用された、元マフィア〕などで、ドニー・ブラスコの名で組織に潜入したジョー・ピストーネにもインタビューした。マフィアは勝つために、競争相手を、文字どおり殺しも厭わない。

経営者が失敗したら、会社を失う。マフィアが失敗したら、命を失う。マフィアは任務に幻想を抱かない。自分が手を染めていることが何なのか、彼らは現実を認識している。

ネットワークの形成、交渉、売り込みは、最終的な収益に多大な影響が及ぶので、既存のレベルから踏みだす大技（パワームーブ）といえる。マフィアは、人材起用（リクルート）の達人でもある。彼らのチームに加わるとどんな利点があるかという、夢を売り込む術を知っているからだ。あらゆる立場の人を引きつけ、感化して説得する能力は、すべての経営者が必要とする貴重な才能である。

元マフィアと話すと、彼らが優れた教師だとわかる。生きるか死ぬかの途方もなく大きな賭けをしているから、コミュニケーションと読心術のエキスパートであり、何ごとも周到な準備をする手腕も一流だ。有能な心理学者、かつ、凄腕の交渉人である。こうしたスキルには、私たちが習得できるものもあるはずだ。マフィアに学ぶのは有意義である。

マフィアのメイドマンは備えを怠らない

マイケル・フランゼーゼは、マフィアの組織犯罪史上、最高の収益を上げたカポレジーム（ボスではなく幹部、キャプテン）として評判だった。その後マイケルは、マフィアの正式な構成員「メイドマンの人生」に区切りをつけ、過去の悪事から足を洗った。今なお彼を、『ゴッドファーザー』の映画に登場する架空の人物、マイケル・コルレオーネになぞらえるのは、もっともな理由がある。マイケル・フランゼーゼもマイケル・コルレオーネも、電光石火の速さで情報を処理し、過酷な状況の中で成功してきたからだ。

かつて、まだマイケル・フランゼーゼがマフィアのファミリーの仕事をしていたとき、ブルックリンでのボスとの会合に呼びだされた。車からその建物までのわずかな距離が、とてつもなく長く感じたとマイケルは振り返った。ボスは、マイケルが政府から20億ドル盗んだという噂について、問いただしてきたのだ。マフィアにとって、マイケルが政府から金を奪った噂自体は問題ではない。噂が本当なら、利益をよこせ、という問題だった。マイケルは生死のかかった状況に置かれた。面会の部屋に足を踏み入れるとき、もしも自分が金を渡すのを渋っているとボスに思われたら、もはや歩いて出てくることはないとわかっていた。

このような会合は死活問題の危険な賭けだから、マイケルは周到な準備を整えた。マイケルは準備内容を箇条書きにするわけではないだろうが、私はリスト化が大好きだ。ここでどんなミーティングの前にも行うべき、7つの項目を挙げよう。

ミーティング準備の7カ条

1　先方のニーズ、要望、不満を考える。ほとんどの場合、恐れ、欲望、面子、このいずれかが人の動機となる。

2　相手が何と言うか予測する。

3　自分が何と言うか、脚本／筋書きを用意する。

4　ミーティングのロールプレイをする。さまざまな反応に備えて、何回か行う。
5　信用できるアドバイザーに、自分の盲点を指摘してもらう。
6　ミーティング前の心構えとして、自分をなるべく良い精神状態に置く。
7　期待以上の成果を上げる人物、という評判を得ておく。

マイケル・フランゼーゼは会合前に周到な準備をしたので、怖気づいたり身がすくんだりはしなかった。感情を爆発させることもなかった。ただ、面と向かって糾弾したのだ。「他の奴（マフィアの成員）のことが（メディアの）記事になっても、でっちあげとみなされる。なのに突如、私についての記事だけ、真実だと？　こっちはこれだけの金（週200万ドル）を欠かさず渡しているんだ。あんたは何もせず、危ないことはすべて私が引き受けている……破滅するリスクを負っているのは、私と私の手下じゃないか。いったい何の文句があるのかね？」

感情的な物言いだ。それもすべて計画のうちである。マイケルは事前準備の中で、最善の行動プランは、対峙する相手の意表を突くことだと判断した。マイケルのような経験を積んだマフィアでも感情はあり、金にからむ噂で疑いをかけられるのは、本当のところ腹立たしい。ボスは自分が怯えていると思うはずだから、その裏をかくほうがよいと考え、怒りの感情を出しながらも、言動に気をつけるよう努めた。ボスへの敬意は保つ必要がある。

マイケルは最初の一撃を加えると、腰かけて相手の話を聞いた。そして、この事態はすべて、マイケルの父、ジョン〝ソニー〟フランゼーゼが仕組んだ計略だと知った。父は、マイケルが公表額よりも多く金を稼いでいるのではないかと疑ったのだ。その真相の究明のために設けられたのが、この会合だった。

想像してみてほしい。死活問題のミーティングで、あなたの家族、親友、あるいはビジネスパートナーに裏切られたと知ったらどうだろう。きっと逆上するだろう。あなたの思考力と問題対応能力は、感情の渦の中に沈んでしまう。復讐心がこみあげるときに、解決策や生き残る術を考えられるだろうか？

マイケルは父の行いで傷ついたにもかかわらず、状況への対応は、達人の熟練技だった。ボスの前で冷静さを保ち、この件は自分が片付けると伝えた。さらには、父がこの件に関わっていると気づかせてくれたボスに感謝した。マイケルのこうした振る舞いは、徹底した事前準備のリハーサルのうえで会合に臨んだから、可能となったのだろう。

ボスとの面会が終了すると、マイケルは父に裏切られた衝撃と向き合わねばならなかった。この事実を自分なりに消化するまでは、父と口をきくべきでないとわかっていた。そして考え抜いた挙げ句、マイケルは父の行いを受け入れることにした。マフィアのメイドマンとしての人生は父子の関係も割きかねないと知り、そうなるのを避けて、この件について父には一言も言わなかった。マイケルは自分に言い聞かせた。「この世界で生きていると、時が来るまで沈黙することを学ぶものだ。今回のことで、とにかく注意を怠ってはならないと身に染みてわかった。父にはすごく失望したが、だからといって父への愛は変わらない」

問題対応の達人は自らの責任で行動し、失望を教訓に変えて、新たな考え方をするに至る。マイケルは父の裏切りを振り返り、こう言った。「今では父に感謝しているくらいだ。あの事件の2年後に、妻と出会って足を洗う決意をしたからだ……思うに神の計らいだったのだろう。おかげでマフィアである父との関係から、つまり父が息子に及ぼす力から、私は脱することができたのだ」

問題の解決は、容易ではない。生死を分ける状況での闘いに、マイケルは自らの威信をかけて臨んだ。だが、守りの姿勢ではなかった。頭の中でさまざまな思いが渦巻いたはずだが、追い詰められながらも思考を整理し、適切な解決に導いた。彼の才能の真に秀でた点は、見えない部分、すなわち用意周到な事前の準備にある。

シットダウンの奥義：すべてを賭けた会合に備える

マフィアの5大ファミリーのビジネスでは、問題解決の方法として「シットダウン」と呼ぶ会合が欠かせない。会議室に首脳陣が集い重要な問題を議論するという点では、一般のビジネスと同様だ。ただし、マイケルらマフィアの世界では、イタリア料理店の奥の間が会合の場である。

私は先頃、カリブ海のケイマン諸島で、世界最大級の保険会社の経営幹部たちとのシットダウンに臨んだ。その会社のＣＥＯも、2名の執行役員とともにその場にいた。私の出席の目的は、わが社が受け取る報酬の増額を求めることだ。

その要望は、一か八かの賭けだった。想定される最悪のシナリオは、私の要求に先方が腹を立て、わが社との取引が停止される事態だ。そうなったら私のビジネスは壊滅的な打撃を受ける。報酬の増額を断わられる展開も、やはり好ましくないシナリオだ。その場合、わが社は収益が伸びないためエージェントたちに競合他社と同等の額を支払えず、人材流出のリスクがある。

ビジネス上の困難な状況において、困難な手強い相手に対して、困難な要求をせねばならなかった。この手の会合は精神的に消耗しやすく、それ相応の準備と対処の方策なしには乗り切れない。そこで私は、会合前の準備は必須、というシットダウンの基本原則に従った。いつものとおり「ミーティング準備の7カ条」に基づいて手筈を整えた。次の7項目のとおりで、チェスのグランドマスターのように何手か先まで計画した。

1　相手方のニーズ、要望、不満を考える。ほとんどの場合、恐れ、欲望、面子、このいずれかが人の動機となると覚えておく。

ミーティングの前に、先方の経営幹部が不満に思うことは何か、また彼らの会社と最も保険契約が多い代理店はどこか、彼らにとってわが社はどのような位置づけか、アセスメントを行った。調べたところ、弱小代理店だったわが社は、先方が取引する会社の保険契約総数の中で第2位を占めるまでに、この2年で急成長していた。

スティーブン・コヴィーは『7つの習慣：成功には原則があった！ 個人、家庭、会社、人生のすべて』〔『完訳7つの習慣　人格主義の回復』の題名で復刊されている〕で、「まず相手を理解し、それから自分を理解してもらうように」と述べた。これは、自分中心ではなく、相手の立場に立ち、他者の視点で状況を捉えるという意味だと思うので、次のように考えた。

- 先方にとっての**恐れ**：わが社との取引がなくなると、先方は何百万ドル〔何億円〕もの収益を失う恐れがある。
- 先方の**欲望**：わが社との取引の継続は、さらに数百万ドルの収益をもたらし、先方の経営幹部に7ケタ〔100万ドル以上〕のボーナス支給が可能になるだろう。
- 相手の**面子**を立てる：私が他の保険会社に乗り換えたら、彼らは面子を失う。

2　相手が何と言うか予測する。

敏腕な弁護士の巧みな話術を思い浮かべてほしい。先方がどのように論を展開するか、あらかじめ考えたうえで準備しているはずだ。相手の言い分とその理由を予測できるようになると、自分の論や要求を伝える話術も上達する。

3　自分が何と言うか、脚本／筋書きを用意する。

私は伝えるべきことをノートに書きだした。この実践を重ねると、自分の論点がより明確になった。

準備の方法は、自分次第だ。スピーチをすべて下書きしておきたい人もいるし、内容を簡単に箇条書きにする人もいる。私は、要点の箇条書きを好む。

4　ミーティングのロールプレイをする。さまざまな反応に備えて、何回か行う。

次のステップとして、私はチームを集めて、ケイマン諸島で会合する経営幹部の役を演じてもらった。先方の経営幹部の立場で、私に質問し異議を唱えてもらうのだ。こうすると、脚本を修正でき、どんな反応にも対処する準備が整った。

5　信用できるアドバイザーに、自分の盲点を指摘してもらう。

ロールプレイを行いながら、盲点も指摘してもらう。さらに精度を高めるため、業界外の信用できる友人に、見落としている部分がないか確認してもらい助言を受けた。

6　ミーティング前の心構えとして、自分をなるべく良い精神状態に置く。

ミーティング会場に到着するまでのあらゆる細部が大切だ。前日のうちに現地に入ったので、休養ができるうえ、フライトの遅延で会合に遅れる不安もなくなった。自分を良い精神状態に置く心構えの一部として、服装にも食事内容にも、日課のエクササイズにも注意を払った。もう1つ重要なステップとして、ミーティングの成功、自分のビジネスの成功を、イメージとして心に思い描いた。

7　期待以上の成果を上げる人物、という評判を得ておく。

以上の6カ条を守っても、やるべきことを実行しないかぎり無意味である。ビジネスでは、結果を出さず口ばかり、という悪評を浴びることは絶対に避けたい。

徹底して相手の視点から状況を把握すると、わが社の弱点と改善すべき部分がはっきり認識できた。その欠点に対処し改善案を示すために、私は論旨を補強するデータを一揃いミーティングに持参した。提案するプランを10カ条の項目にして練ってあり、準備は万全だった。10カ条プランのうち6つは先方に関わる点で、4つがわが社に関わる点だ。先に触れたように、シットダウンでは、自分ではなく相手の関心事に時間の大半を費やすとよい。

会議室に入ると、こう述べた。「さて、前回お目にかかったときにうかがった内容をもとに、ご希望にかなう案をもってまいりました。ここがご不満に思われているところですので、このように改善するつもりです。私の提案どおりに進めていけば、御社は雇用を増やす必要はないでしょう。既に私から（システムを供給してくれる会社に）電話を入れてあります。このシステムの導入を進めていただければ、本来100万ドルかかる費用が無料となるよう、私から頼んであります。私どもはそのシステム供給会社の得意先です」

何度もリハーサルをしたので、伝えたいメッセージを、自信をもって明確に届けられた。

ここまで読んで、と首を傾げるかもしれない。「自分の会社への報酬を上げてもらうための会合だったはずだ。なぜ、相手の会社に実質的に100万ドルの利益を与える話から始めるんだ？」

ビジネスには、何かを得るためには何かを与える、という単純明快な法則がある。未熟な経営者は要求ばかりする。要求の前に自らの価値を示すことを忘れている。相手の身になって考え、相手側が成功し儲かる方法を示すべきである。そうすれば、先方にとって、あなたの望みを叶えるのは当然となるだろう。

システム導入を先方に提案したうえで、わが社への報酬の増額を求める話を持ちだし、私が集めたデータに基づき増額の正当性を示した。

「御社がノーと言うなら、それでも構いません。他社が私どもの求めに応じるでしょうから。ご質問はありますか？」

いろいろと質問された。話は行きつ戻りつ、2時間半かかった。実際には、先方からの質問、異議、反論は想定済みだった。なぜなら、事前にロールプレイを行ったからである。常に先読みするチェスのグランドマスターのようなCEOとして、先方の反応を予測していたので、私の望む方向に相手を導くことができた。

『ゴッドファーザー』では、マーロン・ブランド演じるドン・ヴィトー・コルレオーネが「私の提案を、嫌とは言わせない」と古典的な名言を口にする。ケイマン諸島での会合では、私は双方のビジネスの価値が高まるウィンウィンの合意を提案した。私が示すデータをみれば、先方は断わりようがない。私のシットダウン成功の鍵は？　事前に行った下準備に他ならない。

確信と共感による効果的なセールス

マフィアについての章ではあるが、伝説的なジグ・ジグラーの知恵も参照すべきだろう。2012年に86歳で亡くなるまで、ジグ・ジグラーは、営業分野で多大な影響を与え続けた世界有数の指導者だったといえる。彼が語った、調理器具の販売不振に悩んでいたセールスパーソンの話は、学ぶべきところが多い。

なぜ売れないのかとジグ・ジグラーが尋ねたところ、そのセールスパーソンは、今は不況だし、調理器具は高いしと理由を並べたてた。客に売る調理器具一式を自分でも使っているかと訊くと、もっていないそうだ。理由は、彼の伸び悩む収入では、高くて買えないからだという。

ジグラーは、問いかけては傾聴し、共感を示した。胸中では、セールスマンが調理器具を購入すれば価値ある投資になるはずだと信じていた。結局ジグラーは、自分でその商品を購入した。確かに高いが、優れた製品だとよくわかった。どんな投資も、初期費用はかさむ。そして、賢い投資には金を投じた以上の意義があるもので、ジグラーはこの商品の値段以上の価値を確信した。

ジグラーは、その商品の購入に消極的なセールスパーソンの話に耳を傾け、客に売る調理器具を彼自身が買わない妥当な理由はあるものの、買えば彼にとって諸々のことが改善するに違いないと考えた。ジグラーの見解を聞いたセールスパーソンは、購入の妨げとなる要素を1つずつ解消したのち、ようやく調理器具を買った。それが結果的に、現状打破の究極の大技、パワームーブとなった。

その後、見込み客へのデモンストレーションをしても、購入を断わる言い訳が返ってくるのはいつもどおりだった。セールスマンは、数日前にジグラーが彼にみせた態度と同様に、客に問いかけては傾聴し、共感を示した。従来との違いは、自分で商品を購入し、その価値を固く信じていたので、客が適切な判断をして買ってくれるとよいと心底思えたことだ。金がかかっても調理器具を買ったほうが暮らしは良くなると、心から感じていた。

彼は、特別な技や人を操る戦術を学んだわけではない。単に、感じ方が変わったのだ。察しのとおり、その日のセールスは成功し、会社でトップクラスの業績を上げるようになった。商品を自ら購入して十分な確信が生まれると、伸び悩みのスランプを脱したのである。

この話の教訓について、ジグラーの言葉は次のとおりである。「販売する商品には、払ってもらう値段以上の価値があると、揺るぎない確信を固くもつべきだ。その製品が、自分も使わずにはいられないほど優れている、という確信だ」

セールスでは「話術」が過大評価され、確信をもつことが過小評価されている。強い思いと信念があれば、買い手を説得できる。だから私は、自分を信じ会社を信じる人を採用する。役に立ちたいという誠実さと情熱があり、売り込む相手やその規模にかかわらず、自分たちの仕事について確信をもって伝えられる人材だ。

セールスは、骨の折れる演技であってはならない。自分自身の延長線上で自然に売り込むものであるべきだ。自分のビジネスを語る楽しさで、心が湧きたつくらいがよい。化粧品会社を共同で創設したエスティ・ローダーは、『タイム』誌で20世紀の最も影響力のある経営者20人に選ばれた唯一の女性であり、かつてこう述べた。「仕事人生で、セールスを行わなかった日はありません。何かを信じると、それを売り込みます。強い思いで説得して売り込みます」

生まれながらのセールスパーソンは、1人としていない。「生まれつきの才能」を探し求めることはやめるべきだ。セールスの手腕をもつ者を探すよりも、自分のビジョンを信じてくれる人、確かな信頼関係を築こうとする人を採用しよう。そういう人材は、人づき合いがよいとはかぎらない。事実、とても魅力的で影響力のある私の知人にも、振る舞いは社交的だが、実は内向型の人がいる。

強い影響力とは、「誰にでも何でも売れる」ことではない。相手の真の利益にならないのに、購入を強いることでもない。セールスとは、自分自身とそのビジネスへの信念であり、自分が提供できる価値に対する確信である。相手が見込み客であれ、得意先の販売店や業界の重要人物であれ、彼らに価値を届けられると信じることなのだ。自分が売り込むものを信じ、頭ではなく心の底から営業活動を行い、どんな交渉でもウィンウィンの成果をもたらし相手の役に立てると確信するとよい。そうすれば、ネットワーク形成、交渉、セールスの力を、第二の天性として身につけられる。

交渉における主導権

交渉においては、力関係で優位に立つ者が主導権を握る。ただし、どちらが主導権をもっているのか、必ずしも明らかではない。理由としては、いくら事前準備しても、先方との交渉の展開をすべて正確に予測できるわけではないからだ。要は、力関係を理解したうえで、主導権を握って力を獲得する方法を習得することが大切である。

ある取引で主導権をもっていても、自分の利益を最大限にするために強く出過ぎると、その一騎討ちには勝っても、長期的な戦争には勝てない。ワールドシリーズ・オブ・ポーカーで1972年に優勝した伝説のギャンブラー、故アマリロ・スリムは、「羊の毛は100回刈れるが、皮を剝ぐのは1回きりだ」と述べた。アマリロ・スリムほどのやり手でも、ギャンブラーとしての長いキャリアのためには、強硬策による1回の大勝利よりも、相手が自分との対戦を続けてくれるようなゲーム展開の大切さを認識していたのだ。どんなゲームも、目先の得点は真の目的ではない。自分と相手の双方が永続的に得点できるよう、パートナーとしての連携関係を目指すべきである。

仕事を始めた当時、私が主導権を握ることは滅多になかった。交渉人として、力があるフリをしないどころか、いわばハッタリをかける必要すら感じていなかったことが、むしろ良い結果につながった。実際には、私は相手のリスクを最小限にして契約をまとめたので、先方にとって、うまみのある取引となったのだ。短期的には、少なからず私の業績は低迷した。しかし、私は先の手を考えてあった。相手方を儲けさせながらも、ある数値目標まで到達したら、私との取引を増やしてくれるよう合意をとりつけておいた。私の公正さは先方に認められていたから、私は徐々に成長しながら利益を上げ、長期的なパートナーとして連携関係を築けたのである。

私が代理店を立ち上げて間もない頃、デイヴィッドという男が、自分のつくったソフトウェアを使ってほしいと、使用承諾契約を提示してきた。デイヴィッドは私に、他の保険会社もこのソフトウェアを活用するよう彼の代わりに交渉してほしい、と求めた。彼は、ソフトウェアを多くの会社が導入すれば、結果として私のビジネスが効率化するとみていた。ソフトウェアはこの種のものでは最良で、私にとって必要だとわかっていたデイヴィッドは、かなり強気だった。他の保険会社への紹介を私に求めたうえ、ソフトウェアの費用として5万ドルを要求したのだ。実際の「定価」はもう少し高く、私のために好意で5万ドルにするかのような言い方をした。

ソフトウェアを売り込み、そのうえ保険業界における私と他社のコネを自分の利益のために利用するとは、デイヴィッドはずいぶん押しが強い。それに対し、私はグランドマスターのように、先の指し手を明かさず沈黙を保った。本当のところ、そのソフトウェアが欲しかったし、手元の資金を考えれば値引きはありがたかった。おまけに、他社への紹介は、一見するとデイヴィッドから私への頼み事だが、わが社と同じソフトウェアを他社が使えば私のビジネスにも利点があった。デイヴィッドはウィンウィンの取引だと売り込んできたし、その主張は十分に妥当だといえる。事実、ソフトウェアを当時のすべての取引先が導入してくれたら、保険契約の処理時間が大幅に削減でき（ご存じのとおり私は速度重視だ！）、人件費もかなり抑えられるのは確かだった。

さて、ここからが、交渉の主導権を引き寄せる方策についての話だ。まず、私は沈黙して自分の考えをデイヴィッドに明かさなかった。彼が私の本音を知ったら、こちらが主導権は握る妨げになるだけだ。デイビットの名誉のために言うと、実に賢明な売り込みだったので、わが社の（当時の）社長が良い条件だと述べていたほどだ。ある意味ではそうかもしれないが、私はやはり、デイヴィッドの押しの強さに呆れていた。時に組織では、創業した本人のほうが、最高幹部よりも、銀行に残る手元資金を重視する。幹部には5万ドルはそれほどの額に思えないかもしれないが、小切手を書くのは彼ではなく創業者である。

社内の者に頼んで、デイヴィッドとの電話対談の機会を設けてもらった。話は4分で終わった。私は、デイヴィッドの提案に対する見解を簡潔に述べた。「率直に言わせてもらおう。あなたは、ソフトウェア導入に向けた他の保険会社との交渉に、私の信用を利用したいと考えている。さらに、ソフトウェアの費用も5万ドル請求したいというのかね?」少し間を置いて、彼に状況を飲みこませた。そしてこう言った。「費用の請求を撤回しないかぎり、他社への紹介は行わない。請求は撤回ということで構わなければ、私の部下に連絡を入れてほしい。不満なら、やむを得ない。ご質問は?」

5秒の沈黙の後に、デイヴィッドは「ありません」と言った。

そんな強硬なやり方は無謀だと思うかもしれない。しかし、事前準備の鉄則に従い、デイヴィッドの立場で取引を考えたうえでのことだった。彼の視点で見ると、私が取引先の保険会社とのコネを使って交渉すれば、彼がどれほど多くの利益を得るかは明らかだった。デイヴィッドには、チェスのグランドマスターのように考える聡明さがあると私はみた(相手を知ろう!)彼が先読みできるなら、5万ドルを諦めても長期的にはたいしたことではないと気づくはずだ。私のおかげで、彼のソフトウェアを使う多くの客を獲得できるのである。この事実を、主導権の獲得に使えると考え、彼に請求の撤回を求めたのだ。

嫌とは言わせない提案であり、パワープレイと呼べる。結果はいかに？

これまでのページでは失敗談や苦労話が多かったが、ここでは喜ばしい成功を語ろう。デイヴィッドは私の示した条件を受け入れ、ソフトウェアの料金を請求しなかった。そのうえ、彼の友人で未公開株式投資会社を経営しているグレッグに、私のことを紹介してくれた。グレッグは、市場での競争力が私に備わっているとの話をデイヴィッドから聞き、結果として、わが社の次段階の資金調達ラウンドで1000万ドルを投資してくれた。

こうした展開を可能にするにはどうするか？

成果をもたらす確信があり、力を尽くして期待に応えるつもりなら、強く出るとよい。ただし、実行が伴わなければ、思いあがりの大ぼら吹きにすぎない。約束した成果を上げれば、あなたは市場で高い評価を得られるのだ。

勝利への道：相手に勝てると思わせる

ビジネスでは、多種多様な人々と出会い、共に仕事する。才気あふれる人もいれば横柄な人もいて、変わり者や気が触れたような人もいる。顧客、社員、ビジネスパートナー、投資家など、さまざまな個性の人と効果的に仕事する能力は、成功に欠かせない。その大部分を占めるのが、相手を速やかに判断する力や、仕事上の堅固な関係を築く力である。

出会う相手の中には、才気と狂気が紙一重のような人もいる。尋常でない成功を収めることと尋常ではないことのあいだに、大差はない。それがわかるのが、ジョン・D・ガートナーの著書『The Hypomanic Edge: The Link Between (a Little) Craziness and (a Lot of) Success in America [軽躁病のアメリカ：（いくらかの）狂気と（たくさんの）成功の関係]』である。加えて、ナシア・ガミーの『一流の狂気　心の病がリーダーを強くする』も薦めたい。こうした書籍からわかるとおり、全体の1％の中のさらに1％（すなわち0・01％）にあたるトップの人間は、往々にして特異な考え方をする。そういう人たちは、神経回路が普通と異なり、彼らとうまく付き合うには、その回路の理解が必要だ。

このタイプの人との交渉方法を心得ておいたほうがよい。出会ってすぐは、心も通わず、ナルシストで自己陶酔の塊みたいに見えるだろう。それでも避けるわけにはいかないので、彼らと折り合いをつける方法を探るしかない。あなたがこれを読んで自分も彼らのような0・01％の最高レベルに到達しようと固く決意するなら、あなたも少し「ズレて」いる可能性がある。

私も少なからず「ズレて」いるのは間違いない。0・01％のレベルに達する心構えとして、その手本となり助けとなる物事をすべて学んでいる。

ビジネスでは、こうした特異な人やさまざまな人と出会い、交渉することになる。その心得として、自分のエゴにとらわれるのを止めて他者に勝利をもたらすと自分も勝てる、と知ってほしい。時には、あなたの優れたアイデアを、相手が考えたように思わせると効果的だ。その例を、マフィアの世界から目を転じて、もう1つのプレッシャーの多い世界、ヘッジファンドビジネスでみてみよう。

若手のダリウスはヘッジファンドで働いていて、まるでマフィアのボス、ジョン・ゴッティのような上司がいる。その上司デールは、評判は高いがとにかくエゴが強い。ダリウスは、何カ月もいろいろなアイデアを試して、市場で利ざやを稼ぐ裁定取引（アービトラージ）の機会を探していた。やっと良いアイデアが浮かび、それを裏づける完璧なデータも揃え、デールのオフィスに向かったダリウスは、その投資案をあらゆる角度から説明する。彼のリサーチもプレゼンテーションも、表彰に値するくらい優れている。ダリウスは聡明で、準備万全で、確信に満ちていた。

だが、いつも上司の返事はノーだ。

ダリウスはうんざりしていた。自分の提案をあらゆる面から分析したが、なんでだめなのかどうしてもわからない。苛立って、もう辞めようかと思うほどだ。実はダリウスには盲点があった。ようやく盲点の解明の必要性に気づき、その探求に乗りだした。投資チームのミーティングで、ある同僚があまり発言せず、自分が受けた高評価をデールのほうに差し向けていると気がついた。その同僚が多くのアイデアを出したのを知っていたから、それをデールの案として示すことに驚いた。

これが、ダリウスにとって「あっ！　そうか！」というひらめきの瞬間（アハ体験）だった。

次にアイデアを思いついたとき、ダリウスは今までと異なるアプローチをとった。デールのオフィスに行って、提案するのではなく相談した。自信を示すのではなく、困惑しているように見せた。「あのう、利回り曲線［イールド・カーブ］の形状なんですが、平坦化［フラット化］し始めたようでして」

「それで？」デールは訊きかえした。

「財務省証券（米国債）の10年債利回りが通常より上昇していると気づいたのですが」

「それは妙だな」デールは言った。

「どう解釈したらいいのか、よくわからなくて」ダリウスは控えめに答える。「何かおかしな動きがありそうですが」

「そりゃ、何かおかしいに決まっている。10年債の下落を見込んで空売りするんだ」

「なるほど、おっしゃるとおりですね。なんで気がつかなかったんだろう」

「言うとおりにすればよい。若い者に繰り返し言っとるが、一夜にして成功する大当たりは、経験を積んだ者でないと無理だ。30年はかかるぞ。さあ、さっさと行って、10年債を空売りだ」

相手に嫌とは言わせないパワープレイを理解していれば、この（実際にあった）話についても納得がいくだろう。チェスのグランドマスター並みの先読み思考を理解したダリウスは、デールに問いかけて相談をもちかけるという一連の手を打ち、結果として自分の望む方向へデールを誘導できたのである。


マフィアという組織には、驚嘆する。マフィアの稼業は支持しないが、その作戦の展開法からは重要な教訓を学んだ。時に『ゴッドファーザー』をまねて「この提案を、嫌とは言わせない」と冗談を口にするものだが、私はもっと高次元でこのセリフを使いたい。マフィアに倣えば、あらゆるミーティングを、大きな賭けと覚悟する心構えができるだろう。そして、成功ためにはミーティング開始前から可能なかぎり手を尽くすのだ。自分と会合相手の双方に実りのある提言は、もはや嫌とは言えないものとなる。

15章

力を蓄え、試練に耐えて生き残る

富を誇る者がいても、富の使い道がわかるまでは、その金持ちを誉めてはならない。

――ソクラテス

あなたが誰からも好かれるのは、競争相手とみなされていない場合だけだ。強豪だと思われようものなら、歓迎してはもらえない。私がビジネスを立ち上げた当初は、みんながこぞって私を応援してくれた。先行き不透明で勝ち目はなさそうだが頑張っている、という話は好まれる。ところが私の会社が実際に成長し始めると、あちこちから敵が現れ、ソーシャルメディア上で妨害を受けた。あらぬ噂が広まり、私は悪役ダース・ベイダーならぬダース・ベトーデイヴィッドと呼ばれた。業界からあらゆる圧力を受け、既に話したように潰されそうになった。

起業後の究極の課題は、その後長年にわたって成功を持続できるかどうかである。最終章では、前章で述べた主導権を含め、相手との力関係についてさらに伝えたい。取引や交渉では多様な選択肢を用意すると、見方が変わり考え方も広がるので、結果として力を握ることができる。また、相手に何か見返りを求める前に、まずどうしたら相手の役に立てるかを考えると、あらゆる関係がうまく機能するようになる。

これまでの章で既に取り上げた各種のテーマについても、この章でさらに広く論じたい。会社の成長拡大のためには人材が不可欠なので——あなたが人生を楽しむためにも充実した人間関係が必要なので——、ベストな状態へと人を導く方法を詳述する。「原動力」という語について、自ら舵を取って社員を駆りたてることだと思うのは誤解である。何を原動力とするかは人それぞれ違うので、各社員の原動力を理解し、彼ら自身の舵取りを支えるリーダーシップを発揮してほしい。

多様な選択肢が真の力に

主導権は、力関係において重要な要素なので、ここでさらに理解を深めよう。確かな主導権をもつ者は、**交渉を長引かせず最小限で済ますことができる**。交渉においては、選択肢の多い側が主導権をもち、力を握る。選択肢が他にあれば、その交渉相手と取引しなくても、より良い条件で他と交渉する余地が残っており、優位に立てるのだ。逆に、取引に応じる以外に選択肢がないなら、力をもつ他者の言いなりで、ろくでもない契約を結ぶことになるだろう。

これは、考え方としては明快だ。問題は、どうやって実践するかである。簡単にいうと、とにかく複数の選択肢を用意するに限る。夢のマイホームを求めているなら、物件を1つだけ探すのではなく、住宅市場を見渡して良さそうな候補を3軒、選択肢として見つけよう（車、オフィスビル、主要な人材を探すときも同様だ）。第1希望の物件の売り手との商談で、他にも好ましい選択肢があるあなたは優位に立っている。売り手側の選択肢が、あなたしかないようなら、もはやあなたが主導権を握ったに等しい。

私の知り合いの経営者には、大口の取引先を追い求め、大口顧客を得意先として確保すれば、自社の問題はすべて解決できると期待する者がいる。自社の商品をコストコ、ターゲット、ウォルマートなどの大手チェーンに並べれば、もう見込み客の創出をしなくてもいいと考える。大型店との取引は、特効薬としての効果があるだろう。ただし、効きめは1カ月かせいぜい1、2年にすぎない。やがて、大手の取引先側が主導権を握って、こちらの立場は弱くなる。

主要な取引先を失う不安や、社内の貴重な人材を失う懸念を抱えていると、その気苦労は相当なものだろう。さらに踏みこむと、その苦難の真の理由は、得意先や人材を失ったら、あなたが生き残れるかわからないことにある。選択肢がなく存続すら不確かな状況では、もはや力を握りようがない。

私がアドバイザーを務めるボビーの会社は、年間収益800万ドル［約8・4億円］で、帳簿上はうまくいっているようだ。だが、問題が1つある。収益のうち500万ドルを、単一の取引先が占めていた。しばらくはその得意先も満足していて、すべて順調だった。だが時とともに、相手は圧力をかけ値引きを求めてきた。ボビーが対抗できなかった理由は？　他に選択の余地がなかったからだ。虚勢を張って大口を叩いても――時と場合によってはハッタリも役立つが――、この状況ではどちらが優勢か力関係は明らかだ。取引先は、ますます彼らに有利な条件を突きつけてきた。言うとおりにしないなら他と取引すると、それとなく脅迫しているのだ。

今やビジネスのグランドマスターになりつつある読者のみなさんは、きっとボビーを窮地から救う優れた手を思いつくだろう。実は、ボビーが私に求めてきたのも、この危機を脱するための助言だった。ただし、問題はもっと根深く、彼が何年も前に施すべき手を打たなかったせいで苦境に陥っていたのである。ボビーが取引先を開拓する顧客創出を止めたとき、つまりビジネスの成長が止まった瞬間、大口顧客を得て満足してしまった瞬間に、問題は既に浮上していた。

私がボビーに示した解決策は単純明快だ。他の取引先を開拓し、選択の幅を広げるよう勧めたのだ。ボビーは主導権を既に失っていた。選択肢を増やさず、既存の大口顧客との取引に依存し続けわずかな利益を追い求めるだけでは、彼に打つ手はなく威勢を張る余地もない。

それでもやはり、ボビーは私の提案を受け入れようとはしなかった。

結局ボビーは、その大口顧客を失い、ビジネスは８００万ドルから３００万に一瞬にして落ちこんだ。追い打ちをかけるかのように、さらに悪い事態が続く。得意先を失うと存続はかなわず、ボビーは会社を売るしかなくなった。買い手は誰か？　そう、かつての大口取引先だ。買収が済んだ途端に、ボビーは追い出された。こうして、未熟な手腕のボビーは、次の1手か2手すら見通す考えのないまま、たちまちチェックメイトに追い込まれ破綻した。

この話の教訓は？　複数の選択肢の確保が、力を握る秘訣であるということだ。ボビーがもっと多くの取引先から広範に収益を得ていたら、簡単には潰れなかったはずだ。商品の需要が供給可能量を上回るレベルまで会社を成長させていたら、取引の条件を有利に定める側に立てたかもしれない。力を自分に引き寄せ、ボビーは値上げしたり、より迅速な支払いを要求したりできただろう。

おそらく私的な人間関係では、あなたは幸運をつかみ最適な相手と永遠に幸せに暮らすだろう。しかしビジネスでは、最適な顧客など存在せず、どんなに相手が素晴らしくて豊かに見えたとしても関係は永遠ではない。あなたの会社の収益の30％以上を単一の取引先が占めているなら、まずい状況にある。会社の収益の規模は関係ない。単一の顧客に収入源が偏ると、その顧客が主導権を握ってしまう。

選択肢を広げると、あなたの力は増す。幅広い顧客に加え、従業員も幅広く確保するに越したことはない。取引先の選択肢も社内の人材の選択肢も十分にあれば、顧客や従業員を失う恐れを抱え続けなくてよい。会社が好調を維持すれば、顧客や従業員をますます引きつけられる。ビジネスにおける吸引力とは、競争相手よりも良い仕事をし、より速く進歩し、より長く存続し、より優れた戦略を練ることに他ならない。

力の駆け引きの長期戦：謙虚さと他者への貢献

2019年にカリフォルニアのロングビーチでDRIVEN〔ドリヴン、突進〕と銘打ったイベントがあり、起業を志す人たちの集まりでスピーチをした。話を終えると、5台のカメラが回り40人ほどの聴衆が集う中、1人の男性が歩み寄って話しかけてきた。「お話ししたいことがありまして。パットさん、あなたのコンテンツを観て、私の人生は変わりました。別人になったといえるくらいです」

こうした瞬間は、私の生きがいだ。コンテンツがいかに役立ったかという話は、私の誇りの源泉である。賞賛を喜ばしく思っていたら、その男性は名刺を差しだしてこう言った。「リッチーといいます。ラスベガスで不動産をお求めの際は、ご連絡ください」

そこで口をはさんだ。「ちょっと訊くが、今自分がしたことがわかっているかな？」

「自分がしたこと？」彼は訊きかえした。

しばし、あなたも彼のしたことを考えてほしい。私が思うに、彼の行動は、バーで女性に歩み寄ってこう話したに等しい。「おっと、何て美しいんだ。艶やかな髪、きれいに手入れしているね。眉も完璧。惚れ惚れするね。君ほど魅力的な女性はいないよ。もし僕と寝る気があったら、名刺を渡しておくから、電話して」

これが勝利への大技、パワームーブといえるだろうか？

リッチーには好感がもてた。やる気があるのもよくわかった。ただ、彼のやり方は、私との長期的な関係を築く機会を台無しにしていると気づいてほしかった。確かにビジネスでもデートでも、数打てば当たるというアプローチでナンバーズゲームに徹すると、その時々でうまくいく場合もある。目前の1手しか考えられない未熟なアマチュアでも、時には成約に至るが、長期的にみて有効なアプローチとはいえない。

リッチーに尋ねた。「ここでこうして出会った我々の関係に、君は何か期待しているようだが、そのやり方で求めるものが手に入るだろうか？　君の視点が偏っているのがわかるかな。自分が欲しいものしか視野に入れていない」

私たちはもう少し言葉を交わし、リッチーには好奇心と謙虚さが十分備わっていると思えたので、ある経験を彼に語った。

私は20代初めに保険の販売を始めたばかりの頃、イーライという広い人脈をもった男と出会った。彼も中東人で、私たちには共通の友人がいた。ビジネス上のつながりではなく、同胞の家族付き合い上の知り合いだった。親しくなり、イーライの50歳の誕生生パーティに招かれた。ロサンゼルス郊外の高級住宅地にある、彼の自宅でのパーティだ。フォード・フォーカスで乗りつけると、家の周辺には高級車が何台も駐車していた。パーティは多くの人と知り合う絶好の機会だと気がついた。けれども、私は目立たないように振る舞った。ビジネスの話はせず、名刺も出さなかった。残って皿洗いまで手伝った。

イーライと私はすっかり打ち解けた。互いに理解を深めたので、彼に尋ねた。「私に何かできることはありますか？　あなたの人生の役に立つために何かしたいのですが」

するとイーライは、感情を滲ませ、息子が刑務所に9年間入っていると語った。刑務所は、4時間もの道のりのサンルイスオビスポ付近にあり、粗っぽい連中もいる場所だから、誰も訪ねていないという。イーライは言った。「君が行ってくれるなら、どれほどありがたいことか。むろん行きたくないとは思うがね、それでも私のために訪ねてくれるなら、たっての願いだ」

私は引き受けた。面会前に、身元調査《バックグラウンドチェック》を受ける必要があった。犯罪歴の有無や指紋の採取や、ありとあらゆることだ。許可を得るまでに30日かかった。許可されるとすぐ訪問して、丸1日イーライの息子と過ごした。刑務所では彼は片隅に腰かけて「あいつはね、そこにいる奴を刺したんだ。穴傷ができたよ。あいつがこの辺ではキングなんだ」などという話をした。誰彼なく指差して話を聞かせてくれた。お互いに、まるで昔からの友だちみたいだった。

私たちはペンパルになり、手紙のやりとりをした。Eメールではない。手紙だ！　4時間の道のりを運転して、さらに数回訪問した。最初の面会の後、イーライは電話をくれた。「君がしてくれたことが、どれほどありがたいか、想像もつくまい」

「あなたは同胞の友ですから。遠慮なく言ってください」

そして、彼の家で一緒に昼食をとり、イーライはこう言った。「何か私にできることはあるかね？」

このときに、私が保険を扱うファイナンシャル・アドバイザーであり、顧客を探していることをイーライに伝えたのだった。

てくれた。

イーライは600人分の名簿を渡してくれて、相手に電話するときに彼の名前を出すといいと言ってくれた。

私は仕事人生のこの時点で、一般の勧誘電話（たいていは切られてしまう）と、紹介者のいる電話（直接会う約束につながりやすい）の違いを実感したのである。

イーライが紹介してくれたなかの1人が、他の人を紹介し、その人が別の人を紹介してくれた。さらにその紹介者の、そのまた紹介者が紹介してくれた人物のおかげで、結局私は3000万ドル［約30数億円］稼いだ。

この経験を私が話し終えると、リッチーはすっかり感心した表情になった。「わかるね、私がイーライと会って最初の日にいきなり『見込み客を紹介してくれませんか？』と言ったら、どうなったと思うかい？　断わられただろうよ」

相手に嫌とは言わせず自分の求めるものを得るパワープレイは、とにかく先の長いゲームだ。チェスのグランドマスターの話を繰り返してきたのは、こうした先の見通しの大切さのためだ。客の紹介を期待するなら、長期的な関係を築きたいなら、次に誰かと出会ったときのアプローチをどうするか考え直そう。いきなり近づいて「一夜を共にしませんか？　私の求めに応じてくれますか？」と言うに等しい場当たり的なアプローチをしてはいけない（まして相手が影響力のあるインフルエンサーなら、なおさらだ）。

その反対で「何かできることはありますか？　何か力になりたいのですが」と尋ねるのが、勝利のための大技、パワームーブだ。人生を一変させる技であり、そのためには、自分優先の既存のマインドセットを根本から覆す必要がある。結果として、あなたにとってより良い関係が育まれるのに加え、長期戦に本気で打ちこむならば巨額の富がもたらされるだろう。

力を手にするための基本原則

より良い仕事：優れた仕事には、当然ながら時間を要する。ただし、時間を費やしさえすれば良い仕事ができるわけではない。

より速い進歩：ビジネスが次段階に進む方法が常に見つかり、自分の自信につながる。私は、周りを上回る速さで進歩しようと、競争せずにはいられない性分である。

より優れた戦略：5手先読みする思考法である。拡大成長の方策を考えること、及び、将来の成果に向けて駒の進め方を計画する粘り強さをもつことだ。

より長い存続：大きな成功を収めても、悲惨な失敗をしても、相手を深く知る姿勢が大切である。どの相手が会社として存続できるかは、見当がつかない。あなたが存続するためには、耐久力が不可欠である。適切な判断に基づき、警戒を怠らず闘いに集中できれば、耐久性が得られる。

目標とする人の間近で学ぶ

さて、話は一巡りする。本書では1手目として、あなたが何者になりたいかを考えてもらった。ここで、目指す姿に近づき望みを叶えるパワープレイを伝えたい。それは、あなたが願う成功を既に成し遂げている人物を見つけることである。

ウォーレン・バフェットは、コロンビア大学で、教授のベンジャミン・グレアムの指導を受ける幸運に恵まれた。故ベンジャミン・グレアムは、『賢明なる投資家　割安株の見つけ方とバリュー投資を成功させる方法』の著者で、バリュー投資の父とされる。投資理論の偉大な学者の教えを教室の最前列で受けた経験は、バフェットの成功に大いに役立った。コロンビア大学のビジネススクールを終えたバフェットは、何としてもグレアムの間近で学びたくて、無給でいいからグレアムの元で働きたいと頼みこんだ。だが断わられ、バフェットはネブラスカ州の故郷オマハに戻る。その後、グレアムに雇ってもらえることになったバフェットは、こう振り返った。「私のヒーロー、ベンジャミン・グレアムと仕事ができるのだ。給料の額など訊きもしなかった。月末に給与支払小切手をもらって初めて金額を知った」

12章で述べたメンターを得ることと、ここでいう誰かの間近で学ぶことの違いは、物理的な近さである。仕事ぶりを間近で観察させてくれる人物がいるなら、その絶好の機会を生かすべきだ。メンターの存在と、誰かの間近で学ぶ経験はまったく異なり、メンターはあなたがすべきことを言葉で伝えてくれるだろうが、優れた人の間近で学べば、すべきことを実際の行動で示してもらえる。張りつめた交渉の場面や対立の場面でどう振る舞うのか、目の当たりにできるのだ。敵対する相手にどう接するか、チームのモチベーションをどう高めるかも学べる。

あなたが目指す人生を送っている人が周囲にいれば、その効力は計り知れない。キャリアのどの段階にあっても、成功している人の間近に影のようについて学ぶことの重要性を覚えておいてほしい。私は成長過程の各段階で、敬服する人に張りついていた。子どもの頃は、どこへ行くにも父と一緒だった。軍隊では、優秀なリーダーの側にいた。ずば抜けて屈強な男たちと一緒にトレーニングもした。スポーツクラブのセールスマンだったときは、トップセールスマンのフランシスコ・デイヴィスに付いていた。彼の間近で学べるなら、どんなに夜遅くなっても、どんな単純作業も厭わなかった。フランシスコと10分話せるなら居残る価値があったし、彼が顧客へフォローアップの電話をするあいだ事務所に残って耳を傾けているだけでも意味があった。知恵を吸収したかったし、もっと力をつけたい一心だった。

成功している人は忙しい。だから、間近で学ぶだけでなく、あなたから**価値あるオファー**ができるといい。コーヒーやランチを買っていくのも悪くはないが、その人のビジネスの発展に貢献できるとなおよい。例えば、企画書の編集やリサーチなどを請け負うボランティアだ。残業を申し出て、その人の営業電話に聞き耳をたてながら、お礼状を書く手伝いをするのもよい。また、こんなオファーでも役に立つのかと、驚くようなこともある。あなたが30歳未満なら、おそらくソーシャルメディアについて、40歳以上の大方の人より詳しいはずだ。目標とするその人のビジネスに役立つよう、ソーシャルメディアのページのセットアップを申し出るのだ。理想的なのは、互いにウィンウィンとなる関係である。あなたはその人が間近に存在することから学び、その人はあなたのスキルと仕事への意欲から恩恵を受ける。

最後にもう1つ、NBAのコーチ、スティーブ・カーの例を挙げよう。8章で述べたあの男だ。アンドレ・イグダーラに、必要とされている選手だと思わせ、ゴールデン・ステート・ウォリアーズをNBA優勝に導いたコーチである。ヘッドコーチに就任してからの5シーズン、毎年スティーブ・カーはチームをNBAファイナルに進出させ、3回の優勝を果たした［スティーブ・カーは2014年に5年契約でコーチに就任し、2015年、2017年、2018年に優勝した］。この5シーズンは過酷な戦いで、5年目の2018年のシーズンでは、主力選手のクレイ・トンプソン、ケヴィン・デュラント、デマーカス・カズンズが怪我に見舞われたため、苦戦を強いられた（そのうえ、デュラントとカズンズは、フリーエージェントとなりチームを去った）。となれば、続く2019年の夏、久々に休養するのは当然だと思うだろう。

その2019年の夏、米国代表チームはFIBA世界選手権を控えていた。FIBAが何の略称か、バスケットボールの大ファンの私でさえ説明できないくらいで、あまり注目されていない［FIBAは、国際［アマチュア］バスケットボール連盟の略］。米国代表チームのコーチになっても、名誉もなければ、オリンピックのようなメダルもなく、たいした評価も得られない。事実、NBAスターの多くが米国代表への参加を断わり、チームの中でオールスター出場選手はほんの一握りだ。しかし、この米国チームのヘッドコーチは、ほぼ間違いなくNBA最高のコーチといえる、グレッグ・ポポヴィッチだった。そこで、スティーブ・カーは夏休み返上で、ポポヴィッチのアシスタントになった。偉人の間近で学ぶ機会を、逃すわけにはいかなかった。

「この絶好のチャンスに、心から感謝しています」とスティーブ・カーは述べた。「かつて私は、FIBAの米国代表アマチュアバスケットボールチームの遠征に参加する幸運に恵まれました。こうして30年後にその世界大会の舞台に戻ってきて、私の師でありコーチだったポポヴィッチの元で仕事ができるのは、またとない光栄です」

力をつけたいなら、目標とする人の間近で学ぶ機会を逃してはならない。秀でた存在になりたければ、大きな勝利を収めた後でも、有力なリーダーの傍らで学ぶ機会があれば飛びつこう。

リーダーシップとは、相手の原動力を知ること

この最終章では、これまでに取り上げた点を振り返り、さらに次の段階へと進めたい。2章では、あなたの原動力は何かを考えた。ここでは他者のモチベーションが何かを検討する。8章の「経営者が愛を伝える9つの方法（ラブ・ランゲージ）」でも、社員の意欲の喚起については触れたが、さらに深めていく。

私は22歳のとき、モルガン・スタンレー・ディーン・ウィッターで金融アドバイザーの仕事をして

いた。ある月に、2つのグループを対象に話をする機会があった。1つめはシニア世代で、退職後のより良い生活のための資金計画などを知りたがっていた。だが、私が彼らに語った話の大半は、フェラーリが駐車してある1万平方フィート［929平方メートル］の豪邸に住み、財布にアメックスの最上位のブラックカードが入っている暮らしがどんなものかという内容だった。彼らが私に向ける表情から、聴衆を引きつけられていないと感じた。しまいに彼らはすっかり興味を失い、私に目もくれなくなった。

それから2週間後に、今度は20代後半から30代前半の営業職のグループに向けて、まったく違うアプローチで話をした。いつの日か子どもや孫を学費の心配なしで名門大学に通わせられたら、あるいは退職金口座に月1万ドル下ろせる十分な金があって、ゴルフコースの近隣で快適な暮らしができたら、どんなによいかと語った。やはり聴衆の興味を引きつけられなかった。

その当時、上司が私にモチベーションを与えようとしていたが、彼女の言うことはすべて、彼女自身を動機づけるものだった。察しのとおり、彼女の言葉が私の興味を引くことはなかった。それを考えると、私が先の両グループの聴衆を引きつけられなかった理由がわかった。私の原動力となるものに上司が言及しなかったのと同じで、聴衆の心を動かすことを私が語らなかったから、相手はその気にならなかったのだ。

それとは逆で、勝利への究極の大技であるパワームーブは、人の心に働きかけて相手のもつ力を最大限に引き出す。こうした能力開発は、私にとっては、大きな充足感のみなもとでもある。誰かがついに開花し成功する姿を目にする喜びは、私の生きがいだ。この本をあなたに届けるのも、同じ理由からである。

優れたリーダーは、模範を示し、倫理的な規範となる存在だ。秀でたリーダーは、部下に、本人がやる気のなかったことまで実現させてしまう力がある。だが世間には、自ら模範を示しているのに、チームのメンバーがそれに従わないと悩むリーダーが多い。模範を示すだけでは不十分なのである。偉大なリーダーは、部下が自ら目標とする高水準に達するように、彼らの原動力を引き出して生かす方法を会得していく。容易なことではなく、こうしたスキルをもつリーダーは高報酬で報いるに値する。人の心を動かす技は、どの業界でも応用がきくスキルセットといえる。

もう一度、2章でも紹介した原動力の4領域を一覧にしたい。そのうえで、各カテゴリーに属す社員を、具体的にどのように導くかを述べたい。

ただし、何を原動力とするかは、ライフステージによって異なる。

- **向上心**。向上心を原動力とする人は、新たな高みへの到達が、一番のモチベーションとなる。このカテゴリーの人が成長し続けるためには、常に次のゴールや昇進を示すとよい。目標設定がないと、やる気が出ないだろう。
- **自己本位**。このグループには、余すことなく全力を注げば、望む未来が待ち受けているだろうと語りかけるとよい。高級車、名声、一流レストランでの食事、旅行、セレブとの交流などが

原動力の4領域

向上心（Advancement）	自己本位（Individuality）
• 昇進 • 業務遂行 • 締め切りや納期 • チーム目標の達成	• ライフスタイル • 承認要求 • 安定

狂気の情熱（Madness）	目的意識（Purpose）
• 敵対関係 • 競争 • 支配 • 権力と名声 • 不正の摘発 • 面子を保つ • 専門的技能 • 頂点を極める（記録の塗りかえ）	• 歴史に名を残す • 社会の役に立つ • 変革する • 影響力を及ぼす • 高い精神性／自己実現

叶う未来だ。彼らを動機づけるこうしたライフスタイルが、あなたと仕事をするといずれ手に入るとわかれば、会社の成長のために自らの役割を果たすだろう。

• **狂気の情熱**。狂気を孕む情熱に突き動かされる人は、慣例にとらわれない型破りな要素が、最大のモチベーションとなる。敵の存在、及び競争相手との対峙が、彼らの原動力となる。新たな敵や標的を常に提供しないと、意欲を失うだろう。

• **目的意識**。目的を意識し、それを原動力とする人は、自分を越えた壮大な仕事に関わろうとする。一方で、自分の業績が歴史に残る（社史や業界紙などに掲載される）ことも望んでいる。このグループに該当する者は少ないだろう。運よく1人でもあなたの会社に招き入れれば、大きな起爆剤になると期待できる。

相手を理解し適切な場所を与えて導き、自己修正を促す

社員を管理するマネジメントにおいて、覚えておくべき点がある。いかなる場合も、人を変えようとすると、瞬く間に関係を損ねたり反感を買ったりする。人を変えられると思いこむ過ちを、私は仕事人生の中でたびたび犯してきた。人を変えようとするのではなく、何が相手の原動力かを把握し、その社員が最高レベルで成功できるポジションを与えるべきだ。そのためには、従来と異なる視点で社員を捉える必要があるだろう。

人を正そうと思ってはいけない。人を変えられる、正すことができる、という考えは妄想だ。ビジネスを始めた当初、私はこの間違いを犯してばかりいた。成果を上げない社員には、手厳しく圧力をかけた。相手もそれを望んでいると決めつけていた。社員は失敗したら私のフィードバックをありがたく思うはずで、厳格に接したほうが、彼らは心を入れ替えて期待どおりの業績を上げる社員になるだろうと考えた。

これは思いこみにすぎない。人を外から変えることはできないと私は悟った。社員が自らの過ちを改めるためには、各自の中に改善に向けた原動力が必要なのである。そうわかってから、社員を効果的にマネジメントできるようになった。社員の問題を修正しようとするのを止めると、私は社員が何を望んでいるかに気がついた。彼らは、自分に耳を傾けてくれる人、自分に問いかけてくれる人、正しい方向へ向かうきっかけを与えてくれる人を求めているのだ。みんなが自分の話を聞いてほしいと

思っている。時間をかけて部下を理解することは、効果的なリーダーシップに不可欠である。いずれ社員が進歩につながる原動力を自覚すれば、彼らは自己修正し、最善を尽くして自分の役割を果たすようになる。

パワープレイへの理解を深めてきたので、今や人間のさまざまな相互関係を見る目が、変わったのではないだろうか。交渉の場面の主導権であれ、インフルエンサーとの初回のミーティングでの力関係であれ、優位に立てる部分を注意深く見いだし、それに基づいて行動すれば、チェスのグランドマスターのように勝利できる。そのための能力を伸ばしたければ、偉大なリーダーの間近で学ぶ方法が、最も効果的である。どんなときも、あなたが求めるスキルをもって成功している人を見つけ、なるべくその傍らに身を置くといい。

最後になるが、387ページに示した原動力の一覧を手元に置いておこう。何が原動力となるかは人によって異なり、リーダーとしての仕事は、社員を駆りたてる（ましてや修正しようとする）ことではなく、理解することだと覚えておいてほしい。そのうえで目の前にチェスの駒を並べて導いていけば、彼らは潜在能力を最大限に発揮するはずだ。

5手目 パワープレイ

1 ゴリアテの倒し方　ナラティブをコントロールする戦略

あなたと会社が今追うべきゴリアテを特定しよう。あなたに関するナラティブをコントロールする戦略を練ろう。ゴリアテとの闘いを妨げ、気を散らすものは、最小限に削減するように。

2 マフィアに学ぶ　売り込み、交渉術、影響力

自分にとっての利益ばかりではなく、まずはあなたの戦略に必要なパートナーに利益をもたらす方法を考えると、結果的にあなたも良い成果を得られる。ミーティングの前には、準備の7カ条に従い、用意を怠らないように。交渉においては常に、誰が主導権を握っているのかを意識するとよい。あなたに主導権がないときは胸中を明かさず、主導権があるときは相手を脅してはならない。長期にわたる戦略的パートナーとみなす相手との交渉では、特に気をつけるべきだ。

3 力を蓄え、試練に耐えて生き残る

力関係において主導権を常に検証するように。対人関係、国家間やビジネス上の関係、いずれもよく観察して、主導権がどこにあるか見極め、主導権を握って権力を得ようとしている者を把握する。また、仕事の獲得においては、場当たり的なアプローチではなく、何らかの方法で相手に貢献するアプローチに切り替える。そして、重視すべきは人材である。何が社員の原動力かを確かめ、各自のモチベーションのあり方に応じて正しい方向へと導くことに徹しよう。

結び

チェックメイト

高校を中退した者として、人生を通じて学びを深め、世界への興味を抱き続ける大切さを感じている。

——リチャード・ブランソン［ヴァージン・グループ創設者］

本書はここまで、みなさんと共に長い道のりを辿ってきた。スポーツファンでない読者にとっては、選手やコーチになぞらえた説明が多すぎたかもしれない。私の知見を伝えるにあたって、ビジネスとスポーツの共通点を次々と見いださずにはいられないのだ。そこで最後にもう1つ、スポーツの話をさせてほしい。アンドリュー・バイナムについて知ってもらいたいのだ。マグヌス・カールセンがチェスで成し遂げたことを、バスケットボールにおいて一旦は達成した男だ。と言うと、バイナムを高く評価しすぎる感があるが、とにかく聞いてほしい。

バイナムは超人的な才能に恵まれていた。2005年、17歳のとき、ドラフトでロサンゼルス・レイカーズに1巡目で指名された。ロサンゼルス・レイカーズは私の贔屓のチームで、当時はまだ、偉大な故コービー・ブライアントが活躍していた。私は7フィート［213センチ］の巨人バイナムがNBAを支配する日を待ちわびた。さまざまなデータからみて、バイナムは、やはり7フィートのシャキール・オニールに匹敵する、素晴らしい才能があった。実際にコートでは、将来の殿堂入りをうかがわせる輝きをみせた。

バイナムは極めて優秀なバスケットボール選手としてスタートを切った。2009年と2010年にはロサンゼルス・レイカーズのNBA連覇を支えた。2012年、25歳を目前に、オールNBAチームに選出された。バイナムはさらに順調に優勝を重ねると期待され、オールNBAの常連になりそうな選手だった。

ところが、真っ逆さまに地獄に落ちた。

バイナムは膝の故障が重なり、2012年にトレードでフィラデルフィア・セヴンティシクサーズに移籍した。その後もまた所属が変わり、2013年に今度はクリーブランド・キャヴァリアーズに移籍した。だが、バイナムは出場停止になってしまう。その理由は、物議を醸すものだった。練習中、バイナムはボールを受け取るたびに、コートのどこであれゴールからどれほど離れていても、シュートしかしなかったのだ。これはコーチやチームメートへの侮辱であるだけでなく、バスケットボールという競技への冒涜行為だと思う。26歳のバイナムは、優勝や賞賛、数千万ドルの年俸はおろか、自らのキャリアをすっかり台無しにして、バスケットボールというスポーツを貶めたのである。なぜだろう?

バイナムには会ったことがないが推測は可能だ。思うにバイナムは、バスケットボールを愛していなかったから、十分に力を発揮できなかったのではないか? 好きでないものを、どうやって尊重すればいいのだろう?

概して、簡単に手に入ったものへの愛を深めるのは難しい。自然に与えられたものに愛着を感じないのは、ビジネスでもよくあることで、また、多くの遺産を受け継いでいる裕福な家庭の子どもにも多い。苦闘する必要のない人生だと――努力して何かを獲得する必要がないと――与えられているのが当然で自惚れが強くなり、ありがたみを忘れてしまう。人間の性質として1つの法則といえる。

アンドリュー・バイナムの話が長くなったのは理由がある。潜在能力を発揮させる最重要の要素は、心から大切に思ってわが事として打ちこむ姿勢だと伝えたいからだ。歴史を紐解くと、多くの偉人が不可能と思えたことを成し遂げたのは、それが大切でわが事として打ちこんだ成果だとわかる。バイナムの気持ちを引き出して強く揺さぶる何かがあれば、彼も最善を尽くそうという気になれるだろう。

成功は欲してこそ得られるものだ。苦しみ悶えるくらい、必死で求めないといけない。粘り強さ、献身、意欲は、アスリートからチェス名人やCEOまで、一流の人物が必ず備えている資質だ。考え得る最高レベルまで才能を高めるためには、欲する心を備えている必要があるので、本書では成功は

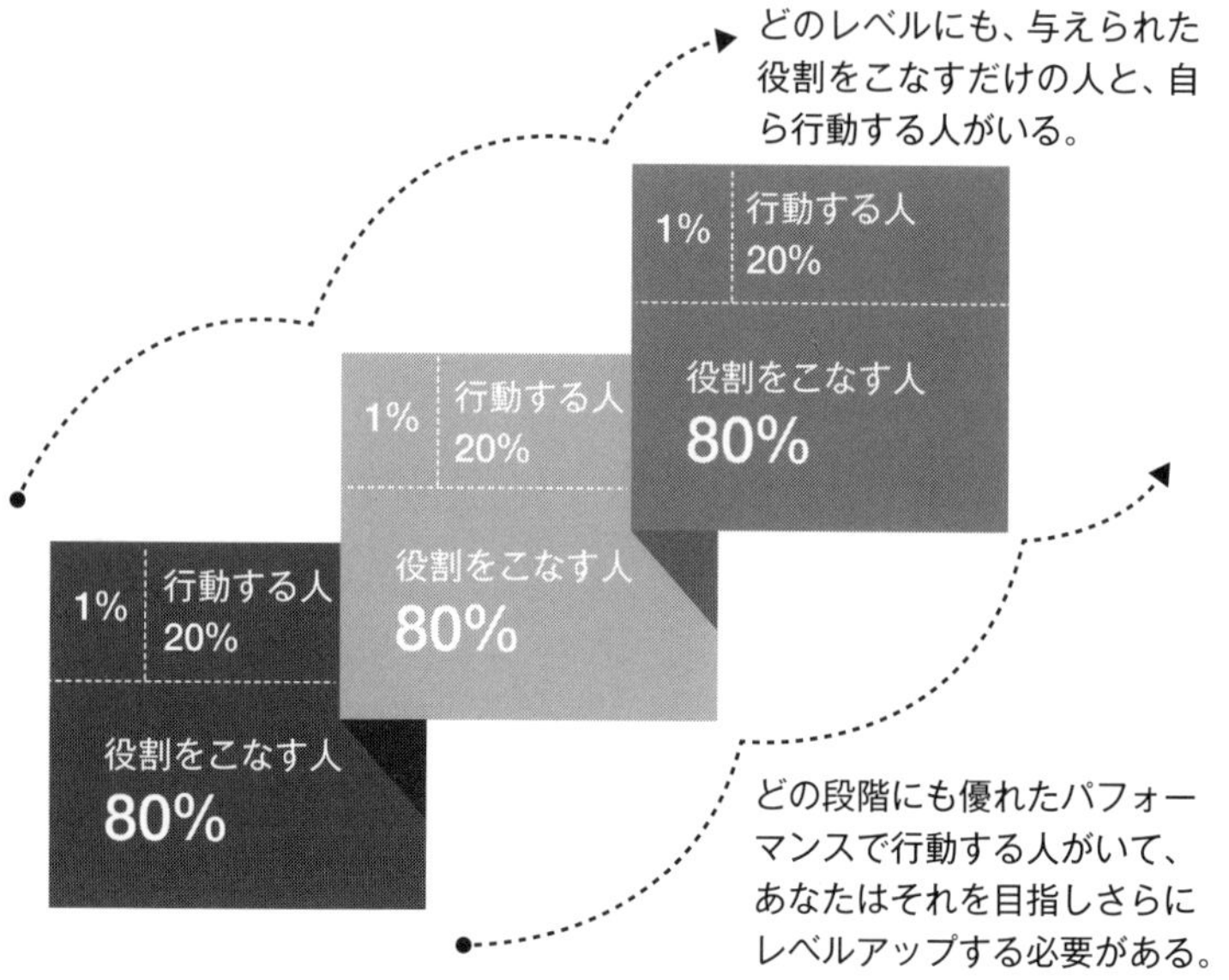
どのレベルにも、与えられた役割をこなすだけの人と、自ら行動する人がいる。
1%
行動する人 20%
役割をこなす人 80%
1%
行動する人 20%
役割をこなす人 80%
1%
行動する人 20%
役割をこなす人 80%
どの段階にも優れたパフォーマンスで行動する人がいて、あなたはそれを目指しさらにレベルアップする必要がある。

容易ではないとたびたび説いて意欲を喚起してきたのである。

レベルアップとは一からやり直すこと

自分の可能性の限界を広げるには、恐れずに「上を目指して競う」必要がある。すべての分野で、それまでの自己ベストを越えるよう努める。ただし皮肉なことに、ステップアップするたびに、また一から始めないといけない。

例えば小学校でトップでも、中学に入ると序列の下っ端から始めることになる。再び梯子を登り、ようやくトップに達すると、今度は高校が始まり、また下の底辺に戻る。仕事でも同じように感じるだろう。上に進むたびに、まずは次のレベルの中で底辺に置かれる。上を目指すことに消極的な人は、底辺で蔑まれたくないという不安感が強い。図に示すと上のようになる。

「行動する人」の中のトップ1％に入るには、研鑽と成長のための絶え間ない投資が鍵となる。大企業は才能ある人材に投資する。将来性のある若手がリーダーになれるよう、金のかかる研修に送りこみ、経験豊富なメンターをつけて教育する。成長のために大企業が投資してくれる機会に恵まれていないなら、あなた自身が自分の才能に投資する方法を見つけるべきだ。

どういうわけか、私たちの多くは挑戦を怖がる。だが、能力を試されることがないと、意欲が湧かず、成長も止まってしまう。挑戦するからこそ、自分の内面を知り、物事を成し遂げる自らの力を知るのである。起業して健全な経営を続けたいなら、挑戦は恐ろしいというバカげた考えは捨てるべきだ。難題は次々と生じるから、喜んで挑戦して糧にすることを学ぶしかない。どんな苦難も、成長と進化のチャンスだ。

上の段階に進むたびに圧倒されるだろうが、あなたの能力が試されている。成功の鍵を握るのは、わが事として本気で打ちこめるかどうかである。

世界の問題を解決するアントレプレナーシップ（起業家精神）

アントレプレナーシップによって世界の問題の多くを解決できると、私はたびたび訴えてきた。端的にいって、起業家とは、問題解決者だからだ。複雑な物事に直面し、それを調査して要点を抽出し、最終的に解決への道を見いだす。起業家精神があれば、健康問題も経済や環境の問題も、教育における難題も解決できる。

初めて起業する人の最初のモチベーションは、たいていは金儲けである。稼げば広い家や良い車や、その他の楽しみが手に入る。それは決して悪いことではない。しかし、もっと大きな使命感をもつべきだ。今日の世界が私たち起業家に期待しているのは、次々に発生する大問題の解決である。

ビジネスのゲームは、時に卑劣だ。才能ある善意の人によるスタートアップ企業がビジネス構築を目指しても、混迷期を乗り越える備えがなかったばかりに、墓場行きになることが少なくない。あなたが限界まで追い込まれ、巨人ゴリアテに打ちのめされ、仲間から除け者にされても、屈することなくなおも使命に忠実でいられるなら、そうした苦境は耐え忍ぶ価値がある。いずれは報われるから価値がある、という意味ではない。いつも何かのために戦い、「未来という現実」を生きて社員を自己ベストへと導く、今現在の日々において、苦労が報われる実感があるはずだ。

世界があなたを必要としている。あなたのアイデア、情熱、思いやりを求めている。あなたには、問題解決に必要な、次の5つの指し手を極める心得があるからだ。

- 自分を知ること
- 論理的な思考力
- 優れたチームの結成
- 事業規模の拡大戦略
- 求めるものを得るパワープレイ

本書には、数々の問いかけ、解決策、事例を盛りこんだ。ただし最終的には、書籍で習得した内容を実際に活用してこそ、あなたの利益になる。さあ、あなたの指し手を決めるときが来た。

少なくとも5つの手をリストにしよう。チェスのグランドマスターの思考を目指すなら、15手のプランのリスト化に挑戦するとよい。そのとき、物事の順序に留意してほしい。15番目にあたる手を3手目として打とうとするのではなく、全体の流れを意識せねばならない。順序正しい駒の進め方がグランドマスターへの道だと覚えておけば、作戦指令室でも会議室でも（ベッドでも）、あなたは最終的な勝利へと導かれるのである。

15手のプラン

アマチュア	1	
	2	
	3	
プロプレイヤー	4	
	5	
マスター	6	
	7	
	8	
	9	
	10	
グランドマスター	11	
	12	
	13	
	14	
	15	

謝辞

パトリック・ベトｰデイヴィッド

私は、自らの人生を形成した6つの主要な要素の副産物として存在するので、その6つのカテゴリーに基づいて、それぞれに感謝を捧げたい。

遺伝子。両親なくしては始まらない。ガブレアル・ベトｰデイヴィッドとダイアナ・ベトｰデイヴィッドのおかげで、今の私がある。

文化。今日の私を育んだ5つの文化に感謝する。アルメニア系とアッシリア系の血を半分ずつ受け継ぎ、イランのテヘランで10年生活したので、私は3つの文化的背景をもち、さらに2つの文化を、亡命先のドイツのエアランゲンと、最終的に辿りついた米国で知った。どの文化も、私の人生観に大きな影響を及ぼしている。

経験。よく言われるように、俳優は悲喜こもごものさまざまな経験を生きているが、同じことがビジネスの世界に生きる者にも当てはまるはずだ。私は人生で経験したあらゆる出来事に感謝しており、その渦中では好ましく思わなかったことすら、今はありがたく思う。イランでの戦争体験、ドイツの難民キャンプでの日々、軍隊での任務なしに、今日の私はない。こうしたことと、その他あらゆる経験が、現在の私の姿につながる。

選択。これまでに数々の誤った選択、いくつかの良い選択をしてきた。最初は素晴らしい選択だと思ったのに外れたこともあれば、まずいと感じた選択が好転した場合もあった。そのすべてから得た教訓を、今では大切にしている。金銭的な損失となったり、人間関係を損ねたりした一方、収益を生み、関係を築くことにもつながった。あらゆる選択がもたらしたものが、今ある私を形成している。

人々。このカテゴリーは、さらにいくつかに分けられる。まず、妻のジェニファーに感謝したい。出会ったときから私を支えてくれ、その日以来、私の人生は変わった。産まれた子ども、パトリック、ディラン、セナは、3人それぞれの個性によって私の人生に新たな彩りを添えている。

私にとって最初の親友である姉、ポレット・ベトーデイヴィッドに感謝する。おかげで、姉の夫であるシアマク・セベティマニという兄にも恵まれた。私は自分の子ができるまで、彼らの子ども、グレースとショーンに夢中だった。

そして、PHPエージェンシーの幹部チームに、深く謝意を表したい。逆境のときも私の描くビジョンを信じてくれた。シーナ・サパラとマット・サパラ、ホセ・ゲイタンとマルリン・ゲイタン他、幹部チームの熱意と献身と才能がなければ、1万5000人の保険エージェントを抱える代理店を築き上げるのは不可能だったに違いない。

ランニングメート（腹心）は滅多にいるものではないが、マリオ・アギラは、幾多の仕事においてまさに私のランニングメートであり、本書の内容構成も助けてくれた。

本書が生まれるにあたっては、著作権代理人のスコット・ホフマンの尽力が不可欠だった。共同執筆者のグレッグ・ディンキンにも感謝する。彼の力を借りて、私の考えと経験を、書籍として構成して整理することができた。執筆中アイデアに行き詰まったときや手こずる章があったとき、私の考えをまとめるのを助けてくれた、マラル・ケシシアン、ティグラン・ベキアン、トム・エルスワース、デイヴィッド・モルダウワー、カイ・ロードにも心から謝意を伝えたい。

出版にあたっては、発行者のジェニファー・バーグストロームと、才気あふれる編集者、カリン・マーカスとレベッカ・ストロベルに大変お世話になった。注意深く細かい作業をしてくれたリン・アンダーソンとエリック・レイマーにも感謝する。

また、オンラインで私の毎月のコンテンツをフォローしてくれた、何百万ものヴァリューテイナーズや起業家がいなければ、新しいコンテンツの制作も本書の執筆も成し遂げることはなかっただろう。フォロワーのあなたに感謝している。私がどれほど励まされたか、言葉では言い尽くせない。

概して、愛を注いで支えてくれた相手については認識していても、自分のことを憎んで批判した相手や競争相手のことは忘れがちだ。私の胸中には、そうした認めてくれなかった人たちが占めている特別な場所がある。その名前を列挙したいが、全部記したら数ページかかるだろう。対立関係だった人たちにも、深く感謝しており愛を伝えたい。

インスピレーション。最後になったが重要なのは、野心的な人生につながるインスピレーションを受けた瞬間が、わずかながら存在したことである。当初は積極的に関わっていなかったことが、私を捉えて離さなくなるような体験がいくつかあった。今振り返ると、全力を傾けて懸命に打ちこむ決断ができて、本当に良かったと思う。私が常にエネルギーに満ち、思い描く次のビジョンの実現のために毎朝喜んで早起きしているのは、インスピレーションを得た瞬間のおかげである。

グレッグ・ディンキン（共同執筆者）

パットという人物について、私が彼と初めて会ったときと同じで、読者のあなたも、こいつ本気か？ と感じたと思う。私は第一線のポーカー・プレイヤーで、かつＭＢＡ［経営学修士］として、『The Poker MBA［ポーカー流の経営学］』という著書があり、私に備わっている嘘発見器の性能は高い。相手のハッタリを見抜き、本物かどうか、常に確かめている。

２０１９年５月、パットと一緒に本書の執筆の仕事をするようになって1カ月経ち、ダラスで開催された彼のチャンネルのイベント、「ヴォールト」に参加した。オープニングはビジネス戦略についてのセッションで、パットは大勢の出席者が次々と投げかける質問に答えていた。そのやりとりの中で、パットは、出席者のビジネスの詳細を具体的に記憶していた。「そういえば、２年前にあなたの会社の報酬制度についてお話ししましたよね。その後どうなっていますか？」とか、「確か、メールで、データ分析に投資すべきだとお伝えしましたよ。まだ着手してないのですか？　どうしてです？」といった具合だ。

私はパットの記憶力に驚愕し、さらにはビジネスにおける彼の洞察力に感服した。そして、彼が数多くの起業家のメンターとして、自分の知見を還元したいと心から願って無償で起業家を育ててきたことに思い至った。しかもそれを、自分のビジネスを営み、3人の子どもを育てる傍らで行い、さらには自らの知識の基盤の拡充を図る研鑽も怠らない（彼ほど本を読み、自分に厳しい人間はいない）。

パットがしかるべき理由で行っていること――ヴァリューテインメントの動画制作、ワークショップの開催、本書の執筆――が本気であり本物なのかという疑問は、完全に消え去った。「ヴォールト」のイベントの夜に目の当たりにし、その後1年間見てきたとおり、パットほど誠実で信頼に足る、思いやり深い人間はいない。

一言でいうなら、パットの成功の特質は、みんなの夢の実現を心底から願っている点にある。本書に彼の知見をすべて盛りこもうと全力を尽くしたが、人々に対する彼の愛と献身は表現しきれない。パットが、少なくとも私の目には、現存する世界の偉大なリーダーの1人に見えるのは、彼の愛と献身という奥義ゆえである。

想像してみてほしい。時間をかけてあなたを真に理解してくれる人、問いを投げかけてあなたが本当は何者かの解明を助けてくれる人、折につけあなたの大胆な野心を思い起こさせ、その体現に導いてくれる人がいたらどんなだろう。さらに想像してほしい。その人は、あなたに知識を授けコーチとなって支え、かつ、責任を課して最善を尽くすことを求めて、あなた自身は手が届くと思わなかったレベルまで到達させてくれる。そして、あなたに求める以上に厳しいことを、その人は自らに課しているとあなたは気づく。こうしたことが叶うなら、あなたが大いなる高みに到達できないはずがない。パットが、大学の学位のない大勢の人を、何百万ドルも稼ぐミリオネアに成長させたのは、偶然ではない。愛あってこそ、なのだ。愛と共に責任とリーダーシップがあり、その姿勢を模範として示せば、大きな成功をもたらすことができる。

パットという傑出した人物を最前列で観察する幸運に、私は恵まれた。バスケットボールに例えるなら、史上最強のレブロン・ジェームズの間近で1年過ごせる選手のようにラッキーだ。大袈裟に聞こえるとしても、それくらい感謝の念が尽きない。本書は私にとって、当初は普通の執筆プロジェクトだったが、最終的には、人間の潜在能力の開発に関する最高峰の研究プログラムとなった。結果として、私はコーチ／リーダーとして向上するとともに、個人的にも成長した。既に無数の人がパットの知見から恩恵を受けている。それに大いに刺激を受け、読者のみなさんも、パットのさまざまな指し手のあらゆる知恵を活用してほしい。

パットへの感謝に加え、熟練の手腕を発揮してくれたマリオ・アギラに謝意を表したい。マリオは完璧なコンシリエーレ〔相談役〕で、本書の制作過程を通じて貴重な存在だった。有能な著作権代理人スコット・ホフマンが、パットと私の相性の良さを見抜いた直感に感謝する。そして家族と友人にも感謝を伝えたい。母、父、アンディ、ジェイミ、レスリー、ドリュー、ローガン、ティア、ミシェル、カリー、ジョシュ、ブライアン、ポール、チャーリー、マーク、モニク、ジョージ、クリス、スタッキー、フランク、それぞれの方法で支えてくれて、ありがとう。

付表A
パーソナル・アイデンティティー調査票（自己発見へ導く質問リスト）

1 あなたは周りからどう見られているか？

2 あなたは自分をどう見るか？

3 あなたの「外の顔（公）」は「内の顔（私）」とどう違うか？

4 以下のどの状況において、**ベストな自分**が引き出されるか？

□競争
□損失の恐れ
□挫折
□勝利
□あなたを信じてくれる人がいるとき
□何かの正当性を証明したいとき

5 あなたの仕事人生で、成功を最も渇望した90日間を振り返ろう。何があなたの原動力だったか？

6 人前での失敗にどう対処するか？

7 あなたは、自分の努力や自制心の欠如を、他者のせいにする傾向があるか？ あるとしたら、それはなぜか？

8　あなたには、獲得しようとしなくても当然のように与えられていると感じる物事があるか？

9　あなたの性格は？

□非常に気難しい
□気難しい
□やや気難しい
□おおらか
□非常におおらか

10　あなたのような起業家や意欲ある人たちと、互いにうまくやっていけるか？　それとも、あなた1人が傑出した存在でありたいか？

11　自分が負けているとき、あなたが特に話しかける相手は誰か？

□自分より勝っている人
□自分と同じレベルの人
□あなたのレベルにまだ達していない人
□誰とも話さない

12　あなたは人知れず秘かに、誰かに嫉妬しているか？　心配せずに回答してほしい。答えを見るのはあなただけだ。最も妬んでいる相手とは、どのような関係か？　その嫉妬は、相手が厭わずやっていることを、あなた自身がやる気になっていないだけではないか？

13 あなたを最も苛立たせるのはどういう人か？　それはなぜか？

14 あなたが最も好きなのはどういう人か？　それはなぜか？

15 最も協力しやすいのは、どういう人か？

16 他者のどのような資質や特性を、最も高く評価するか？

17 プレッシャーにどう対処するか？

18 どれくらいの頻度で自分のビジョンを見直し、より進歩した見地に立とうとしているか？

19 あなたの最も悪い面を浮かびあがらせるものは何か？　それはなぜか？

20 あなたの最も良い面を浮かびあがらせるものは何か？　それはなぜか？

21 ビジネスと人生で、何に最も価値を置くか？

22 あなたのビジネスの業務の中で、最も不安を感じる分野は何か？

23 どのような業績を最も誇らしく感じるか？　それはなぜか？

24 あなたは何者になりたいのか？

25 どのような人生を望むのか？

付表
B

原因Xの解明　ワークシート

課題：

調査	解決案	手段
緊急度 0～10	必要な人材は？	誰の了解が必要か？
影響の全貌 潜在的利益： 潜在的損失：	解決策のリスト	責任と役割の確認
問題の真の原因 理由 理由 理由	予想される マイナス面の影響	新規実施事項《ニュー・プロトコル》

創元社、1999年
- *The Intelligent Investor: The Definitive Book on Value Investing* by Benjamin Graham『賢明なる投資家——割安株の見つけ方とバリュー投資を成功させる方法』ベンジャミン・グレアム著、土光篤洋訳、パンローリング、2000年
- *Moneyball: The Art of Winning an Unfair Game* by Michael Lewis『マネー・ボール 奇跡のチームをつくった男』マイケル・ルイス著、中山宥訳、ランダムハウス講談社、2004年
- *The Power of Vulnerability: Teachings on Authenticity, Connection, and Courage* by Brené Brown
- *Powerful: Building a Culture of Freedom and Responsibility* by Patty McCord『NETFLIXの最強人事戦略：自由と責任の文化を築く』パティ・マッコード著、櫻井祐子訳、光文社、2018年
- *Scaling Up: How a Few Companies Make It...and Why the Rest Don't* by Verne Harnish『スケーリング・アップ：成長できる企業とできない企業は何が違うのか』ヴァーン・ハーニッシュ著、ダイレクト出版、2015年
- *The Secret* by Rhonda Byrne『ザ・シークレット』ロンダ・バーン著、山川紘矢、山川亜希子、佐野美代子訳、角川書店、2007年
- *Steve Jobs* by Walter Isaacson『スティーブ・ジョブズ』1・2、ウォルター・アイザックソン著、井口耕二訳、講談社、2011年、文庫版2015年
- *Thank God It's Monday: How to Prevent Success from Ruining Your Marriage* by Pierre Mornell
- *The Toyota Way: 14 Management Principles from the World's Greatest Manufacturer* by Jeffrey Liker『ザ・トヨタウェイ』上・下・実践編上・実践編下（計4巻）、ジェフリー・K・ライカー著、稲垣公夫訳、日経BP、2004～2005年
- *Traction: Get a Grip on Your Business* by Gino Wickman『トラクション：ビジネスの手綱を握り直す：中小企業のシンプルイノベーション』ジーノ・ウィックマン著、福井久美子訳、ビジネス教育出版社、2020年
- *What Would the Rockefellers Do? How the Wealthy Get and Stay That Way, and How You Can Too* by Garrett B. Gunderson and Michael G. Isom
- *What Would the Founders Do? Our Questions, Their Answers* by Richard Brookhiser
- *Winners Never Cheat: Everyday Values That We Learned as Children (but May Have Forgotten)* by Jon M. Huntsman『「賢いバカ正直」になりなさい 信念の経営者ハンツマンの黄金律』ジョン・M・ハンツマン、住友進訳、英治出版、2006年

- 加えて、ユーチューブチャンネルのValuetainmentのコンテンツも参照していただきたい。https://www.youtube.com/c/valuetainment

則』上・下、ロバート・グリーン他著、鈴木主税訳、角川書店、1999年、角川文庫2001年

50 *I Love Capitalism!: An American Story* by Ken Langone『資本主義は最高！　グローバル企業ホーム・デポ設立で夢をつかんだ男』ケン・ランゴーン著、堀川志野舞訳、パンローリング、2019年

51 *Barbarians to Bureaucrats: Corporate Life Cycle Strategies* by Lawrence M. Miller

52 *How to Win Friends and Influence People* by Dale Carnegie『完全版　人を動かす』デール・カーネギー著、東条健一訳、新潮社、2016年

その他の参考図書

- *The 5 Love Languages: The Secret to Love That Lasts* by Gary Chapman『愛を伝える5つの方法』ゲーリー・チャップマン著、ディフォーレスト千恵訳、いのちのことば社、2007年
- *The 7 Habits of Highly Effective People: Powerful Lessons in Personal Change* by Stephen R. Covey『完訳7つの習慣　人格主義の回復』フランクリン・コヴィー・ジャパン訳、キングベアー出版、2013年、新書版2020年（『7つの習慣：成功には原則があった！ 個人、家庭、会社、人生のすべて』スティーブン・R・コヴィー著、ジェームス・スキナー、川西茂訳、キングベアー出版、1996年）
- 101 Questions to Ask Before You Get Engaged by H. Norman Wright
- *The Big Short: Inside the Doomsday Machine* by Michael Lewis『世紀の空売り――世界経済の破綻に賭けた男たち』マイケル・ルイス著、東江一紀訳、文藝春秋、2010年
- *Difficult Conversations: How to Discuss What Matters Most* by Douglas Stone, Bruce Patton, and Sheila Heen『話す技術・聞く技術：ハーバード・ネゴシエーション・プロジェクト：交渉で最高の成果を引き出す「3つの会話」』ダグラス・ストーン、ブルース・パットン、シーラ・ヒーン著、松本剛史訳、日本経済新聞出版社、2012年
- *A First-Rate Madness: Uncovering the Links Between Leadership and Mental Illness* by Nassir Ghaemi『一流の狂気：心の病がリーダーを強くする』ナシア・ガミー著、山岸洋、村井俊哉訳、日本評論社、2016年
- *From Worst to First: Behind the Scenes of Continental's Remarkable Comeback* by Gordon Bethune『大逆転！ コンチネンタル航空奇跡の復活』ゴードン・ベスーン他著、仁平和夫訳、日経BP、1998年
- *How to Stop Worrying and Start Living: Time-Tested Methods for Conquering Worry* by Dale Carnegie『新装版 道は開ける』デール・カーネギー著、香山晶訳、

36 *The Hard Thing About Hard Things: Building a Business When There Are No Easy Answers* by Ben Horowitz『HARD THINGS（ハード・シングス）：答えがない難問と困難にきみはどう立ち向かうか』ベン・ホロウィッツ著、滑川海彦、高橋信夫訳、日経BP、2015年
37 *The Hypomanic Edge: The Link Between (a Little) Craziness and (a Lot of) Success in America* by John D. Gartner
38 *The Law of Success: The Master Wealth-Builder's Complete and Original Lesson Plan for Achieving Your Dreams* by Napoleon Hill
39 *The E-Myth Revisited: Why Most Small Businesses Don't Work and What to Do About It* by Michael E. Gerber『はじめの一歩を踏み出そう―成功する人たちの起業術』マイケル・E・ガーバー著、原田喜浩訳、世界文化社、2003年
40 *Originals: How Non-Conformists Move the World* by Adam Grant
41 *Poor Charlie's Almanack: The Wit and Wisdom of Charles T. Munger, Expanded Third Edition* edited by Peter D. Kaufman
42 *Decisive: How to Make Better Choices in Life and Work* by Chip Heath and Dan Heath『決定力！：正解を導く4つのプロセス』チップ・ハース、ダン・ハース著、千葉敏生訳、早川書房、2013年、早川文庫2016年
43 *Ego Is the Enemy* by Ryan Holiday『エゴ（強敵）を抑える（コントロール）技術：賢者の視点を手にいれる』ライアン・ホリデイ著、金井啓太訳、パンローリング、2017年
44 *Elon Musk: Tesla, SpaceX, and the Quest for a Fantastic Future* by Ashlee Vance『イーロン・マスク：未来を創る男』アシュリー・バンス著、斎藤栄一郎訳、講談社、2015年
45 *Lincoln on Leadership: Executive Strategies for Tough Times* by Donald T. Phillips『部下と現場に出よ、生死を共にせよ：リンカーン逆境のリーダーシップ』ドナルド・T・フィリップス著、鈴村靖爾訳、ダイヤモンド社、1992年
46 *Michael Jordan: The Life* by Roland Lazenby『マイケル・ジョーダン：父さん。僕の人生をどう思う？』ローランド・レイゼンビー著、佐良土茂樹、佐良土賢樹訳、東邦出版、2016年
47 *The CEO Next Door: The 4 Behaviors That Transform Ordinary People into World-Class Leaders* by Elena L. Botelho and Kim R. Powell『最速でトップに駆け上がる人は何が違うのか？』エレナ・ボテロ、キム・パウエル著、加藤万里子訳、日経BP、2018年
48 *Power vs. Force: The Hidden Determinants of Human Behavior* by David R. Hawkins『パワーか、フォースか：人間のレベルを測る科学』デヴィッド・R・ホーキンズ著、エハン・デラヴィ、愛知ソニア訳、三五館、2004年
49 *The 48 Laws of Power* by Robert Greene『権力に翻弄されないための48の法

25 *The Founder's Dilemmas: Anticipating and Avoiding the Pitfalls That Can Sink a Startup* by Noam Wasserman『起業家はどこで選択を誤るのか：スタートアップが必ず陥る9つのジレンマ』ノーム・ワッサーマン著、小川育男訳、英治出版、2014年

26 *Innovation and Entrepreneurship* by Peter F. Drucker『新訳　イノベーションと起業家精神：その原理と方法』上・下、ピーター・F・ドラッカー著、上田惇生訳、ダイヤモンド社、1997年

27 *The Accidental Millionaire: How to Succeed in Life Without Really Trying* by Gary Fong

28 *Built to Last: Successful Habits of Visionary Companies* by Jim Collins and Jerry I. Porras『ビジョナリーカンパニー　時代を超える生存の法則』ジム・コリンズ、ジェリー・ポラス著、山岡洋一訳、日経BP、1995年

29 *Traction: How Any Startup Can Achieve Explosive Customer Growth* by Gabriel Weinberg and Justin Mares『トラクション――スタートアップが顧客をつかむ19のチャンネル』ガブリエル・ワインバーグ、ジャスティン・メアーズ著、和田祐一郎訳、オライリージャパン、2015年

30 *Up the Organization: How to Stop the Corporation from Stifling People and Strangling Profits* by Robert C. Townsend

31 *Business Model Generation: A Handbook for Visionaries, Game Changers, and Challengers* by Alexander Osterwalder and Yves Pigneur『ビジネスモデル・ジェネレーション：ビジネスモデル設計書：ビジョナリー、イノベーターと挑戦者のためのハンドブック』アレックス・オスターワルダー、イヴ・ピニュール、小山龍介訳、翔泳社、2012年

32 *Growing Pains: Transitioning from an Entrepreneurship to a Professionally Managed Firm* by Eric G. Flamholtz and Yvonne Randle『アントレプレナー・マネジメント・ブック　MBAで教える成長の戦略的マネジメント』エリック・G・フラムホルツ、イボンヌ・ランドル著、グロービス・マネジメント・インスティテュート訳、加藤隆哉監訳、ダイヤモンド社、2001年

33 *High Output Management* by Andrew S. Grove『HIGH OUTPUT MANAGEMENT：人を育て、成果を最大にするマネジメント』アンドリュー・S・グローブ著、小林薫訳、日経BP、2017年

34 *Rich Dad, Poor Dad* by Robert T. Kiyosaki『改訂版 金持ち父さん　貧乏父さん：アメリカの金持ちが教えてくれるお金の哲学』ロバート・キヨサキ著、白根美保子訳、2013年

35 *Trump: The Art of the Deal* by Donald J. Trump『トランプ自伝―不動産王にビジネスを学ぶ』ドナルド・J・トランプ他著、相原真理子訳、筑摩書房、2008年

sults by Gary Keller『ワン・シング：一点集中がもたらす驚きの効果』ゲアリー・ケラー他著、門田美鈴訳、SBクリエイティブ、2014年

12 *Mastery* by Robert Greene『マスタリー：仕事と人生を成功に導く不思議な力』ロバート・グリーン著、上野元美訳、新潮社、2015年

13 *12 Rules for Life: An Antidote to Chaos* by Jordan B. Peterson『生き抜くための12のルール：人生というカオスのための解毒剤』ジョーダン・ピーターソン著、中山宥訳、朝日新聞出版、2020年

14 *Mastering the Rockefeller Habits: What You Must Do to Increase the Value of Your Growing Firm* by Verne Harnish『会社が急成長するロックフェラー式「黄金の習慣」』ヴァーン・ハーニシュ著、黒輪篤嗣訳、PHP研究所、2003年

15 *The 33 Strategies of War* by Robert Greene

16 *Meditations* by Marcus Aurelius『自省録』マルクス・アウレリウス著、鈴木照雄訳、講談社学術文庫、2006年

17 *Sam Walton: Made in America* by Sam Walton『ロープライスエブリデイ』サム・ウォルトン他著、竹内宏監修、同文書院インターナショナル、1992年

18 *The Essential Drucker: In One Volume the Best of Sixty Years of Peter Drucker's Essential Writings on Management* by Peter F. Drucker

19 *Tribal Leadership: Leveraging Natural Groups to Build a Thriving Organization* by Dave Logan, John King, and Halee Fischer-Wright『トライブ　人を動かす5つの原則』デイヴ・ローガン、ジョン・キング、ハリー・フィッシャー＝ライト著、ダイレクト出版、2011年

20 *Trillion Dollar Coach: The Leadership Playbook of Silicon Valley's Bill Campbell* by Eric Schmidt, Jonathan Rosenberg, and Alan Eagle『1兆ドルコーチ：シリコンバレーのレジェンド　ビル・キャンベルの成功の教え』エリック・シュミット、ジョナサン・ローゼンバーグ、アラン・イーグル著、櫻井祐子訳、ダイヤモンド社、2019年

21 *Zero to One: Notes on Startups, or How to Build the Future* by Peter Thiel『ゼロ・トゥ・ワン　君はゼロから何を生み出せるか』ピーター・ティール著、関美和訳、NHK出版、2014年

22 *The Power of Ethical Management* by Ken Blanchard and Norman Vincent Peale『企業倫理の力――逆境の時こそ生きてくるモラル』K・ブランチャード、N・V・ピール著、小林薫訳、清流出版、2000年

23 *Made to Stick: Why Some Ideas Survive and Others Die* by Chip Heath and Dan Heath『アイデアのちから』チップ・ハース、ダン・ハース著、飯岡美紀訳、日経BP、2008年

24 *The Art of War* by Sun Tzu『新訂　孫子』(兵法書)、金谷治訳、岩波文庫、2000年

参考図書

パトリック・ベト-デイヴィッドの薦めるビジネス書、トップ52選

1 *Blue Ocean Strategy: How to Create Uncontested Market Space and Make the Competition Irrelevant* by W. Chan Kim and Renée Mauborgne『ブルー・オーシャン戦略　競争のない世界を創造する』W・チャン・キム、レネ・モボルニュ著、有賀裕子訳、ランダムハウス講談社、2005年

2 *Principles: Life and Work* by Ray Dalio『PRINCIPLES（プリンシプルズ）仕事と人生の原則』レイ・ダリオ著、斎藤聖美訳、日本経済新聞出版社、2019年

3 *The Five Temptations of a CEO: A Leadership Fable* by Patrick Lencioni『意思決定5つの誘惑――経営者はこうして失敗する』パトリック・レンシオーニ著、山村宜子訳、ダイヤモンド社、1999年

4 *Built to Sell: Creating a Business That Can Thrive Without You* by John Warrillow

5 *Competitive Strategy: Techniques for Analyzing Industries and Competitors* by Michael E. Porter『競争の戦略』M・E・ポーター著、土岐坤、服部照夫、中辻万治訳、ダイヤモンド社、1982年、新訂版1995年

6 *Multipliers: How the Best Leaders Make Everyone Smarter* by Liz Wiseman『メンバーの才能を開花させる技法』リズ・ワイズマン他著、関美和訳、海と月社、2015年

7 *Only the Paranoid Survive: How to Exploit the Crisis Points That Challenge Every Company* by Andrew S. Grove『パラノイアだけが生き残る　時代の転換点をきみはどう見極め、乗り切るのか』アンドリュー・S・グローブ著、佐々木かをり訳、小澤隆生 日本語版序文、日経BP、2017年

8 *Positioning: The Battle for Your Mind* by Al Ries and Jack Trout『新訳 ポジショニング戦略：世界中で30年間読み継がれる、マーケターのバイブル』アル・ライズ、ジャック・トラウト著、川上純子訳、海と月社、2008年

9 *The Five Dysfunctions of a Team: A Leadership Fable* by Patrick Lencioni『あなたのチームは、機能してますか？』パトリック・レンシオーニ著、伊豆原弓訳、翔泳社、2003年

10 *The Lean Startup: How Today's Entrepreneurs Use Continuous Innovation to Create Radically Successful Businesses* by Eric Ries『リーン・スタートアップ』エリック・リース著、井口耕二訳、伊藤穰一解説、日経BP、2012年

11 *The ONE Thing: The Surprisingly Simple Truth Behind Extraordinary Re-*

パトリック・ベト-デイヴィッド Patrick Bet-David

戦火のイランを逃れ、12歳で家族と共に米国へ移住。高校卒業後、軍務に就く。その後、フィットネスクラブの会員権販売や金融サービスの営業に携わる。30歳で金融サービスの代理店、PHPエージェンシーを創業。数千万ドルの収益を上げるまでに成長させる。また、起業家向けYouTubeチャンネル「Valuetainment」を開設。ビジネスと人生についての独自のアプローチで、投資家レイ・ダリオ、俳優ケヴィン・ハート、故コービー・ブライアント選手、ジョージ・W・ブッシュ元大統領などの著名人へインタビューした。ソーシャルメディアでのチャンネル再生回数は10億回を超える。ダラスで妻と3人の子どもと在住。

海野　桂 うみの かつら

東京外国語大学卒業。訳書に、ジョアン・ハリファックス『コンパッション　状況にのみこまれずに、本当に必要な変容を導く、「共にいる」力』、ヨースト・カイザー『レオナルド・パラドックス　ダ・ヴィンチノートから見える言葉とイメージの交わり』他。

勝者の先読み思考

発行日：2021年8月4日（初版）

著者：パトリック・ベト-デイヴィッド、グレッグ・ディンキン
訳者：海野 桂
翻訳協力：株式会社トランネット（https://www.trannet.co.jp/）
編集：株式会社アルク出版編集部
カバーデザイン：井上新八
本文デザイン・DTP：臼井弘志
印刷・製本：萩原印刷株式会社
発行者：天野智之
発行所：株式会社アルク
〒102-0073　東京都千代田区九段北4-2-6　市ヶ谷ビル
Website：https://www.alc.co.jp/

落丁本、乱丁本は弊社にてお取り替えいたしております。
Webお問い合わせフォームにてご連絡ください。
https://www.alc.co.jp/inquiry/

定価はカバーに表示してあります。
製品サポート：https://www.alc.co.jp/usersupport/

地球人ネットワークを創る

アルクのシンボル
「地球人マーク」です。

Printed in Japan.
PC：7021028　ISBN：978-4-7574-3699-2